Pssst ... streng vertraulich

1. Auflage November 2006
2. Auflage April 2007

Copyright © 2006 by Jochen Kopp Verlag,
Pfeiferstraße 52, D-72108 Rottenburg

Lektorat: Dr. Renate Oettinger
Umschlaggestaltung: Peter Hofstätter, München
Satz und Layout: Bürodienstleistungen Rauch, Rosenfeld
Druck und Bindung: Clausen & Bosse, Leck
Alle Rechte vorbehalten.

ISBN 978-3-938516-36-2

Gerne senden wir Ihnen unser Verlagsverzeichnis:
KOPP VERLAG
Pfeiferstraße 52
D-72108 Rottenburg
E-mail info@kopp-verlag.de
Tel. (0 74 72) 98 06 0
Fax (0 74 72) 98 06 11

Unser Buchprogramm finden Sie auch im Internet unter:
www.kopp-verlag.de

Luc Bürgin

Pssst ...
streng vertraulich

Brisante Enthüllungen,
die man Ihnen
verheimlichen wollte

JOCHEN KOPP VERLAG

Inhalt

Prolog **11**

Einleitung **13**

Kapitel 1 .... *Wetter-Terror:* **25**
USA wollen Gott spielen
Geheime Experimente sorgen für Empörung

Kapitel 2 .... *Mikrowellen-Waffen:* **37**
Deutschland rüstet auf
Neue »Horror-Kanonen« marktreif

Kapitel 3 .... *CIA-Experte:* **43**
»KGB ließ den Rhein vergiften«
Schweizer Chemiekatastrophe – ein Werk der Stasi

Kapitel 4 .... *Saddam im Erdloch:* **51**
Alles nur inszeniert?
Widersprüche um die Verhaftung des irakischen Diktators

Kapitel 5 ....»*Operation Kilowatt*«   *61*
EU weiß mehr über US-Folterflüge, als sie zugeben will

Kapitel 6 ....*Vogelgrippe: Pfusch im Labor?*   *71*
Schlampereien, Panikmache
und ein unheimlicher Verdacht

Kapitel 7 ....»*Ich war vor Gagarin im All*«   *81*
Sowjetunion verschleiert Unglücksfälle im Weltraum

Kapitel 8 ....*Sgrena-Affäre:*   *93*
US-Lügenstory aufgeflogen
Wie Amerika unliebsame Kritiker aus dem Weg räumt

Kapitel 9 ....*Wirbel um das Papst-Testament* *101*
Wie viele Schriftstücke wurden vernichtet?

Kapitel 10 ....*Weltherrschaft bis 2016?* *107*
Bushs Teufelsplan: Bruder Jeb soll ihn ablösen!

Kapitel 11 ....*Der Geheimdienst von Scientology* *115*
Von »Müll-Detektiven« und einer Spionage-Posse

Kapitel 12 ....*Psi-Agent killt Ziege -* *121*
mit seinem Blick
Grausame Experimente im Militär-Labor

Kapitel 13 ....*Kannte Himmler die Zukunft?* *127*
Geheimnisvoller SS-Befehl aufgetaucht

Kapitel 14 ....*TWA-Absturz: Rakete oder UFO?* *133*
Top-Journalistin enthüllt explosive Details

Kapitel 15 ....*Das seltsame Doppelleben* *141*
des Mathieu P.
»Ermordeter« Prieuré-Forscher lebt in Israel

Kapitel 16 ....*Geheime Kuppel im ewigen Eis* *147*
Aufregung um arktischen Horchposten

Kapitel 17 ....*Die Mossad-Connection* 153
Wer steckt hinter dem Bombenterror von London?

Kapitel 18 ....*Kriegsirrsinn:* 159
Irak radioaktiv verseucht
Immer mehr Mißbildungen bei Säuglingen

Kapitel 19 ....*Das Geheimnis* 165
der fliegenden Dreiecke
Wer kurvt heimlich über unseren Köpfen herum?

Kapitel 20 ......*»Fremdartige Kreaturen bombardiert«* 171
Ex-UdSSR-Soldat bricht sein Schweigen

Kapitel 21 ....*Der große Lauschangriff* 179
hat begonnen
Ultramoderne Abhörsysteme umspannen die Welt

Kapitel 22 ....*»Roswell-UFO* 187
kam aus dem Weltraum«
Mond-Astronaut Ed Mitchell bestätigt Alien-Crash

Kapitel 23 ....*Der Spion, den es offiziell nicht gibt* 195
Diana-Geheimakte brachte ihn in den Knast

Kapitel 24 ....*Verschlüsselte Botschaft* 209
auf CIA-Skulptur
Dan Brown auf Spurensuche in den USA

Kapitel 25 ....*»Wer das Erdöl kontrolliert,* 221
hat die Macht ...«
Wirtschaftsanalyst prophezeit düstere Zukunft

Epilog 229

Anhang 233

»Abweichende Meinungen werden immer dann unterdrückt, wenn sie besonders wichtig sind.«

Roger Willemsen

Prolog

Das leise Knacken im Parkettboden ließ ihn zusammenzucken. Reflexartig zog der Mann vor den Aktenregalen seinen Schlapphut noch tiefer ins Gesicht. Mißtrauisch äugte er an jenem verregneten Nachmittag im Herbst 2005 zuerst nach links, dann nach rechts. Er hielt den Atem an und lauschte … Nichts. Die Luft war rein. Der Unbekannte atmete tief durch. Dann blätterte er mit Daumen und Zeigefinger hastig weiter durch die Kladde, zupfte hier und da geschickt ein Papier hervor, musterte es kurz, um es dann zufrieden in seinem Aktenkoffer verschwinden zu lassen.

Ein halbe Stunde später verließ der Mann das mit Nummernschlössern gesicherte Büro in der vierten Etage des Archivtrakts in College Park (Maryland). Nicht ohne sich zuvor noch einmal vergewissert zu haben, daß ihn niemand dabei beobachtete. Unten angekommen mischte er sich unter die zahlreichen Besucher des US-Nationalarchivs – und verschwand hinter ihrem Rücken unauffällig in die Anonymität.

»9.500 Dokumente sind verschwunden!« Archivdirektor Allen Weinstein rang nach Luft, als er das schier Unglaubliche im Februar 2006 kundtat. Gerade mal gut ein Jahr amtete er als neuer Archivleiter – und nun durchlebte er bereits den Alptraum eines jeden Bibliothekars. »9.500 Dokumente! Das sind rund 55.000 Seiten. Und das aus den öffentlichen Beständen des Nationalarchivs!«

Weinstein mochte es kaum fassen, als er seinen Ärger amerikanischen Journalisten diktierte: Jahrelang waren Schnüffler von Pentagon und CIA in »seinen« Räumlichkeiten ein- und ausgegangen, wie ihm Mitarbeiter nach Überprüfung der Aktenbestände zerknirscht gebeichtet hatten. Noch dazu erfolgten die »Geheimbesuche« offenbar in inoffizieller Absprache mit Weinsteins Vorgänger beziehungsweise dessen Stellvertreter. Gezielt hatten die »Phantombesucher« ganze Berge von Akten verschwinden lassen. Ursprünglich vertrauliche Regierungspapiere, die Präsident Bill Clinton 1995 mit einem speziellen Erlaß für jedermann freigeben ließ.

»Ein unglaublicher Schatz«, wie Historiker seinerzeit frohlockten. Schließlich enthüllten die Papiere neben allerlei Krimskrams auch durchaus Delikates. So etwa die zeitweilige Stationierung von US-Atomwaffen in Grönland. Oder pikante Details zur Kuba-Krise. Zu wenig für eine Staatskrise. Zu viel für die amerikanische Geheimdienstriege. Noch vor George W. Bushs Amtsübernahme begann sie ihre Häscher auszusenden, um eigenhändig einzuziehen, was ihr zu heiß schien. Enthüllt hat dies anfangs 2006 der US-Historiker Matthew Aid. Aufgefallen war ihm der Aktenklau, nachdem er für Recherchen gewisse Papiere gesichtet hatte, diese aber beim nächsten Besuch in den Beständen plötzlich fehlten.

Mindestens sieben Jahre lang hatten sich die Schlapphüte ungehindert im US-Nationalarchiv »bedient«, wie mittlerweile gesichert scheint. Ohne daß selbst ihre engsten Familienangehörigen davon wußten. Auf ihren Einsatzpapieren prangte denn auch unübersehbar jener ominöse Stempel, der das Unheil regelrecht heraufbeschwört: »Top Secret – Streng vertraulich«.

Einleitung

»Eine Vorliebe der Stärke für Fragen, zu denen niemand heute den Mut hat; der Mut zum Verbotenen. (…) Neue Augen für das Fernste. Ein neues Gewissen für stumm gebliebene Wahrheiten.« (Friedrich Nietzsche)

»Streng vertraulich« …

… waren die meisten Informationen in diesem Buch – ehe sie im Lauf der letzten Jahre der Dunkelheit entrissen und ans Tageslicht befördert wurden. Schier unglaubliche Geschichten, Skandale und Machenschaften, die ursprünglich nur eines gemeinsam hatten – daß sie nie publik werden sollten. Aneinandergereiht dokumentieren sie, wie wir von Politikern, Militärs und ihren Handlangern Tag für Tag aufs Neue belogen und hinters Licht geführt werden – in einem Ausmaß, das selbst gestandene Optimisten erbleichen lassen dürfte.

Machtmenschen generieren Geheimnisse – um ihre wahren Absichten zu verschleiern. Diese Geheimnisse gilt es zu lüften. Tun wir es nicht, fehlen in unseren Geschichtsbüchern morgen Dinge, die sich heute ereignen. Wer hätte schon ernsthaft gedacht, daß die Sandoz-Katastrophe 1986 von der ostdeutschen Stasi inszeniert wurde? Wer ahnt denn, daß unser Wetter längst manipuliert wird, wie mittlerweile selbst gestandene Meteorologen einräumen? Und wer nahm Gerüchte für bare Münze, wonach die Verhaftung von Saddam Hussein ganz anders ablief als offiziell behauptet?

Alle drei Aussagen stimmen nicht nur – sie lassen sich auch belegen. Ebenso wie die Tatsache, daß Juri Gagarin nicht der erste Mensch im Weltraum war, wie uns Raumfahrt-Historiker treuherzig versichern. Oder Augenzeugenberichte über reichlich mysteriöse

Geheimflugzeuge, die alles in den Schatten stellen, was wir den Entwicklern derartiger Flugkörper überhaupt zutrauen würden.

Wie geht man mit der Enthüllung eines gestandenen Mond-Astronauten der NASA um, wonach die USA 1947 ein außerirdisches Raumschiff bargen – dies aber bis heute verheimlichen? Oder mit CIA-Dokumenten, die von einem topgeheimen internationalen Antiterror-Netzwerk sprechen, dessen Spuren sich vom israelischen Mossad bis ins Herz der offiziell neutralen Schweiz verfolgen lassen – obwohl sich kaum ein Staat dazu äußern mag? Oder mit den fragwürdigen Machenschaften deutscher Rüstungsfirmen, die hinter dem Rücken der Öffentlichkeit an sogenannten »Mikrowellen-Waffen« basteln, mit denen sich Menschen in Sekundenschnelle »erhitzen« lassen – und dabei Höllenqualen leiden?

Was ist von Berichten zu halten, wonach die Amerikaner 1957 bei Erkundungsflügen in der Arktis-Region eine geheimnisvolle »Kuppel im Eis« ausmachten, die »einer fremden Macht« zugeschrieben wurde? Stimmt es, daß alle unsere Telefongespräche, Fax-Übermittlungen und Mails rund um die Uhr verfolgt werden? Gibt es tatsächlich Psi-Spione? Und was hat es mit der weltweit grassierenden Vogelgrippe-Panik tatsächlich auf sich?

Ist die Welt wirklich so, wie sie uns in der Tagesschau jeden Abend vor Augen geführt wird? Als langjähriger Journalist habe ich den Glauben daran verloren. Zu oft habe ich erlebt, wie heiße Informationen kurz vor Redaktionsschluß jeweils entschärft werden mußten, weil mächtige Lobbies in letzter Minute intervenierten und ihre Muskeln spielen ließen. Zu oft mußte ich mitansehen, wie wahre Sätze von vornherein nicht geschrieben werden durften – weil sie vor Gericht einklagbar gewesen wären.

Wie oft sah ich brisante Interviews, die nie in der Form gedruckt wurden, wie sie geführt worden waren – weil die Betroffenen ihre wortgetreu wiedergegebenen Aussagen nach Rücksprache mit ihren Beratern nachträglich entschärft sahen wollten – oder gar in letzter Minute zurückzogen. Wie oft sah ich mich mit der Frage konfrontiert, ob nachträglich von ihnen eingefügte Zitate, die wörtlich nie so ausgesprochen worden waren, überhaupt verbreitet werden sollten.

Die Wahrheit wird jeden Tag aufs Neue verfälscht, damit sie mehrheitsfähig bleibt. Selbst »dokumentarische« Fotos oder Film-

Einleitung 15

aufnahmen werden am Fernsehen heute immer öfter nachgestellt –
ohne daß dies dem Betrachter mitgeteilt würde. Übrig bleiben
vielfach oberflächlich-banale Berichte, die mit der tatsächlichen
Realität immer weniger zu tun haben – oder diese gar komplett
verdrehen.

Können Sie sich etwa noch an den ganzen Wirbel rund um den
angeblich verheimlichten Nukleartest in Nordkorea vom 9. September 2004 erinnern, der die Öffentlichkeit damals wochenlang in
Atem hielt und den schwelenden Konflikt mit den USA vorüberge-
hend auf die Spitze trieb?

Angeblich war damals ein bis zu vier Kilometer Durchmesser
messender Rauchpilz über der Provinz Ryanggang aufgestiegen.
Auf Satellitenaufnahmen sei im betreffenden Gebiet ein riesiger
Krater auszumachen, meldete Südkorea – und alle Medien verbrei-
teten die Nachricht munter weiter. Nordkorea dagegen hüllte sich in
Schweigen. »Alle westlichen Journalisten sind Lügner«, begründete
man den Informationsstopp. Und schließlich ließ man mißmutig
verlauten, die Detonation sei auf die Sprengung eines Berges zum
Bau eines Dammes zurückzuführen.

Die Sache schien klar: Auf der einen Seite die bösen Nordkoreaner,
die abgeschottet von der Außenwelt ohne Rücksicht auf Verluste
verheerende Atomwaffentests durchführen und lügen wie gedruckt.
Auf der anderen Seite der »gute« Westen, der sich bedroht fühlt. Daß
sich die Explosion ausgerechnet am 9. September ereignete, machte
die Situation auch nicht besser. Immerhin handelt es sich dabei um
den Jahrestag der nordkoreanischen Staatsgründung. Ein »idealer«
Zeitpunkt für einen Atomtest, wie viele glaubten.

Kaum eine Zeitung, welche die Ängste nicht schürte. Dann
herrschte allerorts Funkstille. Nur noch das eine oder andere Medium
vermeldete später, daß westliche Diplomaten aus acht Ländern unter
der Leitung des britischen Botschafters in Nordkorea, David Slinn,
den vermeintlichen Ort der Explosion wenige Tage danach bereits
besuchen durften.

Das Resultat dieses Besuches war vielen Zeitungen nicht einmal
mehr eine Notiz wert. Grund: Die Beobachter fanden nicht den
geringsten Hinweis auf einen Atomtest. Zurück von der Großbaustel-
le für ein Wasserkraftwerk sagte eine ratlose deutsche Botschafterin

Doris Hertrampf:»Ob Sprengungen stattgefunden haben, kann ich weder bestätigen noch verneinen.« Ihrer Ansicht nach hatte es für das Dammprojekt zwar Sprengungen gegeben. Doch ob es sich dabei um die berichteten Explosionen handelte,»kann ich Ihnen nicht sagen«.

Was die Berichterstatter unterschlugen: Bereits vier Tage nach der Explosion konnte ein Atomtest definitiv ausgeschlossen werden. Dies bestätigte mir damals Manfred Henger vom Bundesamt für Geowissenschaften in Hannover auf Anfrage:»Wir haben die Bearbeitung dieses Ereignisses nicht mehr verfolgt, nachdem am 13. September 2004 definitiv feststand, daß es sich nicht um eine Nuklearsprengung handelte. Dies ging aus den Aufzeichnungen einer japanischen Radionuklidstation des IMS (International Monitoring System) der Comprehensive Nuclear Test Ban Treaty Organization, Wien, hervor.«

Aussagen, die auch Urs Kradolfer vom schweizerischen Erdbebendienst unterschrieb:»Obwohl es viele Stimmen gibt, die einen baldigen Atomtest in Nordkorea für wahrscheinlich halten, hat es sich bei der Explosion um keinen Atomtest gehandelt.« Sprich: Während Politiker, Experten und Journalisten eifrig weiterspekulierten, war die Sache längst geklärt. Kein Wunder, krebste schließlich auch Südkorea kleinlaut zurück. So erklärte der stellvertretende Verteidigungsminister Lee Bong Jo, daß es wohl gar keine Explosion gab und der Pilz auf den Satellitenbildern nur eine »natürliche Wolke« gewesen sei. Heiliger Strohsack!

Derlei Manipulationen haben System. Denn ob Politik, Wirtschaft oder Wissenschaft: Geschichte wird von den Siegern geschrieben. Sie diktieren ihre Sicht, die anschließend gelehrt und gelernt wird. Verbreitet von den mächtigsten Sprachrohren der Welt – den Massenmedien und Infotainment-Konzernen. Immer darauf bedacht, ihre vermeintliche Seriosität zu wahren, filtern sie vermeintlich Unwahres von Wahrem.

Daß wirklich kontroverse Enthüllungen dabei (zu) oft unter den Tisch fallen, versteht sich von selbst. Die eigene Macht soll bewahrt bleiben – also will man es sich mit den übrigen Mächtigen nicht verderben. Schlimmer noch: Immer öfter läßt man sich Geschichte(n) von ihnen regelrecht »vorschreiben«. Wo der Zensurstift früher

Einleitung 17

eifrig wütete, ist er heute vielfach gar nicht mehr nötig. Wer der Mehrheit nach dem Mund schreibt, hat von ihr nichts zu befürchten.

Dieses Buch richtet sich an die Minderheit – und so bewegen sich manche Enthüllungen auf den folgenden Seiten zwangsläufig am Rande der Glaubwürdigkeit. Das haben »streng vertrauliche« Informationen nun mal so an sich. Sonst müßte man sie ja nicht vor den Augen der anderen schützen. Noch dazu mißt sich Glaubwürdigkeit stets an dem, was wir längst kennen. Vergessen wir deshalb nie: Es ist immer die Mehrheit, die der Minderheit vorschreibt, was sie zu glauben hat – und was nicht!

Speziell »Verschwörungstheorien« sind in den Augen unserer Elite verpönt: Wer nicht brav alles schluckt, was ihm von Behörden und Politikern serviert wird, leidet ihrer Meinung nach an Paranoia. Wer nicht alles Offizielle für bare Münze nimmt, wird oft vorschnell als »Verschwörungstheoretiker« verunglimpft. Den Herren Kritikern sei deshalb ins Stammbuch geschrieben: Verschwörungen sind keine Theorie – sondern Praxis. Zumindest steckt in jeder Verschwörungstheorie im Minimum ein Körnchen Wahrheit – auch wenn man sich manchmal das Gegenteil wünscht. Denn die Realität ist oft erschreckender als das, was wir von ihr zu wissen glauben.

Allein aus den USA erreichte uns in den letzten Jahren eine wahre Flut von Schreckensmeldungen, von denen jede einzige früher gereicht hätte, einen Präsidenten zum Fall zu bringen: Lügen rund um die vermeintlich vorhandenen Massenvernichtungswaffen im Irak. Vertuschte Folterskandale in Guantanamo. Illegale Folterflüge. Regimekritische CIA-Agenten, deren Identität auf Weisung von oben bewußt den Medien verraten wurde. Ungereimtheiten rund um die Attentate vom 11. September. Vom Präsidenten befohlene globale Lauschaktionen, die geltendem Gesetz widersprachen. Illegale Überwachung internationaler Geldtransaktionen durch die CIA – mit Wissen vieler Großbanken, ohne daß die ihre Klienten darüber informiert hätten. Vertuschte US-Massaker an Zivilisten im Irak. Und verheimlichte Angriffsszenarien auf den Iran, die bereits seit Jahren entwickelt werden.

Längst füllen Bushs entlarvte Lügengebilde Aberdutzende von kritischen Sachbüchern. Ungeachtet dessen regiert der Mann munter weiter und sieht sich selber als Opfer einer weltweiten Verschwörung. Perverser läßt sich die Wahrheit nicht verdrehen! Und doch läßt der Westen seinen drittklassigen Cowboy ungezügelt weiter galoppieren. Warum eigentlich? Weil sich die Öffentlichkeit an derlei »Skandale« längst gewöhnt hat. Achselzuckend bis überdrüssig werden sie im besten Fall zur Kenntnis genommen. Erschlagen von der Informationslawine, die täglich aufs Neue anrollt, verdrängen wir jeden Abend aufs Neue, um am nächsten Morgen wieder aufnahmefähig zu sein.

Die Medien haben die neuen Spielregeln schnell kapiert: Wochenlang beherrschen heute Sensationen und Schreckensmeldungen die Schlagzeilen. Rund um die Uhr wird bis zum Abwinken darüber berichtet. Einer schreibt vom anderen ab. Und dann zieht das große Schweigen ein. Kein Ton mehr. Kein Bild. Keine Zeile. Stille.

Wissen etwa Sie, wie es nach der Hurricane-Katastrophe derzeit in Louisiana aussieht? Wie steht es um die angeblich zerstörten Öl-Plattformen? Wie geht es den Menschen in den verwüsteten Tsunami-Gebieten in Asien? Wo steckt eigentlich Osama Bin Laden? Wird überhaupt noch nach ihm gesucht? Was ist aus der ganzen Anthrax-Hysterie geworden? Und wer zog damals die Fäden?

Auch hohe Meinungsträger wissen um dieses Gesetz. Also lügen und mauscheln sie munter weiter – im Wissen, daß alles in Vergessenheit gerät, selbst wenn es heute auffliegt. Je mehr Zeit verrinnt, desto unaufmerksamer wird die Öffentlichkeit. Und dann beginnen sie ihre Gaukeleien unbehelligt von Neuem. Ohne daß ihnen jemand auf die Finger klopft. Es ist zum Verrücktwerden!

Aktuelles Beispiel: der Folterverdacht im US-Prozeß gegen den vermeintlichen »Top-Terroristen« Zacarias Moussaoui. Die Schreckensbilder aus dem Knast von Abu Ghraib? Im Gedächtnis der Öffentlichkeit längst verblaßt. Die betretenen Mienen der US-Verantwortlichen, als das Schlamassel nicht mehr zu leugnen war? Schnee von gestern. Immerhin hatte die US-Riege großherzig versprochen, daß derlei »Erniedrigungen« nie wieder vorkommen würden.

Die »Guten«, die plötzlich als »Bösewichte« dastanden, wuschen ihre Hände so lange in Unschuld, bis ihnen das Volk verzieh. Nur um sich sofort wieder zum Moralapostel aufzuspielen. Jedenfalls polterte Staatsanwalt David Raskin kurz vor Prozeßende gegen

Moussaoui los, als ob er der liebe Gott persönlich sei. »Es gibt keinen Platz auf dieser guten Welt für diesen Mann«, ereiferte er sich. »Es ist an der Zeit, seinem Haß und seiner Bosheit ein Ende zu setzen!«

Besagter Staatsanwalt – und mit ihm die ganze US-Administration – hätten Moussaoui am liebsten auf dem elektrischen Stuhl gesehen. Doch das Verdikt von Richterin Leonie Brinkema fiel milder aus: »Lebenslange Haft«, entschied sie Ende Mai 2006 – weil sich die zwölf Geschworenen trotz 41-stündiger Beratung nicht einigen konnten. Damit entschied sie den einzigen US-Prozeß zu den Anschlägen des 11. September 2001 zu Ungunsten der Bush-Administration, die Millionen in die Anklage gegen das »bekennende Al-Qaida-Mitglied« investiert hatte.

Dumm für die Regierung: Zacarias Moussaoui saß zur Zeit der Anschläge bereits seit Monaten hinter Gittern. Ob der geltungssüchtige marokkanischstämmige Franzose am 11. September 2001 tatsächlich ein Flugzeug ins Weiße Haus hätte steuern sollen, wie er am 27. März 2006 überraschend zu Protokoll gegeben hatte, wird denn auch stark bezweifelt. Bis zu diesem Zeitpunkt hatte Moussaoui lediglich behauptet, für einen späteren Todeseinsatz auserwählt gewesen zu sein.

Die Verteidigung betonte, daß ihr Mandant offenbar geistig verwirrt sei – was durch dessen konfuse Wutausbrüche und haßerfüllte Zwischenrufe während des Prozesses auch deutlich zum Ausdruck kam. Kritische Prozeßbeobachter gehen deshalb davon aus, daß der Angeklagte vor seinem Geständnis gefoltert und unter Drogen gesetzt wurde.

Bush-Kritiker feierten das Urteil später als »Rückkehr zum Rechtsstaat«. Schließlich war die Regierung vor nichts zurückgeschreckt, um den Mann zum Sündenbock zu stempeln und ein Exempel zu statuieren. Wie die »New York Times« am 17. April 2006 enthüllte, war Moussaoui unter seinen Kleidern während des Prozesses gar heimlich ein Elektroschock-Gürtel umgeschnallt worden – angeblich »aus Sicherheitsgründen«. Kontrolliert wurde das versteckte Foltergerät via Fernbedienung durch einen im Gerichtssaal anwesenden Marshal.

Amnesty International ordnet derlei in den USA entwickelte Folterinstrumente als »außergewöhnlich besorgniserregend« ein.

Das Perfide: Bereits ein heimlicher Knopfdruck genügt – und die oberhalb der Nieren positionierten Elektroden treiben den Betroffenen an den Rand des Wahnsinns, mit schmerzhaften und paralysierenden Hochspannungsimpulsen. Mit Hightech perfektionierte Mittelalter-Praktiken, die Moussaouis »geistig verwirrtes« Handeln und seine jähen Ausbrüche im Gerichtssaal rückwirkend in einem ganz anderen Licht erscheinen lassen, als uns die USA während des Prozesses glauben machen wollten.

Eine ausgekochte Schweinerei! Doch schon wenige Wochen später war der Name Moussaui bereits wieder Geschichte. Stattdessen rückte plötzlich die Homepage des FBI *(www.fbi.gov)* ins Zentrum des Interesses. Plakativ listet das FBI dort seine »Ten Most Wanted Fugitives« auf – die meistgesuchten Verbrecher. Darunter selbstverständlich auch »Usama Bin Laden«, von dem wir unter anderem erfahren, daß er rund 160 Pfund wiegen soll.

Gesucht werde Bin Laden »in Zusammenhang mit den Bombenanschlägen vom 7. August 1998 auf die US-Botschaften in Dar es Salaam, Tanzania und Nairobi. Diese Attacken töteten über 200 Personen. Zusätzlich wird Bin Laden weiterer terroristischer Attacken rund um den Globus verdächtigt.«

So weit, so gut. Doch was ist mit dem Anschlag auf das World Trade Center? Warum wird Bin Laden auf der FBI-Homepage dafür nicht verantwortlich gemacht? Schließlich wurde die Terror-Attacke doch von ihm persönlich ausgeheckt und organisiert, wie Präsident Bush nicht müde wird zu versichern.

Ed Haas vom »Muckraker Report« *(www.teamliberty.net)* wollte es genauer wissen. Am 6. Juni 2006 kontaktierte er das FBI-Hauptquartier und fragte nach. Antwort von Rex Tomb, Chief of Investigative Publicity: »Der 11. September wird auf unserer Bin-Laden-Seite nicht aufgeführt, weil das FBI über keine harten Beweise verfügt, die ihn mit dem 11. September in Verbindung bringen würden.«

Wie bitte?! Ed Haas mochte seinen Ohren nicht trauen und fragte nach, was das genau heiße. »Bin Laden wurde nicht ausdrücklich angeklagt in Verbindung mit dem 11. September«, bestätigte Tomb noch einmal und erläuterte: Aufgabe des FBI sei es, Beweismittel zu sammeln und diese an das US-Justizdepartement zu überstellen.

Einleitung

Dort werde dann entschieden, ob das Material ausreiche, um es einer Federal Grand Jury vorzulegen. Im Fall der Bombenattentate von 1998 sei dies geschehen. Und beim 11. September eben nicht, doppelte Tomb nach, »weil das FBI über keine harten Beweismittel verfügt, die Bin Laden damit in Verbindung bringen«.

Ein Ohrfeige ins Gesicht der US-Regierung! Schließlich räumt das FBI damit indirekt auch ein, daß Bin Ladens vermeintliches »Geständnis-Video«, das die US-Regierung am 13. Dezember 2001 in Umlauf brachte, keines ist. Dies, obwohl Verteidigungsminister Donald Rumsfeld im Zuge von dessen Veröffentlichung eine Pressemitteilung lanciert hatte, wonach es »für uns schon vor der Entdeckung des Bandes keinen Zweifel gab, daß Bin Laden für die Anschläge verantwortlich ist.«

Daß das Videoband alles andere als überzeugend ist geschweige denn Bin Ladens Täterschaft beweist, hatte die WDR-Sendung »Monitor« bereits am 20. Dezember 2001 enthüllt. Doch auch das hat die Öffentlichkeit längst vergessen. »Monitor«-Chef Klaus Bednarz damals in seiner Anmoderation: »In der vergangenen Woche präsentierte die amerikanische Regierung in englischer Übersetzung ein Amateurvideo, das Bin Laden im Kreis von Gefolgsleuten zeigt und das laut Präsident Bush ›ein vernichtendes Schuldeingeständnis Bin Ladens‹ sein soll.«

»Monitor« hatte sich vom US-Außenministerium die arabische Textversion des Videobandes besorgt und von unabhängigen und vereidigten arabischen wie deutschen Sprachwissenschaftlern und Orientalisten analysieren lassen. Und siehe da: Die von der US-Regierung der Weltöffentlichkeit präsentierte englische Übersetzung ist nicht nur teilweise manipuliert, sondern enthält sogar Fehler.

In seinem Bericht zitierte das Magazin unter anderem den Arabisten Dr. Abdel El M. Husseini. »Diese Übersetzung ist sehr problematisch«, gab er zu Protokoll. »Sie ist an den wichtigsten Stellen, die die Täterschaft Bin Ladens beweisen sollten, nicht identisch mit dem arabischen Ton.«

Und auch Professor Gernot Rotter, Islamwissenschaftler und Arabist an der Uni Hamburg, bestätigte: »Dieses Band ist von einer so schlechten Qualität, daß es streckenweise überhaupt nicht zu verstehen ist. Und das, was zu verstehen ist, ist oft aus dem Zusammenhang gerissen, so daß man daraus kein Beweismittel konstruieren kann. Die US-Übersetzer haben offensichtlich an vielen Stellen Dinge hineingeschrieben, die sie hören wollten, die aber so – auch nach mehrmaligem Anhören – nicht zu hören sind.« Selbstverständlich ist auch diese Enthüllung längst Geschichte. Und ebenso selbstverständlich zweifelt heute offiziell niemand mehr daran, daß Bin Laden tatsächlich hinter den Anschlägen vom 11. September steckt. Abgesehen von einer wachsenden Schar an »Verschwörungstheoretikern«, wie sie in den Massenmedien verächtlich genannt werden.

Eifrig sammeln diese Forscher weiterhin Indizien für ihre brisante These, daß alles ganz anders war. Die USA bezichtigen sie dabei im Minimum der bewußten Mittäterschaft: So sei am 11. September 2001 knapp eine Stunde nach den WTC-Einschlägen nicht etwa eine Boeing 757 waagrecht ins Erdgeschoß des Pentagon gekracht, behaupten sie – sondern vielmehr eine Rakete.

Halfen die USA am 11. September demnach selber nach, um ihren »Krieg gegen den Terror« zusätzlich zu legitimieren? Seit Jahren werden eifrig Indizien für und wider diese Hypothese diskutiert. Hauptargument der Bush-Kritiker: Das Einschlagsloch im Erdgeschoß des Gebäudes sei viel zu klein, als daß eine Boeing dafür in Frage käme. Und: Warum blieb die Fassade trotz des gewaltigen Einschlags fast nahezu intakt? Der offiziellen These, daß das Flugzeug beim Einschlag regelrecht pulverisiert worden sei, begegnen sie mit Skepsis.

Warum eigentlich, so fragt sich der französische Forscher Thierry Meyssan, ließen die Terroristen das Flugzeug nicht einfach aufs Pentagon stürzen? Warum steuerten sie es vielmehr wie eine Militärmaschine in Bodennähe auf den Eingang zu – mit einer Wendigkeit, die erfahrene Fluglotsen an den Radarschirmen ihren Augen kaum trauen ließ? Noch dazu in exakt jenen Teil, in dem sich ob Renovationsarbeiten viel weniger Leute aufhielten als sonst?

Weshalb wurden Kameraaufnahmen des Einschlags beschlagnahmt und bis heute nicht freigegeben? Wie gelang es dem »Flugzeug«, mehrere Mauern hintereinander zu durchdringen? Und warum beschrieben manche Augenzeugen partout einen raketenähnlichen

Einleitung 23

Flugkörper, der eher an eine Cruise Missile oder eine »Global Hawk«-Drohne erinnerte?

Auftrieb erhielten derlei Fragen im August 2005 durch Leuren Moret. Als Spezialistin für Strahlung arbeitete die Amerikanerin lange Zeit im Livermore Nuclear Weapons Laboratory in Kalifornien. Heute amtet sie als Mitglied des Radiation and Public Health Project (RPHP), einer Gruppierung, welche die gesundheitlichen Auswirkungen von uranhaltiger Munition in Irak und Afghanistan untersucht.

Unmittelbar nach dem Pentagon-Crash hatte Moret damals ihre Kollegin Dr. Janette Sherman verständigt. Die Ärztin wohnte nur wenige Meilen vom Pentagon entfernt. Moret bat sie, samt ihrem Geigerzähler auszurücken. Das Resultat war schockierend, wie sie sich erinnert:»Das Gerät registrierte extrem hohe Strahlungswerte – acht- bis zehnmal höher als normal!«

Die Nuclear Industrial Safety Agency (NIRS) wurde verständigt, ebenso Experten der Environmental Protection Agency (EPA) und des FBI. Zwar bestätigten diese die Strahlungswerte – doch unternommen wurde seither nichts. Stellt sich die Frage, warum der Eingangsbereich des Pentagon derart verstrahlt ist: Zerstörte das Flugzeug Strahlungsquellen im Gebäude? Enthielt die Maschine selber strahlende Materialien? Oder handelte es sich tatsächlich um Spuren eines uranhaltigen Sprengkopfes?

Und Präsident Bush? Der tut das, war er am besten kann – er schweigt. So wird wohl auch diese Episode als »unbestätigtes Gerücht« in die Geschichte eingehen. Weil es die Mehrheit so will.

Folter in amerikanischen Gerichtsälen? »Atomexplosionen«, die nie stattgefunden haben? Terroristen, die gar keine sind? Oft mochte ich während meiner journalistischen Recherchen in der »Dunkelwelt« nur noch fassungslos den Kopf schütteln. Umso mehr, wenn mir Informanten brisante Tatbestände auf Nachfrage nicht nur bestätigten – sondern gar noch um haarsträubende Insider-Details zu ergänzen wußten. Längst nicht alle darf ich auf den folgenden Seiten beim Namen nennen. So will es der journalistische Quellenschutz. Und so manches »Puzzelteilchen« mußte deshalb notgedrungen unerwähnt bleiben.

Was übrig blieb, reicht allemal, um zu dokumentieren, wie wir von Politikern, Wirtschaftshaien und Machthabern anderer Couleur gnadenlos verschaukelt werden. Insofern ist das grundsätzliche Mißtrauen gegenüber »offiziellen« Aussagen von Behörden, das wohl jedem von uns mittlerweile innewohnt, nicht nur berechtigt. Es ist vielmehr Grundvoraussetzung, daß zumindest einige »Schandflecke« hin und wieder ans Licht der Öffentlichkeit gezerrt werden können.

Was Machthaber hassen, sind Leute, die denken, mißtrauisch bleiben und kritische Fragen stellen. Nur wer sich eigene Gedanken macht, sieht die Dinge, wie sie sein könnten – und nicht, wie sie beschrieben werden. Denken befreit. Mehr noch: Es entfesselt. Glauben Sie mir deshalb nur, was IHNEN glaubwürdig erscheint. Zweifeln Sie an, was IHNEN nicht behagt. Und suchen Sie die Wahrheit zwischen den Zeilen. Die Wahrheit liegt immer zwischen den Zeilen. Aber vergessen Sie nie: Was Sie auf den folgenden Seiten lesen werden, ist nicht einmal die Spitze des Eisbergs. Die größten Schweinereien harren bis heute ihrer Entlarvung.

Pech? Nicht unbedingt. Schließlich ist es an uns, damit klarzukommen, wie schamlos Menschen gegeneinander vorgehen, wenn es um Macht und Geld geht. Blenden wir der traurigen Realität darum mit unseren Scheinwerfern für einen kurzen Moment ins Gesicht – so lange, wie wir ihre häßliche Fratze ertragen mögen.

Luc Bürgin

Kapitel 1

Wetter-Terror:
USA wollen Gott spielen

Geheime Experimente sorgen für Empörung

Bis 2025 wollen die USA die Herrschaft über die globalen Wetterverhältnisse erringen und das Erdklima mittels Versprühen chemischer Substanzen in der Atmosphäre manipulieren. Dies geht aus einer offiziellen Militär-Studie hervor. Parallel dazu häufen sich Hinweise, daß auch über Europa heimliche Wettermanipulationen stattfinden. So versetzten zwei mysteriöse »Phantomwolken« in Deutschland selbst gestandene Meteorologen in Aufregung.

Wer hierzulande über geheime Wetterexperimente über unseren Köpfen spekuliert, wird gerne als Spinner abgetan. Das könnte sich nun ändern. Denn was am 19. Juli 2005 geschah, ist wissenschaftlich dokumentiert – und läßt sich nicht mehr wegdiskutieren. Selbst erfahrene Meteorologen raufen sich deswegen mittlerweile die Haare.

Der Grund: Auf Radarbildern des deutschen Wetterdienstes zeichnete sich an jenem Tag von den Ostfriesischen Inseln bis nach Hessen eine dichte Regenwolke ab – 400 Kilometer lang, 100 Kilometer breit. Nichts Außergewöhnliches, sollte man meinen.

Für deutsche Meteorologen vom Online-Wetterdienst *donnerwetter.de* schien die Sache klar: Die Schauerfront näherte sich von den Niederlanden Richtung Deutschland, wo sie schließlich über die

Bodenradarstandorte von Essen, Hannover, Hamburg und Rostock ziehen sollte – was sie dann auch tatsächlich tat.

Als Dienstleister des Norddeutschen Rundfunks erstellt *donnerwetter.de* Prognosen für den Videotext und die Radioprogramme des NDR. Also prognostizierten die Wetterfrösche starke Regenfälle, die wie üblich angekündigt wurden. Das Seltsame: Trotz Unwetterprognose blieb der prophezeite Regen an jenem Tag aus. Kein Tröpfchen Wasser klatschte vom Himmel!

Die Meteorologen waren wie vor den Kopf gestoßen: Wie hatten sie sich derart täuschen können? Warum diese äußerst peinliche Fehlprognose? Intern gingen die Wogen hoch. Nach fieberhaften Analysen dann die explosive Aussage des Meteorologenteam:»Nicht wir haben den Fehler gemacht, jemand hat das Wetter manipuliert!«

Am 16. Februar 2006 schaltete man die Staatsanwaltschaft Bonn ein und erstattete Anzeige gegen Unbekannt. Begründung: »Im vorliegenden, dokumentierten Fall enthielt das Radarbild am 19. Juli 2005 über hunderte Kilometer Strukturen, die normalerweise als Regen interpretiert werden müssen. Wie eine spätere Analyse ergab, konnten diese Strukturen jedoch nicht von natürlichen Wetterphänomenen verursacht worden sein, sondern mußten durch vorsätzliche menschliche Einwirkung entstanden sein. Es besteht der Verdacht, daß das Radarbild aktiv durch das Aussetzen von Partikeln oder Substanzen beeinflußt wurde. Eine andere Erklärung kann mit sehr hoher Wahrscheinlichkeit ausgeschlossen werden.«

Derlei Techniken seien bisher meist nur zu militärischen Zwecken der Wetterbeeinflussung eingesetzt worden, kritisierten die Meteorologen. Das Ausbringen von Materialien über hunderte Kilometer und damit auch eine Wetterbeeinflussung ist jedoch nach einer UNO-Richtlinie aus dem Jahr 1977 verboten. Auch sei von einer massiven Umweltverschmutzung, unter Umständen – je nach ausgebrachter Substanz – auch von einer gesundheitlichen Gefährdung der Bevölkerung auszugehen.

Das »donnerwetter«-Team: »Durch die Ausbringung der Partikel wurde auch die Öffentlichkeit absichtlich irregeführt. So hat unser Unternehmen zum Beispiel auf Grund der falschen Radardaten in den Vorhersagen des Norddeutschen Rundfunks Schauer in Niedersachsen vorhergesagt, die nicht existierten. Darüber hinaus fließen die Radardaten in automatische Vorhersagesysteme ein, die auf der Basis der manipulierten Meßwerte zu falschen Prognosen kommen. Der Öffentlichkeit entsteht durch falsche Entscheidungen aufgrund falscher Wettervorhersagen ein Schaden.«

Ein verfrühter Aprilscherz? Peinliche Verschwörungstheorien überforderter Fachleute? Ja – meint zumindest der Schweizer Wetterfrosch Jörg Kachelmann von der Firma Meteomedia. Das sei eine ganz normale Regenfront gewesen, wie sie häufig vorkomme, winkte er gegenüber dem Autor ab:»In den oberen Schichten hat es damals kräftig geschneit und gekübelt. Dummerweise ist der Regen dann aber verdunstet, ehe er unten ankam. Das Radar zeigt ja letztlich nicht, was uns unten am Boden tatsächlich als Regen erreicht. Es reflektiert vielmehr alle Regentropfen in verschiedenen Höhenlagen. Insofern hat die besagte Firma wohl nicht über die notwendigen technischen Mittel verfügt, um ihre Wetterprognose entsprechend zu differenzieren.«

Augenscheinlich versuche man diesen Lapsus nun als PR-Gag zu vermarkten, spekuliert Kachelmann. Seltsam nur, daß der prominente Wetterexperte mit dieser Meinung ziemlich im Abseits steht. Bereits 2005 nämlich präsentierte die Deutsche Meteorologische Gesellschaft (DMG) in ihren»Mitteilungen« (03/04) eine vier Seiten lange minutiöse Auswertung des seltsamen Phänomens. Und diese kommt zu ganz anderen Schlüssen.

Verfaßt wurde die akribische Datenanalyse von Jörg Asmus vom Deutschen Wetterdienst (DWD) in Offenbach in Zusammenarbeit mit Experten des Deutschen Zentrums für Luft- und Raumfahrt, des Geoinformationsdienstes der Bundeswehr und des niederländischen Wetterdienstes KNMI. Sachlich berichtet Asmus darin über das »seltsame Radarecho« über dem Nordwesten Deutschlands entlang der Ems vom 19. Juli 2005, das überhaupt nicht zu dem dazugehörigen Satellitenbild paßte:»Da diese Echos zunächst nicht identifiziert werden konnten, wurden sie als ›Unbekannte Fliegende Objekte‹ bezeichnet.«

Asmus weiter:»Die genauere Untersuchung ergab, daß sich das ungewöhnliche Radarecho von West nach Ost bewegte, sich dabei ausdehnte, und das über mehrere Stunden und mehrere Radar-Standorte hinweg. Damit konnte ausgeschlossen werden, daß es sich um eine Störung eines Radargerätes oder um Echos am Boden handeln konnte.«

Hintergund: Radarstrahlen werden bekanntlich von allerlei physikalischen Objekten wie Flugzeugen oder Vogelschwärmen reflektiert und zurückgeworfen – ebenso wie von Niederschlagspartikeln. Auch Bergspitzen können sich auf Radarbildern abzeichnen. Derartige »Fehlechos« pflegen sich aber nicht zu bewegen. Zudem schien es sich auch nicht um ein klassisches meteorologisches Phänomen wie Regen, Schnee oder Hagel zu handeln. Denn das riesige Echo paßte laut Jörg Asmus in der beobachteten Form zu keinem Zeitpunkt zu den beobachteten Wolkensystemen in den Satellitenbildern – obwohl es sich mit der Luftströmung bewegte.

Das offenbarten indes erst umfangreiche Analysen. Durchaus nachvollziehbar also, daß die »Phantomwolke« ob ihrer Größe und der typischen Bewegung von den Meteorologen auf den ersten Blick als Regenfront interpretiert worden war. Die nachträgliche Auswertung von Satellitenbildern brachte ebenfalls keine näheren Aufschlüsse über den Ursprung der »Phantomwolke«.

»Worum handelt es sich dann?«, fragte sich Jörg Asmus. Folgende Ursachen wurden von ihm in Erwägung gezogen:

1. Kerosin. Hatte ein Flugzeug in großen Mengen Treibstoff abgelassen? Nein, denn Kerosin verdampft bereits nach kurzer Zeit. Die »Phantomwolke« aber konnte über zehn Stunden beobachtet werden.

2. Vogelschwärme: Reflektierten sie die Radarstrahlen? Nein, denn erstens war es für Zugvögel noch zu früh, die Richtung stimmte nicht, und auch die gleichförmige Ausdehnung der Echos sprach dagegen.

3. Ionisierte Gase: Hatte eine Industrieanlage die Luft verschmutzt? Nein, denn solche Emissionen wären auf den Radars nie derart lange sichtbar geblieben.

4. Brechungseffekte in der Atmosphäre: Reflektierten sich die Radarstrahlen in der Atmosphäre an Temperatursprüngen oder Turbulenzen? Nein, alle Daten sprachen dagegen.

5. Künstlich reflektierende Teilchen: Wurden Stanniol-, Aluminium- oder andere hochreflektierende kleine Teilchen von Flugzeugen ausgesetzt, um damit das Radar zu stören, so daß allenfalls geheime Flugzeugbewegungen nicht erkannt werden sollten?

Abbildung 1
Düstere Perspektiven: Deckblatt der militärischen US-Studie zur Wettermanipulation.

Dazu Jörg Asmus: »Nachfragen bei der Bundeswehr ergaben, daß in diesem Gebiet offenbar keine Übungen der NATO mit solchen möglichen Auswirkungen auf Radarsysteme stattgefunden haben.« Mitarbeiter des niederländischen Wetterdienstes KNMI hätten ihre Radarinformationen nach einem Hinweis des DWD ebenfalls ausgewertet und die gleichen Echos erkannt. »Auch dort wird das Ausbringen von reflektierenden Teilchen am ehesten in Betracht gezogen.«

Offensichtlich waren die Partikel im Bereich der südwestlichen Nordsee in ein paar Kilometern Höhe von einem Flugzeug ausgesetzt worden. Wer diese Teilchen versprüht hat, so Asmus abschließend, bleibe indes unklar – ebenfalls warum dies erfolgte.

Und genau aus diesem Grund formulierten die Meteorologen von *donnerwetter.de* auch ihre Strafanzeige. Ihre Vermutung: Irgend jemand startete am 19. Juli 2005 ein geheimes Experiment, um das Wetter zu beeinflussen! »Wir wissen nicht, welche Substanzen ausgebracht wurden«, räumen sie ein. Insofern seien Spekulationen erlaubt: »Sollten diese vielleicht die Wolkenbildung anregen und Regen auslösen? Sind diese Substanzen möglicherweise gesundheitsgefährdend?«

Derlei Überlegungen werden seit Jahren wissenschaftlich erforscht. Speziell die US-Militärs haben großes Interesse, Kontrolle über die weltweiten Wetterverhältnisse zu erlangen. Dies geht aus der 1996 publizierten nichtklassifizierten Zukunftsstudie »Owning the Weather in 2025« der Air University (Maxwell Air Force Base, Alabama) hervor. Tenor: Bis im Jahr 2025 sei es möglich, Gott zu spielen. Ob Regenfälle, Dürrekatastrophen oder Wirbelstürme: Vieles soll dereinst möglich – und militärisch ausgeschlachtet werden.

In Auftrag gegeben worden war die brisante Untersuchung von General Ronald Fogleman (US Air Force). Militärwissenschaftler, Technologiespezialisten und weitere Experten wurden aufgeboten, um ein technologisch realitätsnahes Szenario auszuarbeiten.

Ein Blick in das 44-seitige Papier offenbart Erschreckendes: Dichte Nebelschwaden könnten bereits künstlich generiert werden, wie militärische Laborversuche bestätigt hätten. Die Ionosphäre wiederum soll mit chemischen Substanzen und anderen Mitteln manipuliert werden, um Funkübertragungen zu stören – »wobei anzumerken bleibt, daß zahlreiche Techniken, die obere Atmosphäre zu verändern, experimentell bereits erfolgreich aufgezeigt wurden«. Weiter sollen Wolken »chemisch geimpft« werden, um Regenfälle zu verhindern und ganze Gebiete gezielt auszutrocknen.

Abbildung 2
HAARP-Anlage in Alaska:
Zugang wird Interessenten nur einmal im Jahr gewährt – am offiziellen »Besuchstag«.

Stutzig macht außerdem eine Patentschrift aus dem Jahre 1991 zur »Stratosphärischen Welsbach-Anreicherung zwecks Reduktion der globalen Erwärmung«. Darin beschreiben David B. Chang und I-Fu Shih von der Hughes Aircraft Company ein kompliziertes chemisches Verfahren, mit dem die weltweite Erhitzung gemindert werden soll. Sie schlagen vor, den Himmel in 7.000 bis 13.000 Metern Höhe mit chemischen Partikeln (namentlich Welsbach-Material und spezielle Metalloxide) zu besprühen, um damit den durch den massiven Verbrauch fossiler Brennstoffe erschwerten Wärmeabfluß innerhalb unserer Atmosphäre zu forcieren. Beigemischt werden sollen die Substanzen dem Treibstoff von Flugzeugen.

Wurden derlei Experimente bereits unternommen? Dr. David B. Chang, Mitentwickler des Welsbach-Patents, glaubt dies nicht, wie er gegenüber dem Autor 2004 zu Protokoll gab. »Soviel ich weiß, wird unser Welsbach-Verfahren derzeit nicht angewendet«, beschwichtigte der US-Physiker. »Jedenfalls sind mir keine praktischen Versuche in der Vergangenheit bekannt. Und ich weiß auch von keinen Versuchen, bei denen gegenwärtig Chemikalien in der Stratosphäre versprüht würden.«

Abbildung 3
US-Physiker David Chang:
Seine Patentschrift sorgt für hitzige Diskussionen.

Die Hughes Aircraft Company, für die Chang und Shih das Patent damals einreichten, existiert nicht mehr. »Vermutlich hat Raytheon das Patent übernommen«, mutmaßt Chang. Zündstoff! Denn Raytheon ist nicht irgendwer. Der US-Rüstungskonzern beschäftigt weltweit gegen 78.000 Mitarbeiter und erreichte 2003 einen Umsatz von 18,1 Milliarden Dollar. Er gilt als führend in den Bereichen Verteidigungs- und Raumfahrttechnologien sowie bei den zugehörigen Dienstleistungen. Und er ist seit Jahren in ein weiteres dubioses Projekt involviert, das viele schaudern läßt: HAARP.

Das »High Frequency Active Auroral Research Projekt« ist laut offiziellen Aussagen der USA eine wissenschaftliche Versuchsanlage in Alaska zur Erforschung der Ionosphäre für zivile und militärische Zwecke *(www.haarp.alaska.edu)*. Betrieben wird der »Supersender« neben der US Navy und der US Air Force von der Universität Alaska in Fairbanks. Demnächst bis zu 180 Antennen bombardieren den Himmel dort mit hochfrequenter Radiostrahlung. Insgesamt 3,6 Millionen Watt! Damit lassen sich künstliche Nordlichter erzeugen. Auch Funkverkehr läßt sich so gezielt stören.

Wie in einem offiziellen Bericht des Ausschusses für auswärtige Angelegenheiten, Sicherheit und Verteidigungspolitik des Europäischen Parlaments vom 14. Januar 1999 festgehalten wird, scheint die Versuchsstation auch zur Manipulation der globalen Wetterverhältnisse eingesetzt zu werden. Alles andere als erfreut über diese Enthüllung zeigen sich die HAARP-Verantwortlichen. »Wie dieser Bericht zustande kommen konnte, können wir uns nicht so recht erklären«, erklären sie auf Anfrage. »Technisch und wissenschaftlich betrachtet gibt es keine Basis für derlei Behauptungen.« Einige europäische Wissenschaftler hätten die Fehleinschätzung des Parlaments denn auch korrigiert, indem sie dessen Mitglieder mit »korrekten wissenschaftlichen Informationen über HAARP versorgten«.

Dementis, die nicht so recht überzeugen. Denn die Hinweise auf geheime Wetterexperimente der Bush-Administration häufen sich. Stutzig macht in diesem Zusammenhang vor allem ein Artikel in der seriösen amerikanischen Zeitschrift »Columbus Alive« vom 6. Dezember 2001. Darin zitiert das Blatt einen Wissenschaftler der Wright-Patterson Air Force Base – aus Gründen des Informantenschutzes anonym. Ihm zufolge wurden zwecks Klima- und Wettermanipulation tatsächlich bereits chemische Substanzen in die Atmosphäre gesprüht, hauptsächlich Aluminiumoxyd und Barium-Stearate. Substanzen also, wie sie auch im Welsbach-Patent vorgeschlagen werden. Dies im Rahmen zweier geheimer militärischer Projekte, wovon eines – man höre und staune – in Zusammenhang mit dem HAARP-Projekt stehe.

Zurück bleibt das ungute Gefühl, daß auch über unseren Köpfen Experimente stattfinden, die alles andere als vertrauenserweckend sind. Die »Phantomwolke« vom 19. Juli 2005 jedenfalls weckt Ängste, daß mittlerweile in die Tat umgesetzt wird, was besorgte Bürger längst fürchten – obwohl sie deswegen gerne der Paranoia bezichtigt werden. Die Meteorologen von *donnerwetter.de* fordern deshalb lückenlose Aufklärung in dieser Sache. »Die Bundeswehr hat noch einmal ausgeschlossen, an Experimenten beteiligt gewesen zu sein«, meldeten sie am 25. Februar 2006. Auch das Bundesumweltministerium wisse nichts über eine Verschmutzung von Böden in dem Gebiet, in dem die vermuteten Partikel oder Substanzen heruntergekommen sein könnten.

Licht ins Dunkel bringen könnten nun die Ausführungen von Thomas Bucheli, dem Chef-Meteorologen des Schweizer Fernsehens. Vom Autor auf die Kontroverse aufmerksam gemacht, studierte er die Berichte seiner Kollegen mit großem Interesse. Mindestens zwei Mal habe auch er auf dem Wetterradar der Schweiz derartige »nicht-wetterabhängige« Echos gesehen, wußte er in der Folge zu berichten. »Wobei damals ziemlich klar gewesen ist, daß es sich um sogenannte ›Chaffs‹ handeln mußte: Die Tiger-Kampfflugzeuge der Schweizer Luftwaffe konnten kleine Aluminiumstreifen auswerfen mit dem Ziel, künstlich eine Art Vorhang für das feindliche Flieger-Radar zu erzeugen, um hinter diesem Vorhang dann – im Radarschatten – unverfolgbar entfliehen zu können ...«

Soweit er sich erinnern könne, so Bucheli weiter, war die Verwendung solcher Chaffs von der Schweizer Luftwaffe damals nicht öffentlich bekannt gemacht worden – was auch verständlich sei: »Zwar dürften diese Alustreifen für die Umwelt kaum groß schädlich sein – wobei diese Beurteilung nicht in meine Kompetenz fällt –, aber durch die Sensibilität der Bevölkerung, nicht zuletzt gegen die militärische Fliegerei generell, wollte man vielleicht nicht zusätzlich Öl ins Diskussionsfeuer gießen.« Dennoch glaube er sich daran zu erinnern, daß MeteoSchweiz (»damals noch die Schweizerische Meteorologische Anstalt, wo ich seinerzeit gearbeitet habe«) zumindest in einem Fall vorgängig darüber informiert worden sei, daß mit solchen Chaffs geübt werde.

Dies sei insofern verständlich, als MeteoSchweiz als staatlicher Wetterdienst unmittelbar auch Dach des militärischen Wetterdienstes war und ist: »Der direkte Informationsfluß zwischen Luftwaffe

Abbildung 4
TV-Chef-Meteorologe Thomas Bucheli:
Der Schweizer vermutet militärische Manöver hinter den »Phantomwolken«.

und MeteoSchweiz war und ist daher gewährleistet.« In Deutschland, Holland oder Belgien aber sei dies wohl etwas anders. Hier existiere neben dem zivilen Wetterdienst ein unabhängiger militärischer Wetterdienst. »Insofern könnte es schon sein, daß der Deutsche Wetterdienst nicht zwingend erfahren muß, wenn die Luftwaffe oder gar die NATO mit solchen Chaffs übt«, vermutet Bucheli.

Zurück zu seinen eigenen Erfahrungen: »Das Echo selbst war auf dem Radar damals deutlich zu sehen«, erzählt der Schweizer Meteorologe. »Und zwar als ›Zone niedrigster Intensität‹, verglichen mit den Echostärken der Niederschlagsintensität. Doch war es meines Wissens kein schön ausgerichteter Streifen. Sondern es handelte sich um eine diffuse Zone, die zwar über längere Zeit, vielleicht ein paar wenige Stunden, sichtbar war, sich aber zugleich langsam abschwächte, also quasi auflöste. Durch die räumliche Streuung der Streifen beim Fall wurde die Reflektivität des gesamten ›Pulkes‹ also schwächer ...«

Allerdings dürfte die Ausdünnung stark windabhängig sein, wie Bucheli anmerkt. Bei dem mäßigen Westwind im Fall der »Phantomwolke« von 2005 sei die Verfrachtung der Streifen womöglich homogener und ausgeglichener als bei windstillen oder windstarken Lagen. Sein persönliches Fazit: Aller Wahrscheinlichkeit nach handelt es sich auch bei den von *donnerwetter.de* kritisierten Strukturen um »Chaffs«. »Allerdings müßte man prüfen, ob solche Dinger überhaupt noch im Einsatz sind. Meines Wissens operiert etwa die Schweizer Luftwaffe nicht mehr damit.«

Große Hoffnung auf eine lückenlose Aufklärung macht sich der TV-Chef-Meteorologe dennoch nicht: »Ich wage zu bezweifeln, daß die Deutsche Luftwaffe oder die NATO überhaupt Auskunft gibt darüber. Denn auch hier möchte man wohl kaum ruhige Gemüter aufwiegeln ...«

Derlei Gedanken haben sich auch die Meteorologen von *donnerwetter.de* gemacht. Dennoch stehen sie der »Chaff«-Theorie nach wie vor skeptisch gegenüber. »Welchen Sinn sollte das auf dem Wetterradar haben?«, fragen sie. »Das Flugradar war von dieser ›Störung‹ schließlich nicht betroffen. Sollte getestet werden, wie die Öffentlichkeit oder die Wetterdienste auf künstliche ›Wolken‹ reagieren? Psychologisch vielleicht interessant, jedoch würde das den Aufwand und das potenzielle Risiko der öffentlichen Wirkung wohl kaum rechtfertigen.«

Kurz darauf ein weiterer Paukenschlag: Wie der »Spiegel« meldete, machte sich am 23. März 2006 erneut eine »Phantomwolke« auf dem deutschen Niederschlagsradar breit – von Holland bis zur Elbe. Und erneut klatschte entgegen den Erwartungen kein Tröpfchen vom Himmel! »Wir sind irritiert«, konstatierte Meteorologe Jörg Asmus vom Deutschen Wetterdienst in Offenbach ratlos. »Wir haben in Deutschland 16 große Niederschlagsradarstationen, die den Horizont nach Schnee oder Wassertropfen abtasten. Warum die etwas melden, was es nicht gibt, wissen wir nicht.« Wahrscheinlich, so Asmus, setze jemand tatsächlich Metallfäden im europäischen Luftraum aus – auch wenn das deutsche Verteidigungsministerium dementiert, etwas damit zu tun zu haben.

Und Wetterfrosch Jörg Kachelmann? Der dürfte seinen Kollegen wohl weiterhin Tomaten auf den Augen bescheinigen ...

Kapitel 2

Mikrowellen-Waffen: Deutschland rüstet auf

Neue »Horror-Kanonen« marktreif

Fürchterliche Schmerzen — und möglicherweise auch gesundheitliche Schäden: Inzwischen werden auch in Deutschland Mikrowellen-Waffen produziert. Doch die Firmenverantwortlichen hüllen sich darüber in Schweigen — »aus Wettbewerbsgründen«, wie es heißt. Mit gutem Grund: Zu den Abnehmern der »Horror-Waffen« gehören auch die USA, die ihren Irak-Feldzug dazu mißbrauchen, heimlich neuartige »Wunderwaffen« zu testen.

Das Szenario ist reichlich düster: Mit sogenannten Mikrowellen-Waffen sollen Menschen künftig höllische Schmerzen zugeführt werden. Gebündelte Strahlen erhitzen dabei die Wassermoleküle in der Haut derart, daß sich die Betroffenen im Flammeninferno wähnen. Polizisten sollen damit Demonstranten außer Gefecht setzen, Soldaten könnten damit Gefangene foltern oder Aufständische in Schach halten.

Utopische Horror-Szenarien? Mitnichten! Derlei Waffen werden bereits serienmäßig produziert. Wie die amerikanische Militärzeitung »Stars and Stripes« am 14. September 2004 meldete, planten die USA, tonnenweise Mikrowellen-Waffen in den Irak zu transportieren: neuartige Geländewagen mit eckigen Strahlen-Antennen.

»Alles völlig harmlos«, grinsen Spezialisten der US-Armee mit dem Charme eines Kampfhundes. Zwar fühle sich die Bestrahlung mit derlei Kanonen an, als ob die Haut in Flammen stehen würde. Würde der Strahl aber abgeschaltet, klängen auch die Schmerzen sofort ab. Dauerhafte Gesundheitsschäden könnten ausgeschlossen werden. Außerdem sollen mit derlei »Kanonen« in erster Linie elektronische Systeme punktgenau lahmgelegt werden.

Mediziner dagegen reagieren alarmiert. »Solche Strahlen könnten vor allem in den Augen der Opfer gravierende Verletzungen hervorrufen«, warnen sie. Im schlimmsten Fall könnten die Betroffenen erblinden.

Was viele zudem nicht wissen: Auch in Deutschland wird eifrig an derlei Höllenmaschinen gebastelt. Federführend in diesem Bereich sind die Rüstungsfirmen Diehl und Rheinmetall, die am 11. Februar 2003 eine entsprechende Kooperation vereinbarten. Zitat aus einer firmeneigenen Meldung: »Beide Seiten sehen in der Hochleistungs-mikrowellen-Technologie ein zukunftsträchtiges Betätigungsfeld, da HPM sowohl dem Militär als auch Spezialeinheiten im Anti-Terror-Einsatz vollkommen neue Einsatzmöglichkeiten eröffnet. Für einige Anwendungsfälle stehen bereits heute sehr schnell umsetzbare Lösungen zur Verfügung, die den Schutz von Einsatz-kräften wesentlich erhöhen können.«

Wenige Wochen später sickerte dann durch, daß die beiden Firmen »innerhalb der nächsten zwei Jahre« – also bis 2005 – mit ersten Produkten für den Anti-Terror-Einsatz auf dem Markt sein wollen. So hatte Diehl bereits damals ein koffergroßes Gerät entwickelt, das alle elektrischen Geräte in einem Haus lahm legen soll. Rheinmetall wiederum konkretisierte Pläne für einen kleinen Panzer mit Mikrowellen-Kanone. Wie einem Konzernbericht ergänzend zu entnehmen ist, erfolgt die Entwicklung von Laser- und Mikrowellen-Waffen zudem »im Rahmen eines Auftrags des Bundesministeriums für Verteidigung«.

Zwei Jahre waren mittlerweile vergangen, als der Autor 2005 bei den beiden Firmen nachfragte, ob derlei Horror-Waffen mittlerweile produktionsreif sind. Doch statt konkreter Antworten servierte der zuständige Konzernsprecher Oliver Hoffmann monatelang (!) billige Ausreden. Mal für Mal versprach der Mann am Telefon oder via E-Mail, sich firmenintern schlau zu machen – um dann immer wieder mit Schweigen zu glänzen. Ganz nach dem Motto: Je uninformierter ein Pressesprecher wirkt, desto mehr nützt er seinem Arbeitgeber. Oder anders ausgedrückt: Je besser ein Pressesprecher, desto weniger sagt er.

Definitive Klarheit über die Kommunikationsphilosophie des Unternehmens brachte schließlich eine weitere Anfrage bei Peter Rücker, Leiter Unternehmenskommunikation bei Rheinmetall. Lapidare Antwort: »Leider können wir Ihnen derzeit aus Wettbewerbsgründen nicht weiterhelfen.« Sprich: Die entsprechenden Waffenentwicklungen sind mittlerweile offensichtlich marktreif. Also spricht man nicht mehr darüber.

Abbildung 5
»Mikrowellen-Panzer« der Firma Rheinmetall:
Offizielle Auskünfte dazu werden mittlerweile strikt verweigert.

Ironischerweise finden sich auf der Homepage des Unternehmens vorläufig noch weitaus konkretere Ausführungen. Wie Dr. Gerd Wolfmann – Physiker und zuständiger Abteilungsleiter von Rheinmetall – dort schwärmt, haben sich die Firmen »auf gepulste Mikrowellenquellen konzentriert, die als Einzelpulssysteme zum Beispiel in Artilleriegranaten oder Raketensysteme und als repetierende Quellen in boden-, luft- oder seegestützte Fahrzeuge integriert werden können«.

Sogenannte Halbleiterquellen könnten zudem im Anti-Terror-Einsatz als »Kofferlösung« realisiert werden: »Dabei kann die Strahlung auf das Zielobjekt gesendet werden – etwa auf ein Haus zur Ausschaltung der Kommunikationsmöglichkeiten (...) Auch das Stoppen von flüchtigen Personen in Fahrzeugen durch Störung/ Zerstörung der Fahrzeugelektronik ist machbar.« Für alle Anwendungen seien oder würden entsprechende Quellen beschafft oder eigenentwickelt – »und ausführlich hinsichtlich ihrer Eigenschaften in HLM-Labors in Unterlüss/Röthenbach und in Wehrtechnischen Dienststellen der Bundeswehr getestet«.

Besonders perfid: Mikrowellen-Waffen durchdringen auch Hauswände ohne jegliche Geräuschentwicklung. Kein Wunder, daß sich immer mehr besorgte Bürger vor »unsichtbaren Attacken« fürchten. Nicht auszumalen, was Unbefugte mit derlei Waffen anstellen könnten – ohne daß ihnen jemand auf die Schliche käme.

Logisch, daß auch unter den Aktionären von Rheinmetall Besorgnis herrscht. Bereits im Mai 2004 forderten kritische Köpfe um Dorothea Kerschgens anläßlich der Hauptversammlung der Rüstungsschmiede konkrete Antworten. Kerschgens: »Es bleibt Ihnen noch immer Zeit zu reagieren, denn Mikrowellen-Waffen lösen bei Getroffenen Schmerzen aus, als wären sie mit dem ganzen Körper gegen eine heiße Herdplatte gelaufen. Die Haut bleibt unverletzt, aber der Schmerz dringt tief ins Gehirn. ADT ist eine in den USA entwickelte und erprobte Waffe, die wie ein Mikrowellen-Herd funktioniert – mit dem Umstand, daß die Energie nicht im Ofen bleibt, sondern in einem Strahl gebündelt wird, der bis zu tausend Meter weit reicht.«

Die Kritikerin weiter: »Das Air-Force-Forschungslabor in Kirtland, New Mexico, schwärmt: ›Mikrowellen sind revolutionär. Man kann auf eine Einzelperson zielen oder über eine Menge schwenken, Heckenschützen niederhalten oder eine unüberwindliche Energie-Barriere legen. Die Trefferwahrscheinlichkeit ist hundert Prozent.‹«

Kerschgens Fragen: Wie garantiert der Vorstand der Rheinmetall AG, daß Mikrowellen-Waffen ausschließlich gegen Funkgeräte eingesetzt werden? Wie stellt der Vorstand sicher, daß die vom Rheinmetall-Konzern hergestellten Mikrowellen-Waffen nicht zum Foltern von Menschen eingesetzt werden?

Die Antworten sind überfällig. Um so mehr, als die »Financial Times« am 7. Juli 2004 mitteilte, daß die USA bei Rheinmetall-Partner Diehl zehn Prototypen bestellten, um ihre Konvois im Irak besser zu schützen. Prototypen, die mittlerweile bereits zum Einsatz gekommen sein dürften. Ebenso wie eine weitere »Strahlenwaffe«, welche die USA im Kriegsgebiet heimlich testen ließ – mit verheerenden Folgen.

Kronzeuge dieses Tests ist Majid-al-Ghazali, dem sein Erlebnis wie eine Szene aus einem Horror-Film im Gedächtnis klebt. Mit eigenen Augen war der irakische Violinist am 12. April 2003 in Bagdad Zeuge geworden, wie ein seltsam anmutender amerikanischer Panzer aufrollte. Ehe sich Majid-al-Ghazali versehen konnte, richtete das Stahlmonster sein Rohr auf einen Passagierbus und drei Autos. Dann schoß es einen blendend hellen Strahl ab – »wie Feuer und Blitze zugleich« –, und der Bus und die Autos schmolzen innerhalb von Sekunden zu einem »Haufen« in der Größe eines kleinen VWs zusammen.

Noch schlimmer: Der Strahl habe während der folgenden Straßenkämpfe bis zu sechshundert Soldaten und Zivilisten dahingerafft, erinnert sich Al-Ghazali. Ihre Körper seien dabei zu »babygroßen« Kadavern zusammengeschmolzen.

Filmisch dokumentiert hat diese brisanten Aussagen der unabhängige amerikanische Filmemacher Patrick Dillon. Al-Ghazali – einst Erster Geiger im Bagdader Symphonieorchester – führte den Dokumentarfilmer später an den Ort des Geschehens, wo Dillon Spuren und Überreste des rätselhaften Infernos dokumentieren konnte. »Mir ist keine konventionelle Waffe bekannt, die so etwas anrichten könnte«, meint er fassungslos. »Möge Gott der Menschheit vergeben, wenn das ein Vorgeschmack darauf ist, was uns im einundzwanzigsten Jahrhundert noch alles bevorsteht.«

Kapitel 3

CIA-Experte: »KGB ließ den Rhein vergiften«

Schweizer Chemiekatastrophe – ein Werk der Stasi

Vincent Cannistraro weiß, was offiziell nicht sein darf. Gegenüber dem Autor enthüllte der frühere Anti-Terror-Chef der CIA erstmals weitere Informationen über die verheerende Chemiekatastrophe am Rhein von 1986. So soll der Sandoz-Brand im Auftrag des KGB gelegt worden sein, um von der Tschernobyl-Katastrophe abzulenken. Dies gehe aus einer Stasi-Akte hervor, die ihm aus Kreisen der deutschen Regierung zugespielt worden sei. Doch: »Kein Vertreter der Schweizer Behörden hat mich bis heute je diesbezüglich kontaktiert.«

Blutrot. So schlängelte sich der Rhein 1986 durch Basel. Verseucht von giftigem Löschwasser, das nach dem Brand einer Lagerhalle auf dem Gelände des Chemieriesen Sandoz am 1. November in den Fluß gelangte. Eine Umweltkatastrophe grauenhafter Dimension. Der gesamte Fischbestand verendete qualvoll.

Nicht nur die Sandoz-Katastrophe gab damals zu reden: Über ein Dutzend Chemiehavarien ereigneten sich in den folgenden Wochen entlang des Rheins.

- 10. November 1986: Durch den Bruch eines Schiebers gelangen bei Sandoz erneut 50 Kubikmeter vergiftetes Löschwasser in den Rhein.

- 12. November 1986: Bei BASF in Ludwigshafen fließen zwei Tonnen Dichlorphenoxy-Essigsäure in den Fluß.

- 12. November 1986: Bei Hoechst in Frankfurt gelangen 850 Gramm Chlorbenzol in den Main, der in den Rhein mündet.

- 21. November 1986: Bei Ciba-Geigy entweicht eine übelriechende Phenolwolke aus einer Versuchsanlage.

- 24. November 1986: Bei Hofmann LaRoche, Hoechst und BASF werden drei weitere Havarien gemeldet.

- 25. November 1986: 13 Kilometer lang und 300 Meter breit ist der Ölteppich, der bei Eltville in Hessen auf dem Rhein ausgemacht wird.

- 26./27. November 1986: Die Bayer AG in Leverkusen »verliert« 800 Kilogramm Methanol, die ebenfalls in den Rhein gelangen.

- 28. November 1986: Bei Hoechst in Frankfurt gelangen ein Kubikmeter Dichlorbenzol und fünf Kubikmeter Kupferchlorid ins Gewässer.

- 28. November 1986: Weitere Havarie bei BASF: Zwei Tonnen Ethylenglykol landen im Fluß.

- 13. Dezember 1986: Bei Lonza in Waldshut fließen fünf Kubikmeter PVC-Emulsion in den Rhein.

Eine Schreckensserie, die kein Ende nehmen wollte – und bis heute Fragen aufwirft. Speziell die Brandursache im Sandoz-Areal konnte nie restlos geklärt werden. Zwar liefen bis 1992 entsprechende Untersuchungen der Behörden. Doch selbst die Experten konnten schließlich nur spekulieren. Ihre Vermutung: Womöglich hatte sich der chemische Stoff »Berliner Bau« selbständig entzündet.

Anhaltspunkte für Brandstiftung konnten laut Untersuchungsrichter Toni Thüring nicht gefunden werden. Zumindest nicht bis November 2000: Völlig überraschend enthüllten Journalisten der ZDF-Sendereihe »History« damals ein Komplott der Stasi. Als Kronzeuge für die brisante These präsentierte man einen, der es wissen muß: Vincent Cannistraro, ehemaliger Chef der Terrorabwehr bei der CIA.

Die Journalisten rückblickend:»Was er offenbarte, klang atemberaubend: Der Chemieunfall bei Sandoz war Staatsterrorismus, ein perfides Schurkenstück, ausgedacht vom sowjetischen Geheimdienst KGB und durchgeführt von der Staatssicherheit der DDR, der Stasi. Seine brisanten Informationen, so der Amerikaner, stammten von einem früheren KGB-Offiziellen, den Cannistraro 1991 kennen gelernt hatte. Der CIA-Experte war nach dem Ableben der Sowjetunion 1991 mehrere Male nach Moskau eingeladen worden, um den Russen bei einer Reihe von Problemen zu helfen, inklusive der Terrorabwehr.«

Bei einem dieser Treffen habe ihm ein Ex-KGB-Offizier die wahren Hintergründe verraten, erklärte er vor den Kameras des ZDF. Cannistraro:»Die Stasi heckte eine Sabotageaktion gegen das Sandoz-Werk aus. Sie handelte auf Anweisung des KGB. Die Russen wollten damit von der Kritik an der Tschernobyl-Katastrophe ablenken.« Tatsächlich war der russische Atommeiler nur gerade ein halbes Jahr zuvor in die Luft geflogen. Cannistraro weiter: »Die Russen konnten Tschernobyl zu ihrem Leidwesen nicht totschweigen, die gesamte Weltpresse berichtete über die zahlreichen Opfer und die gewaltigen Umweltschäden – für die sowjetischen Machthaber ein großes Problem. So entschloß man sich, den Spieß umzudrehen und den Westen mit seinen eigenen Umweltfehlern an den Pranger zu stellen.« Ob offensichtlicher Ungereimtheiten habe er einen Sabotageakt bereits 1986 vermutet. Erst 1991 aber habe ihm das Gespräch mit seinem russischen KGB-Kollegen diesbezüglich Klarheit verschafft.

Kommt dazu, daß der damaligen Fraktions-Chefin der Grünen im Deutschen Bundestag, Hannegret Hönes, seinerzeit ein Inspektionsbericht der Zürich-Versicherung über Sicherheitsmängel im Sandoz-Werk zugespielt worden war. Angeblich von einem Stasi-Spitzel im

Sandoz-Werk, wie das ZDF meldete. Als Mittelsmann fungierte dabei Heinrich Lohmann, wissenschaftlicher Mitarbeiter der Grünen-Fraktion in Bonn, wie die »Basler Zeitung« am 23. November 2000 offenlegte. Lohmann aber beharrte darauf, daß sein Informant zumindest kein Sandoz-Mitarbeiter gewesen war. Das Dokument sei seiner Frau damals von einem Informanten in Rheinfelden übergeben worden – in einer regelrechten Nacht-und-Nebel-Aktion. Möglicherweise also von einem Mitarbeiter der Zürich-Versicherung, was Lohmann jedoch offiziell weder kommentieren noch bestätigen mochte.

Ungeheuerliche Aussagen! Plötzlich sahen sich die zuständigen Behördenstellen mit Anfragen bombardiert. »Muß ›Schweizerhalle‹ nach vierzehn Jahren neu aufgerollt werden?«, fragten die Schweizer Medien. Und sorgten damit für einen Stoßseufzer hinter den Kulissen. Schließlich war längst Gras über die Sache gewachsen. Niemand mochte sich gerne an die Katastrophe erinnern. Halbherzig versprach man, Cannistraros Aussagen zu prüfen, wenngleich sie kaum einer so recht ernst nehmen mochte.

»Es gibt immer wieder Menschen, die sich nach ihrer Pensionierung profilieren müssen«, polterte am 22. November 2000 etwa Max Hubmann in der »Basler Zeitung«. Als Chef des Wissenschaftlichen Dienstes der Stadtpolizei Zürich war er seinerzeit beauftragt worden, die Ursache für den Großbrand zu suchen. Und der zuständige Statthalter von Arlesheim (Baselland), Heinz Girod, sagte der »Neuen Luzerner Zeitung« am 21. November 2000: »Wir überprüfen diese Berichte. Das heißt aber noch nicht, daß das Dossier ›Schweizerhalle‹ wieder geöffnet wird.« Ähnlich äußerte sich auch Boris Sokoloff, interimistischer Leiter der Staatsanwaltschaft Basel-Landschaft, der ebenfalls keinen begründeten Verdacht für neue Untersuchungen sah.

Je kleiner ein Land, desto kleinkarierter seine Behörden. Und so kam, was kommen mußte: Ende Februar 2001 machte der Schweizer Bundesrat allen Spekulationen vorzeitig ein Ende. In einer offiziellen Antwort auf eine Interpellation stützte er sich erwartungsgemäß auf den damaligen Untersuchungsbericht des Wissenschaftlichen Dienstes der Stadtpolizei Zürich. Demnach begannen die frisch mit Kunststoff eingeschweißten Paletten mit »Berliner Blau« wegen der Hitze, die beim Einschweißen entstand, zu glimmen. »Indizien für eine Anstiftung von Ostblock-Geheimdiensten liegen dem Bundesrat keine vor.« Die »von einem privaten US-Bürger stammenden Vermutungen« über den Grund des Brandes bei Sandoz seien überprüft worden, hieß es trocken. »Die zuständige amerikanische Behörde verfügt über keinerlei Informationen, die diese Vermutung bekräftigen würden.«

Kein Wort, daß es sich bei Cannistraro um einen der international renommiertesten Terror-Experten handelt. Kein Wort über die weiteren Hintergründe seiner Aussagen. Wer mehr zu erfahren hoffte, wurde enttäuscht. Seither scheint es niemand mehr zu wagen, ein Wort darüber zu verlieren – bis auf den Schweizer Chef der Eidgenössischen Militärbibliothek und des historischen Dienstes der Armee, Jürg Stüssi-Lauterburg. Im Auftrag des Strategischen Nachrichtendienstes verfaßte er für eine Informationsbroschüre kürzlich einen Rückblick auf eidgenössische »Geheimdienstaffären«. Und nennt dort einen ähnlich gelagerten Vorfall beim Namen: »Bekannt geworden ist der Plan des Departementes V des KGB. Eine Sprengung der Ölpipeline im Graubündner oder St. Galler Rheintal sollte eine Umweltkatastrophe im Bodensee verursachen und dadurch von inneren Problemen der UdSSR ablenken. Gennadi Mikhailowitsch Aleksejew, genannt Igor Mürner, erkundete in der Schweiz die beste Örtlichkeit für diesen Anschlag. Er wurde allerdings erwischt, aber 1974 nur der Widerhandlung gegen das Ausländergesetz und des Mitführens falscher Papiere überführt.«

Laut Stüssi-Lauterburg hätte die gegen die Pipeline der Oleodotto del Reno gerichtete Operation »Zweno« fiktiven Südtiroler Terroristen untergeschoben werden sollen. Sie wurde zunächst unter wechselnden Umständen planerisch nachgeführt, schließlich aber aufgegeben. Logisch, daß Stüssi-Lauterburg in diesem Zusammenhang auch Cannistraros Aussagen aufführt, inklusive der abwiegelnden Stellungnahme des Schweizer Bundesrats. Und auch dem Schweizer Militärhistoriker scheint die vorschnelle Reaktion der Bundesbehörden nicht ganz geheuer: »Es stellt sich die Frage, ob ein Mann mit der Qualifikation Cannistraros etwas zu wenig ernst genommen wurde, als dies sinnvoll erscheinen mag.« Ein Satz, den man sich auf der Zunge zergehen lassen sollte. Um so mehr, als er sich in einer offiziellen Broschüre des Schweizer Geheimdienstes findet!

Ich wollte es genauer wissen und nahm Kontakt zu Vincent Cannistraro auf. Der ehemalige CIA-Anti-Terror-Chef bestätigte denn auch, was bislang nur vermutet werden konnte: »Kein Vertreter der Schweizer Behörden hat mich bis heute diesbezüglich kontaktiert.« Auch der Bundesrat sei nicht an ihn herangetreten, obwohl der im Februar 2001 großspurig verkündet hatte, »die von einem privaten US-Bürger stammenden Vermutungen« eingehend geprüft zu haben.

Doch Cannistraro hat noch mehr Informationen auf Lager: »Die Stasi-Operation richtete sich offenbar gegen eine ganze Zahl von Firmen – darunter Ciba-Geigy, BASF und andere«, erklärt er. Konkret: Die damalige Katastrophenserie am Rhein war kein Zufall, sondern teuflische Berechnung. Informationen darüber habe er ergänzend aus Stasi-Dokumenten gewonnen, betont der Ex-CIA-Chef – »speziell aus einem Stasi-Papier, das ich aus Kreisen der deutschen Regierung erhielt«.

Ganz offensichtlich scheinen deutsche Regierungskreise also mehr darüber zu wissen, als sie offiziell einräumen. Auch wenn dies die damalige Schweizer Justiz- und Polizeiministerin Ruth Metzler nicht wahrhaben wollte. Vor dem Schweizer Ständerat gab sich die Bundesrätin am 6. März 2001 völlig unwissend: »Auch die deutschen Sicherheitsbehörden, mit denen wir in Kontakt standen, haben keinerlei Hinweise auf den konkreten Fall und können somit auch nicht bestätigen, daß die Stasi überhaupt solche Vorgehensmuster verfolgte.«

Daß Letzteres dennoch der Fall war, ist längst ein offenes Geheimnis. So verfügte die Stasi bereits seit 1963 über eine entsprechende Sondereinheit – die sogenannte »Arbeitsgruppe Minister-Sonderfragen«, die von Staatssicherheit-Minister Erich Mielke ins Leben gerufen worden war. Sie umfaßte jede Menge ausgebildete Spezialisten für gezielte Sabotageaufträge im Westen. Ebenfalls 2001 wurde zudem bekannt, daß bis zum Fall der Mauer über fünfzig DDR-Agenten in der Schweiz aktiv waren.

Dennoch dürfte niemand ein Interesse daran haben, die Katastrophenserie am Rhein wieder aufzurollen. Schließlich würden dadurch nur negative Schlagzeilen kreiert. In der aktuellen wirtschaftlichen Situation für viele Pharma-Multis ein Alptraum. Insofern scheint die lasche Aufklärungspolitik des Schweizer Bundesrats perfekt aufgegangen zu sein: Seit dem 1. November 2001 nämlich gilt der Sandoz-Vorfall juristisch als verjährt.

Kapitel 4

Saddam im Erdloch: Alles nur inszeniert?

Widersprüche um die Verhaftung des irakischen Diktators

*Der Verhaftung von Saddam Hussein haftete von Anfang an
der Verdacht einer filmreifen Inszenierung an.
US-Verantwortliche mußten später denn auch einräumen,
die entsprechenden »Drehbücher« bereits Monate zuvor
verfaßt zu haben. Inzwischen deuten Dutzende von Indizien
ergänzend darauf hin, daß sich der Diktator nie in einem
Erdloch versteckt hatte, wie offiziell behauptet. Und der
versprochene DNA-Test läßt bis heute auf sich warten.*

James Hickey aus Chicago (Illinois) ist in den USA mittlerweile ein
Nationalheld. Als Anführer der ersten Brigade der vierten US-
Infanteriedivision hatten er und seine Männer den irakischen Diktator
Saddam Hussein am 13. Dezember 2003 endlich dingfest gemacht.
Daß sie dabei ein »von oberster Stelle« vorbereitetes Szenario
vorfanden, ist bislang nicht bewiesen. Aber die Indizien dafür
mehren sich.

Bei dem Dörfchen Al-Dawr nahe Tikrit durchsuchten die
Truppen an jenem Tag ein altes verlassenes Haus, in dem ein
ziemliches Chaos herrschte. Außerhalb davon entdeckten die Soldaten ein verrammeltes Erdloch, aus dem Geräusche ertönten. Mit
gezückten Waffen öffneten sie den »Eingang« – wo sie einen
bärtigen Mann mit erhobenen Armen und einer Pistole in der Hand
entdeckten.

»Ich bin Saddam Hussein«, stammelte er, als ihn die Soldaten ans Tageslicht zerrten. »Ich bin der Präsident von Irak. Und ich möchte verhandeln.« Die Soldaten grinsten und erwiderten: »Präsident Bush entbietet seine besten Grüße!« So viel zur offiziellen Version, wie sie etwa CNN später in alle Welt posaunte.

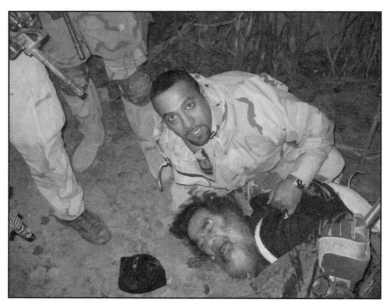

Abbildung 6
Saddam unmittelbar nach seiner Verhaftung im Erdloch.
Inoffizielles »Trophäen-Bild« von amerikanischen Soldaten.

Am Vormittag des 14. Dezember 2003 sah die Nachrichtenlage freilich noch dürftig aus: »Der ehemalige irakische Diktator Saddam Hussein ist einem Bericht der Agentur Irna zufolge verhaftet worden«, konnte man damals auf europäischen Internet-Newsseiten lesen. »Die Amerikaner wollen die Meldung nicht bestätigen. Die iranische Agentur beruft sich auf den Führer der kurdischen Partei PUK, Dschalal Talabani. Die Verhaftung sei in Saddams Geburtsort Tikrit erfolgt, heißt es. Nähere Einzelheiten lagen noch nicht vor. Es gab auch keine unabhängige Bestätigung des Berichtes. Das US-

Verteidigungsministerium teilte mit, man könne den iranischen Bericht nicht bestätigen. Ein Sprecher der PUK in Teheran unterstützte die Darstellung des Parteichefs. ›Ich bestätige, daß Saddam festgenommen worden ist‹, sagte er.«

ZDF-Korrespondent Luc Walpot berichtete am späten Vormittag aus dem Irak, daß die Koalitionsstreitkräfte für 13.00 Uhr (MEZ) eine Pressekonferenz einberufen hätten. Dabei zitierte er Augenzeugen, die berichteten, es habe in Tikrit eine Festnahme gegeben. Der Mann habe Ähnlichkeiten mit dem ehemaligen Diktator, sehe aber »deutlich älter« aus. Doch für Zweifel war ob all der Aufregung vorerst kein Platz. Mit den hämischen Worten: »Wir haben ihn!« begann um 13.30 Uhr MEZ die berüchtigte US-Pressekonferenz von Paul Bremer zur Verhaftung Saddam Husseins.

Der Zürcher »Tagesanzeiger« faßte die Informationen am nächsten Tag wie folgt zusammen: »Rund sechshundert US-Soldaten hatten am Samstag Saddam Hussein nach Einbruch der Dunkelheit in Al-Dawr südlich von Tikrit in einem getarnten Kellerloch verhaftet. Der 66-Jährige wehrte sich nicht, obwohl er eine Pistole bei sich trug. Im Versteck fanden sich auch mehr als 750.000 Dollar in bar. Videoaufnahmen zeigten einen zerzausten und erschöpften Saddam Hussein, der von einem Arzt untersucht wurde. Später zeigten die Bilder den Ex-Diktator ohne Bart. Eine DNA-Analyse bestätigte schließlich, daß es sich tatsächlich um Saddam Hussein handelte.«

Einem US-General zufolge hätten die Amerikaner weniger als 24 Stunden zuvor von einem Mitglied des Clans von Saddam den heißen Tipp über dessen Aufenthaltsort erhalten. Die betreffende Person sei zusammen mit weiteren Familienangehörigen festgenommen worden. »Saddam Hussein wurde nach seiner Verhaftung an einen geheimen Ort gebracht.«

Monate später, am 28. März 2004, enthüllte die BBC den Namen des vermeintlichen Verräters: Mohammed al Musslit – Husseins ehemaliger Bodyguard – soll den USA während seiner Gefangenschaft den aktuellen Aufenthaltsort des Diktators verraten haben. Weil er dies »nicht freiwillig« getan hätte – also vermutlich gefoltert worden war –, sprach ihm Präsident Bush die 25-Millionen-Dollar-Belohnung ab, die auf Saddams Ergreifung stand. Offiziell bestätigt wurde dies aber nie.

Doch die filmreife Story von Saddams Ergreifung begann bald zu bröckeln. So meldete etwa »Newsweek« am 29. Dezember 2003, daß sich Saddam bei seiner Ergreifung entgegen offiziellen Äußerungen von Verteidigungsminister Donald Rumsfeld massiv zur Wehr gesetzt hätte. Als Quelle nannten die »Newsweek«-Verantwortlichen einen »bekannten US-Offiziellen«. Ihm zufolge soll der irakische Diktator getobt und die Militärs angespuckt haben, als ihm Handschellen angelegt wurden. Darauf wurde er von den US-Soldaten niedergeschlagen.

Einer der ersten, der von Anfang an Zweifel an der offiziellen Version formulierte, war der österreichische Rechtspolitiker Jörg Haider. Er bezeichnete die US-Aktion laut »Spiegel« vom 17. Dezember 2003 als »ziemliches Betrugsmanöver« und zweifelte auch an Saddams Echtheit. Haider: »Es kann sich genauso gut um einen seiner vielen Doppelgänger handeln.« Auch Russland zweifelte, ob den Amerikanern tatsächlich der echte Diktator in die Falle gegangen war. »Es ist schwierig, darüber zu urteilen, wer in Wirklichkeit verhaftet wurde, weil viel über die vielen Doppelgänger Saddam Husseins berichtet wurde«, zitierte »Russland Aktuell« am 15. Dezember 2003 Vizeaußenminister Juri Fedotow.

Definitive Gewißheit darüber sollte ein DNA-Test bringen, der von den USA unmittelbar nach der Verhaftung angekündigt worden war. Seltsamerweise wurden dessen Ergebnisse der Öffentlichkeit bis auf den heutigen Tag nicht vorgelegt. Warum eigentlich? Kein Wunder, daß bald Gerüchte kursierten, daß Husseins Festnahme eine propagandistisch perfekt choreographierte Inszenierung und von langer Hand vorbereitet worden war. So kritisierte etwa der demokratische Kongreßabgeordnete Jim McDermott, daß Husseins Aufenthaltsort der US-Regierung bereits seit längerer Zeit bekannt war. Mit dem Zugriff sei bewußt gewartet worden, um möglichst viel Kapital aus der Ergreifung zu schlagen.

Andere gingen noch weiter. Ihre These: Die USA sollen den Diktator schon viel früher gefangen genommen haben als behauptet. Dies vermutet nicht zuletzt der frühere Stasi-Spion Rainer Rupp (»Topas«). In der »Jungen Welt« verlieh Rupp seinen Zweifeln am 19. Dezember 2003 unverhohlen Ausdruck: »So behauptete zum Beispiel eine pakistanische Zeitung am Dienstag, daß Saddam

Hussein den Amerikanern bereits am 20. November ins Netz gegangen sei. Präsident Bush habe seine Beute bei seinem Besuch in Bagdad am 27. November inspiziert, nachdem Hussein am 23. November einen Selbstmordversuch unternommen habe.«

Wie Rupp betonte, wollten sich Zweifel über den Zeitpunkt der Verhaftung auch in der irakischen Bevölkerung nicht legen. Genährt wurden sie durch Aufnahmen, die US-Soldaten vor dem ominösen Erdloch zeigen. Für alle sichtbar hing dort an einer Palme eine große Traube Datteln. »Die Dattelernte sei jedoch im Dezember längst vorbei, heißt es in Bagdad.«

Abbildung 7
Dieses – offiziell ebenfalls nie freigegebene – Bild zeigt die US-Soldaten, die Saddam fanden. Geschossen wurde es von einem Militär-Angehörigen.

Weitere Hinweise auf eine mögliche Manipulation bilden widersprüchliche Informationen über Husseins Auffindungsort, die wenige Stunden vor der offiziellen US-Pressekonferenz von Agenturen in alle Welt gekabelt wurden. So berichtete etwa die DPA um 12.53 Uhr: »Die Berichte darüber, wo der Ex-Präsident festgenommen worden sein soll, widersprachen sich. Einige Regierungsratsmitglieder sprachen von einem Keller, in dem er sich versteckt habe, andere von einem Zelt. Scharif Ali, der zur ehemaligen irakischen Königsfamilie gehört und nicht im Regierungsrat vertreten ist, erklärte, Saddam sei in einem Gemüselager entdeckt worden.«

Und bereits um 12.37 Uhr hatte die AP verlauten lassen:»Saddam Hussein wurde nach Informationen aus Bagdad und Washington offenbar im Keller eines Hauses seiner Heimatstadt Tikrit entdeckt. Daraufhin unterrichtete der oberste US-Zivilverwalter Paul Bremer telefonisch mehrere Mitglieder des irakischen Verwaltungsrates, wie diese mitteilten. In Washington teilten Regierungsbeamte mit, daß bei der Fahndung nach Saddam Hussein ein Mann in einem Kellerraum verhaftet worden sei, bei dem es sich nach ersten Überprüfungen um den gestürzten Staats-Chef handle.«

Und um 12.52 Uhr doppelte die Agentur nach:»Saddam Hussein hat sich unmittelbar vor seiner Gefangennahme noch in einem Erdloch seines Kellerverstecks vergraben. Als US-Soldaten in das Gebäude bei Tikrit eingedrungen seien, habe er sich dort noch zu verstecken versucht, sagte der Sprecher des irakischen Politikers Ahmad Tschalabi. ›Die amerikanischen Soldaten mußten Schaufeln einsetzen, um ihn auszugraben‹, fügte Tschalabis Sprecher Entifadh Kanbar noch hinzu.«

Gleichzeitig war in Agenturmeldungen die Rede, daß der Diktator bei seiner Verhaftung einen falschen Bart getragen habe. Ein »falscher Bart«? Ein »Gemüselager?« Schaufeln, »um ihn auszugraben«? Von all dem war nach der Pressekonferenz keine Rede mehr. Von einer Minute auf die andere verkündeten US-Vertreter und ihnen wohlgesinnte irakische Behörden unisono dasselbe. Als ob entsprechende Sprachregelungen ausgegeben worden wären. Und plötzlich erinnerten sich mißtrauische Journalisten an eine seltsame Andeutung, welche die Zeitung »Pantagraph« bereits am 2. Dezember 2003 – also elf Tage vor der »offiziellen« Verhaftung – veröffentlicht hatte.

Ohne sich eine konkrete Antwort zu erhoffen, hatte ein leitender Mitarbeiter der amerikanischen Regionalzeitung damals den republikanischen Abgeordneten Ray LaHood anläßlich eines Redaktionsbesuches gefragt, ob es in Sachen Saddam etwas Neues zu vermelden gäbe. LaHood klemmte darauf Daumen und Zeigefinger zusammen und verriet vielsagend: »Wir sind sooo nahe ...« – »Wissen Sie etwas, was wir nicht wissen?«, hakte der Journalist erstaunt nach. Antwort: »Ja, so ist es!«

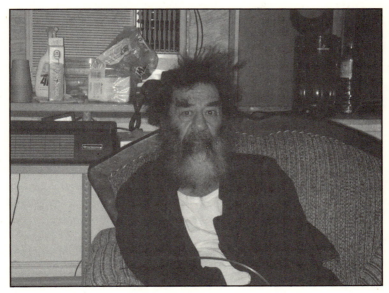

Abbildung 8
Weitere inoffizielle US-Aufnahme des Diktators nach seiner Verhaftung.

Tatsache ist: Die Drehbücher für Saddams Verhaftung lagen bereits Wochen zuvor fix und fertig in der Schublade. Das bestätigte der Kommunikationsdirektor der Besatzungsbehörde in Bagdad, Gary Thatcher, am 17. Dezember offiziell gegenüber DPA-Korrespondentin Christiane Oelrich: »Wir wollten keine Bilder, mit denen er auch nur in irgendeiner Weise als Märtyrer oder Held aufgebaut werden könnte.« Zu diesem Zweck waren zwei Kommunikationspläne entwickelt worden: Einer, falls Saddam den USA tot in die Hände fallen sollte. Und einer, falls er noch lebte. Das Ziel: Moderat erniedrigende und leicht beschämende Bilder. Das »Ergebnis« soll allerdings alle Erwartungen übertroffen haben. Thatcher: »Unsere Planung war gut, aber wir hätten uns nicht träumen lassen, daß Saddam selbst dermaßen dazu beiträgt, indem er sich so verkommen ließ.«

Laut DPA wurde die »erfolgreiche Aktion am vergangenen Samstag deshalb fast 18 Stunden geheim gehalten«, ehe Dschalal Talabani die Katze schließlich aus dem Sack ließ. Daß ausgerechnet Talabani die News inoffiziell als Erster verkünden durfte – und nicht die Amerikaner –, war bereits Monate zuvor abgesprochen worden, wie Gary Thatcher einräumte. Ziel war es wohl, TV-Sender rund um den Globus auf den Plan zu locken und ihnen damit genügend Zeit zu geben, ihr Programm umzustellen. Damit sie die triumphale US-Pressekonferenz auch wirklich live in alle Haushalte übertragen konnten.

Umso kurioser erscheinen in diesem Zusammenhang die anfänglich widersprüchlichen Meldungen über Husseins Verhaftung. Wie konnte es dazu kommen, wenn doch die gesamte »Propaganda« nach minutiös durchdachtem Drehbuch abgespult wurde?

Am 21. Dezember 2003 ließ die Nachrichtenagentur AP schließlich eine weitere Bombe platzen und bezog sich dabei auf die britische Zeitung »Sunday Express«. Diese hatte Informationen eines Offiziers des britischen Militärgeheimdienstes erhalten, wonach Mitglieder des irakischen Dschabur-Stammes Saddam Hussein an die Patriotische Union Kurdistans (PUK) verrieten, weil sein ältester Sohn Udai eine Frau aus dem Stamm vergewaltigt haben soll. »Ein PUK-Anführer habe der US-Armee daraufhin die Übergabe des Ex-Präsidenten angeboten und im Gegenzug eine gewichtigere politische Rolle der Organisation in den Kurdengebieten verlangt.« Saddam Hussein sei vor dem Abholen durch US-Soldaten von kurdischen Kämpfern unter Drogen gesetzt worden, meldete die Zeitung unter Bezug auf einen irakischen Geheimdienstbeamten weiter. Ein im Nahen Osten stationierter westlicher Diplomat sagte der Zeitung, Saddam Hussein sei »nicht als Ergebnis britischer oder amerikanischer Geheimdienstarbeit« aufgespürt worden: »Wir wußten, daß irgend jemand irgendwann Rache nehmen würde. Es war nur eine Frage der Zeit.«

Saddam unter Drogen? Das hatte unmittelbar nach seiner Verhaftung bereits seine Tochter vermutet. Jedenfalls dürfte damit die »offizielle« Festnahmeversion der US-Propagandamaschinerie endgültig vom Tisch sein.

Selbst der ehemalige russische Ministerpräsident und frühere Geheimdienstchef Jewgeni Primakow glaubte den amerikanischen Kollegen kein Wort, wie »Der Standard« am 25. Juni 2004 schrieb.

Mehr noch: Der Irak und die USA hätten sich schon vor dem Angriff geeinigt, wie die Zeitung zu berichten wußte: »›Es gab eine Verständigung mit den Amerikanern – so paradox das klingen mag‹, sagte Primakow in einem Gespräch mit der russischen Tageszeitung ›Gaseta‹. ›Warum sind die irakische Luftwaffe und die irakischen Panzer nicht eingesetzt worden – und wo sind sie jetzt?‹, fragte Primakow. ›Warum hat es sofort einen Waffenstillstand gegeben? Warum gab es vor einem Jahr so gut wie keinen Widerstand?‹«

Saddam sei tatsächlich schon früher verhaftet worden und die Geschichte mit dem Erdloch »offensichtlich« erstunken und erlogen. Mehr noch: Primakow zweifelte auch die Echtheit der offiziellen US-Fotos an, die den verwahrlosten Diktator nach seiner Festnahme zeigen. Tatsächlich werfen die Bilder bei genauer Betrachtung mehr Fragen auf, als sie beantworten. So fördert ein Vergleich der Bilder des unrasierten Diktators mit dem angeblich kurz danach aufgenommen »rasierten« Portrait seltsame Unterschiede zutage – etwa bei Schnauzbart und Augenbrauen. Wurden die Fotos tatsächlich im selben Zeitraum aufgenommen?

Und dann ist da noch der ehemalige US-Marine-Sergeant Nadim Abu Rabeh. Die Nachrichtenagentur UIP kabelte seine Aussagen am 10. März 2005 in alle Welt. Wie Rabeh der saudischen Zeitung »El Medina« verraten hatte, soll Hussein bereits einen Tag früher, als offiziell behauptet, verhaftet worden sein – unter völlig anderen Umständen.

Rabeh: »Ich war Teil einer zwanzigköpfigen Einheit, darunter acht Araber, die Saddam drei Tage lang in der Gegend um Dour nahe Tikrit gesucht haben. Wir fanden ihn in einem kleinen Dorf, wo er sich in einem bescheidenen Haus versteckt hatte und nicht in einem Loch, wie es in der Erklärung hieß. Nach entschlossenem Widerstand, in dessen Verlauf ein aus dem Sudan stammender Marine getötet wurde, nahmen wir Saddam gefangen.«

Saddam Hussein habe von einem Fenster im zweiten Stock des Hauses auf die Marines geschossen. Die hätten auf Arabisch gerufen: »Sie müssen aufgeben. Widerstand ist sinnlos.« Am nächsten Tag, so Rabeh weiter, sei dann das Produktionsteam des Pentagon für die Erdlochszene angerückt.

»Alles erstunken und erlogen«, polterten die Verantwortlichen im Weißen Haus umgehend. Womöglich lagen sie damit näher bei der Wahrheit, als sie eigentlich ausdrücken wollten.

Kapitel 5

»Operation Kilowatt«

EU weiß mehr über US-Folterflüge, als sie zugeben will

*Europäische, israelische und amerikanische
Nachrichtendienste tauschen regelmäßig brisante
Geheimdienstinformationen über arabische Terroristen aus –
im ultrageheimen »Kilowatt«-Club. Dreh- und Angelpunkt
der dubiosen Info-Geschäfte soll ausgerechnet die neutrale
Schweiz sein. Offizielle Informationen darüber gibt es dazu
bezeichnenderweise kaum. Ebenso vertraulich: ein zensiertes
Abkommen des Rats der Europäischen Union mit den USA
aus dem Jahr 2003, das den Transit von »CIA-
Folterflügen« quasi legalisiert.*

Können die Schweizer Behörden garantieren, daß ihr militärisches Überflugverbot während des Irak-Kriegs von den USA respektiert wurde? Offenbar nicht, denn eine eindeutige Antwort auf diese Frage blieb die Schweizer Luftwaffe schuldig. Wochenlang wurde der Autor 2004 von den zuständigen Verantwortlichen mit immer neuen Floskeln vertröstet. Mal hieß es, man warte noch auf Antwort des Bundesrates. Mal schrieb man die Schuld der Trägheit der eigenen Mitarbeiter zu. Konkrete Aussagen blieben trotz mehrmaliger Nachfrage aus.

Hilde Leuenberger (Name geändert) kann darüber nur den Kopf schütteln. Am 7. April 2003 wurde die ältere Dame unweit von Möhlin (Aargau) Zeuge eines seltsamen Flugzeugspektakels: »So gegen 21.30 Uhr beobachtete ich eine regelrechte Flugzeug-Armada am Himmel«, berichtet sie. Rund zwanzig Maschinen seien in militärischer Formation von Frankreich über die Schweiz gen Deutschland gezogen, »allesamt mit Scheinwerfern ausgerüstet«. In der Mitte habe sie eine Handvoll riesiger Transportflugzeuge ausgemacht. »Immer wieder stießen kleinere Begleitflugzeuge zum Pulk und flogen wieder weg.«

Neugierig geworden, versuchte Hilde Leuenberger bei der Zürcher Flugraumüberwachung Näheres dazu in Erfahrung zu bringen – um so mehr, als auch ein Bekannter von ihr die kuriose Formation bemerkt hatte. Ernst genommen fühlte sie sich dort aber nicht. »Statt mir meine Frage zu beantworten, fragte man mich, ob ich Angst gehabt hätte«, ärgert sie sich. »So ein Blödsinn! Ich habe den Weltkrieg seinerzeit hautnah miterlebt – weiß also sehr wohl, was ich gesehen habe.«

Möglich, daß die Objekte zumindest von den Radarschirmen der militärischen Luftraumüberwachung registriert wurden. Diese aber werden »außerhalb der Flugbetriebszeiten« aus Kostengründen heruntergefahren. Dann werden nur noch Daten ziviler Luftstraßen aufgezeichnet. Und zwar ausschließlich Flugzeuge, die sich mittels eines sogenannten Transpondersignals identifizieren. Ausnahmen gibt es nur, »falls die Bedrohungslage es verlangt«, wie Divisionär Christophe Keckeis von der Schweizer Luftwaffe vor einigen Jahren in einem Schreiben präzisierte, das dem Autor vorliegt. Konkretere Angaben zu diesen Aussagen konnte Luftwaffen-Sprecher Jürg Nussbaum auf Anfrage bezeichnenderweise ebenfalls nicht machen. Und so bleibt offiziell weiter im Dunkeln, welche Streitmacht im April 2003 während des Irak-Kriegs trotz Flugverbots über der Schweiz ihre Runden zog.

Den lokalen Behörden dürfte dies mehr als recht sein. Und den USA wohl ebenfalls. In ihrem »Krieg gegen den Terror« kennen die Amerikaner schließlich kein Pardon. Ohne jegliche juristische Verfahren ließen sie in den letzten Jahren auf europäischem Boden bereits über hundert vermeintlich Verdächtige verhaften, um sie anschließend in geheime Stützpunkte folterwilliger Drittländer zu verschleppen. In einigen Fällen gar mit Hilfe lokaler Behörden, wie Amnesty International oder der Europarat-Sonderermittler Dick Marty dokumentiert haben. *(Siehe dazu auch den entsprechenden Zwischenbericht des Europäischen Parlaments vom 15. Juni 2006 im Anhang dieses Buches ab Seite 233.)*

»Die Vereinigten Staaten von Amerika haben schrittweise ein heimliches Netz gesponnen, bei dem Personen verschwanden, geheime Inhaftierungen erfolgten und Gefangene illegal zwischen den Staaten transportiert wurden«, bestätigte am 7. Juni 2006 der Rechtsausschuß der Parlamentarischen Versammlung des Europarats in einer Pressemitteilung. Und: »Die Mitgliedstaaten des Europarates waren ihnen dabei behilflich oder tolerierten es.«

Außerhalb Europas ist es nicht besser bestellt: Wer nicht auspacken will, wird von den USA dazu gezwungen – mit allen Mitteln. Egal wo. Nötigenfalls auch in Guantanamo, in Afghanistan, Albanien, Syrien oder Rumänien, wo Mißhandlungen zu den üblichen Verhörmethoden zählen. Die Folter wird also quasi »outgesourct«. Besonders gerne nutzt die CIA für ihre völkerrechtswidrigen Verschleppungen den europäischen Luftraum – und benutzt hier vor allem die Flughäfen von Frankfurt oder Genf regelmäßig als Transitdrehscheiben. Illegal, versteht sich. Wider jedes Recht. Und völlig unbehelligt.

Entsprechend laut war der öffentliche Aufschrei, als die Sache publik wurde. Monatelang debattierte man sich in Europa Ende 2005 die Köpfe heiß, ob die europäischen Staaten über die US-Folterflüge informiert sind – oder eben nicht. Kaum eine Regierung, die sich mit offiziellen Antworten in dieser Angelegenheit nicht schwer tat – und verzweifelt um diplomatisch korrekte Antworten rang. Tenor: »Solange die USA uns versichern, daß nichts an derlei Gerüchten wahr sei, haben wir auch keinen Grund, daran zu zweifeln.«

Der deutsche Enthüllungsjournalist Florian Rötzer brachte den Ärger über das politische Gestotter am 12. Dezember 2005 auf den Punkt: »Vertuschung ist transatlantisch angesagt. Was man auf Seiten der US-Regierung noch verstehen kann, ist etwa auf deutscher Seite nicht nachvollziehbar, wenn nicht doch die Regierung oder der deutsche Geheimdienst verwickelt waren. Geradezu peinlich ist es, wenn man etwa dem neuen deutschen Innenminister Schäuble bei ›Christiansen‹ gestern Abend zuschauen mußte, wie er sich wand, um kaum ein klares Wort herauszubringen … Er wollte es allen recht machen, sprach wirr und verstrickte sich immer mehr in Ausflüchte.«

Selbstverständlich will auch der Schweizer Bundesrat – wie schon bei den US-Luftraumverletzungen im Irak-Krieg – vom »Folter-Transit« keinen blassen Schimmer haben und hält seinen

Regierungskollegen in der EU damit brav den Rücken frei. Dabei wissen es alle besser – nur traut sich niemand, Klartext zu reden. Warum? Weil die EU-Minister den Amerikanern ihr haarsträubendes Vorgehen in einem mehrheitlich geheimen Abkommen 2003 quasi legalisiert haben! Und sich damit selbst zum Stillschweigen verdonnerten.

Beschlossen und schriftlich festgehalten worden sei dies am 22. Januar 2003 auf einem Gipfel in Athen, meldete der »Daily Telegraph« am 11. Dezember 2005 exklusiv. Weil die Öffentlichkeit nichts davon erfahren sollte, sei der entsprechende Bericht des Rats der Europäischen Union auf Wunsch der Amerikaner später teilweise zensiert worden, ehe man ihn dem offiziellen EU-Archiv zuführte.

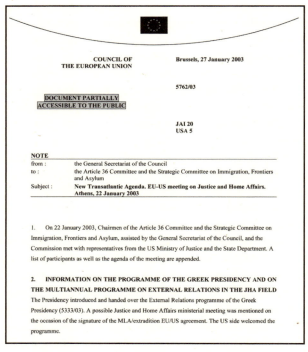

Abbildung 9
»Neue Transatlantische Agenda«:
Deckblatt des vertraulichen EU-Papiers vom 27. Januar 2003.

> 3. **MIGRATION AND DEVELOPMENT**
>
> *Integrating migration issues in the European Union's relations with third countries*
>
> *Debrief on the Commission's Communication*
>
> The Commission presented its communication to the Council and the European Parliament: Integrating migration issues in the European Union's relations with third countries (15284/02).
>
> `DELETED`
>
> 4. **BORDER CONTROLS AND TRAVEL DOCUMENTS**
>
> **4.1. Cooperation in the context of SCIFA (12.04.02) conclusions**
>
> *Identifying areas for further activities*
>
> The Presidency welcomed the efforts made by the Danish Presidency which have strengthened the cooperation between the EU and the US in the fields of border control and migration management. It recalled the importance the EU attaches to the combating of illegal immigration and the strengthening of border controls which are, in line with the Seville conclusions, high priority issues.
>
> `DELETED`

Abbildung 10
Ausschnitt der offiziell zugänglichen Version mit zahlreichen zensierten Passagen.

Der Autor machte die Probe aufs Exempel und lud das besagte Dokument vom EU-Server herunter. Datiert ist es auf den 27. Januar 2003 – unter der Überschrift »New Transatlantic Agenda«. Tatsächlich trägt es auf dem Titelblatt einen Hinweis, wonach es nur in Teilen für die Öffentlichkeit zugänglich ist. An etlichen Stellen prangt denn auch das Wörtchen »deleted« – »gelöscht«. Statt konkreten Hinweisen auf die Billigung von Folterflügen finden sich darin lediglich Allgemeinposten, die vom EU-Ministerrat mit US-Vertretern diskutiert worden waren.

Wie heiß die Sache aber ist, enthüllt ein entsprechender Hinweis im EU-Archiv vom 3. Februar 2003. Dort wird rückwirkend ein »Corrigendum« nachgeschoben. »Dieses Dokument sollte die Klassifikation ›LIMITE‹ enthalten«, heißt es auf dem Deckblatt neben einem überdimensionalen »PUBLIC«-Stempel. Hoffte man, mit dieser »sanften Drohung« neugierige Geister einzuschüchtern?

Tatsächlich dauerte es volle zwei Jahre, ehe der »Daily Telegraph« Ende 2005 vom brisanten Inhalt des Dokuments Wind bekam – und seinen Artikel lancierte. Notabene zum denkbar ungünstigsten Zeitpunkt. Nur gerade wenige Tage zuvor war der britische

Premier Tony Blair im Parlament mit Meldungen über vierhundert vermutete Folterflüge konfrontiert worden, die britische Flughäfen illegal passiert hatten. Lapidare Antwort: »Bei allem Respekt: Ich habe keine Ahnung, worauf Sie sich beziehen ...«

---

3. MIGRATION AND DEVELOPMENT

Integrating migration issues in the European Union's relations with third countries

Debrief on the Commission's Communication

The Commission presented its communication to the Council and the European Parliament: Integrating migration issues in the European Union's relations with third countries (15284/02). US side expressed a strong interest for the approach set out in the Commission's communication. It indicated that the US government seeks to co-ordinate efforts by various ministries (Department of Justice, Department of State etc.) in order to ensure an integrated approach in the developpment policy of the US towards its southern neighbours.

4. BORDER CONTROLS AND TRAVEL DOCUMENTS

4.1. Cooperation in the context of SCIFA (12.04.02) conclusions

Identifying areas for further activities

The Presidency welcomed the efforts made by the Danish Presidency which have strengthened the cooperation between the EU and the US in the fields of border control and migration management. It recalled the importance the EU attaches to the combating of illegal immigration and the strengthening of border controls which are, in line with the Seville conclusions, high priority issues. Reference was made to the SCIFA meeting with the US on 9 December 2002, when both parties discussed the follow-up to the 9 US proposals (13803/01) for cooperation on border control and migration management. The Presidency pointed out the important progress that has been made in various areas i.a. the setting up of an airports alert mechanism by the exchange of contact points, the increased cooperation in border control (the organisation of a seminar on sea border control hosted by the US at the end of October 2002) and the exchange of information on false documents. Both sides agreed on the areas where cooperation could be improved i.a. the exchange of data between border management services, increased use of European transit facilities to support the return of criminal/inadmissible aliens, co-ordination with regard to false documents training (US side will provide the EU with a paper suggesting modalities for the coordination of false documents training) and improving the cooperation in removals.

Abbildung 11
Dieselbe Seite – diesmal in unzensierter Form, samt Hinweis auf die engere
Nutzung europäischer Transiteinrichtungen für US-Gefangenentransporte.

Leider befanden sich die englischen Journalisten damals nicht im Besitz des kompletten EU-Dokuments. Der geschwärzte Inhalt war ihnen lediglich aus gut unterrichteten Kreisen zugetragen worden. Deshalb geschah, was in derlei Fällen fast schon an der Tagesordnung ist: Kaum ein deutschsprachiger Journalist wollte sich daran die Finger verbrennen. Anders läßt sich nicht erklären, daß man deutschsprachige Medienhinweise darauf bis heute (!) an einer Hand abzählen kann. Noch dazu in einer Zeit, in denen die CIA-Folterflüge in so ziemlich jedem Medium Schlagzeilen geschrieben haben.

Ob sich das nun ändert? Dem Autor liegt inzwischen nämlich der unzensierte EU-Report auf dem Tisch. Und der liest sich in der Tat alles andere als erfreulich. Namentlich eine Passage, die im »offiziell« zugänglichen EU-Papier selbstverständlich ebenso zensiert ist. Inhalt dieses Abkommens mit den USA:

»Beide Seiten erklärten sich mit Bereichen einverstanden, bei denen die Kooperation verbessert werden könnte. Zum Beispiel in Bezug auf Grenzmanagement-Dienste, eine stärkere Nutzung von europäischen Transiteinrichtungen zur Unterstützung der Rückführung von kriminellen oder nicht akzeptierbaren Ausländern (…) sowie der Verbesserung der Zusammenarbeit bei Ausschaffungen.«

Eine taktisch mit Absicht vage gehaltene Formulierung, die sich ob ihrer unpräzisen Formulierung politisch von beiden Seiten in alle Richtungen interpretieren läßt. Selbstverständlich auch dahingehend, daß Terrorverdächtige vermehrt via europäische Flughäfen in Drittstaaten ausgeschafft werden können.

Quintessenz: Die europäischen Regierungen wissen über die himmeltraurigen Aktionen der Amerikaner nicht nur bestens Bescheid – sie greifen ihnen dabei im eigenen Interesse auch gerne mal unter die Arme. Ebenso wie ihre Geheimdienste, wenn es um den Austausch vertraulicher Informationen geht. Reichlich schmutzige Geschäfte – also wäscht hier eine Hand international die andere.

Ein neues Phänomen? Keineswegs. »Kilowatt« heißt das Schlüsselwort, das im Hinblick auf vertrauliche Informationen selbst die geheimsten Aktenschränke öffnet – und das bereits seit Jahrzehnten. Der unverdächtig klingende Name steht für eine topgeheime Tarnorganisation, der seit 1972 zahlreiche europäische Agenten angehören, ebenso wie Vertreter des Mossad und der amerikanischen

Geheimdienste. Ziel, nebst anderem: Austausch von Geheiminformationen hinsichtlich potenzieller Terroristen aus arabischen Ländern.

Erstmals enthüllt wurde die Existenz von »Kilowatt«, als revolutionäre islamische Studenten im November 1979 die US-Botschaft im iranischen Teheran besetzten. Dabei fielen ihnen tonnenweise geheime CIA-Berichte in die Hände. Darunter ein klassifiziertes Dokument über den israelischen Geheimdienst Mossad. Komplett publiziert wurde es hierzulande 1998 vom deutschen Geheimdienst-Experten Michael Opperskalski.

Wörtlich steht im damaligen CIA-Paper unter anderem zu lesen: »(...) unterhält Mossad gegenwärtig Verbindungen zu ausländischen Geheim- und Sicherheitsdiensten durch seine Mitgliedschaft in der Kilowatt-Gruppe, einer Organisation, die sich mit dem arabischen Terrorismus befaßt. Ihr gehören an: Westdeutschland, Belgien, Italien, Großbritannien, Luxemburg, die Niederlande, die Schweiz, Dänemark, Frankreich, Kanada, Irland, Schweden, Norwegen und Israel.«

Wer im Internet googelt, findet lediglich zwei, drei vage Hinweise auf die Organisation. Einer versteckt in einem Bericht von Shlomo Shapiro und Klaus Becher, der auf der Internet-Page der israelischen Ben Gurion University of the Negev zu finden ist. Titel: »Security and European-Israeli Defence Cooperation« (2004).

In den letzten Jahren bestätigte denn auch kein Land offiziell, daß »Operation Kilowatt« immer noch läuft. Gerüchteweise soll sie nach den Anschlägen vom 11. September nämlich wieder aufgelebt sein – in enger Zusammenarbeit mit Israel, das die Federführung innehaben soll, und mit den USA und der Schweiz, welche die Basis der geheimen Treffen bilde. Nur der Name sei mittlerweile geändert worden, nachdem jetzt weit über 20 Länder im Top-Secret-Bund vertreten seien.

Wenn »Kilowatt« tatsächlich weiterexistiert – und erst noch von der Schweiz aus agiert –, müßte zumindest die Geschäftsprüfungsdelegation (GPDel) des Schweizer Parlaments von ihr wissen. Die GPDel hat den Auftrag, die Tätigkeit im Bereich des Staatsschutzes und der Nachrichtendienste näher zu prüfen. Um diese Aufgabe zu erfüllen, fallen ihr weitgehende Privilegien zu. So steht ihr etwa das Recht zu, ungeachtet des Amtsgeheimnisses oder des militärischen Geheimnisses Bundesbeamte und Privatpersonen als Auskunftspersonen einzuvernehmen. Dennoch – oder gerade deswegen – gibt man sich bei der GPDel auf Anfrage zurückhaltend:»Die Existenz des Kilowatt-Netzes und die Rolle der Schweiz innerhalb dieses Netzes sind der Geschäftsprüfungsdelegation bekannt«, bestätigt deren Sekretär Philippe Schwab diplomatisch.

Weitere Informationen über den Inhalt der Zusammenarbeit der Schweizer Nachrichtendienste mit dem Ausland wollte Schwab auf Anfrage des Autors aus Geheimhaltungsgründen nicht preisgeben. Stattdessen verwies er auf eine Antwort des Schweizer Bundesrates von 1989 (!) zu einer entsprechenden Interpellation:

»Als (…) anfangs der 70er-Jahre die Sicherheitsdienste verschiedener Staaten eine von Interpol unabhängige rasche gegenseitige Orientierung über besondere Vorkommnisse, Verdachtsfälle, Straftaten und Zusammenhänge auf dem Gebiet des internationalen Terrorismus vereinbarten, welche den besonderen Geheimhaltungsbedürfnissen Rechnung trug, war eine Mitwirkung des für unser Land zuständigen Abwehrdienstes an dieser Informationsvermittlung eindeutig geboten. (…) Die Beteiligung der Bundespolizei am unter der Bezeichnung ›Kilowatt‹ betriebenen Informationsaustausch zur Bekämpfung des internationalen Terrorismus ist neutralitätspolitisch zu verantworten, da es um die Verhütung und Abklärung von Straftaten des gemeinen Rechtes geht, die nur im internationalen Verbund erfolgreich sein können. (…) Der Beitritt der Bundespolizei zu diesem internationalen Informationsaustausch erfolgte im Einvernehmen mit und nach Weisungen des Vorstehers des Justiz- und Polizeidepartementes.«

»Kilowatt« könnte auch die »hellseherischen« Fähigkeiten Spaniens im Hinblick auf den Al-Qaida-Anschlag vom 11. März 2004 in Madrid erklären. Jedenfalls geschah es kaum zufällig, daß der Deutsche Bundesgrenzschutz wenige Tage vor dem Anschlag seine Grenzkontrollen zur Schweiz bei Basel massiv verschärfte – ohne ersichtlichen Grund. Die Aktion erfolgte derart überraschend, daß die Schweizer Behörden von den kilometerlangen Staus völlig überrumpelt wurden. Dem Chaos an der Grenze folgte ein Informationsdebakel, das seinesgleichen suchte. Tagelang widersprach eine deutsche Behörde der anderen, bis niemand mehr wußte, warum überhaupt kontrolliert wurde.

Licht ins Dunkel kam erst später – durch den südbadischen Journalisten Jan Fischer. Der deckte exklusiv auf, daß die scheinbar willkürliche Kontrollwut offenbar auf eine Beschwerde Spaniens zurückging. »Dessen Vertreter hatten im Schengen-Ausschuß darauf hingewiesen, daß Deutschland an seinen Schengen-Außengrenzen zu lasch kontrolliere«, weiß Fischer.

Er beruft sich dabei auf inoffizielle Aussagen des Bundesvorsitzenden des Bundesgrenzschutz-Personalverbands, Knut Paul, an der Generalversammlung von Garanto, der Gewerkschaft der Schweizer Grenzwächter und Zöllner. »Laut Paul ging vom Innenministerium in Berlin über die Grenzschutzpräsidien in der Folge eine Weisung an alle Grenzschutzämter, ihre Praxis hinsichtlich der Schengen-Vorschriften zu überprüfen.«

Die Frage liegt auf der Hand, warum Spanien derart plötzlich auf schärfere Kontrollen pochte. Lagen womöglich geheimdienstliche Hinweise auf ein Attentat vor, die man im »Kilowatt«-Verbund von anderen Ländern erhalten hatte? Der Verdacht läßt sich zumindest nicht ausräumen. Um so mehr, als kurz darauf in Madrid die Bomben explodierten.

In Berlin wiegelt man offiziell selbstverständlich ab. »Von hier aus kann ich die Aussagen von Knut Paul so nicht bestätigen«, betonte Sprecherin Isabel Schmitt-Falckenberg vom Bundesministerium des Innern gegenüber dem Autor. Also sind die Information falsch? »Ich kann sie Ihnen jedenfalls nicht bestätigen.«

Kapitel 6

Vogelgrippe:
Pfusch im Labor?

Schlampereien, Panikmache und ein unheimlicher Verdacht

*Obwohl von der Vogelgrippe immer noch so gut wie keine
Gefahr für Menschen ausgeht, schüren Behörden und
Politiker rund um den Globus seit Ende 1997 eine
regelrechte Massenhysterie. Kritische Anmerkungen gehen im
Rummel der täglichen Panikmache völlig unter: Etwa die
Frage, ob es Zufall ist, daß die Vogelgrippe in Deutschland
ausgerechnet auf der Insel Rügen ausbrach – unmittelbar
neben dem Friedrich-Loeffler-Institut (FLI), wo mit derlei
Viren experimentiert wird.*

Angst ist sein Spezialgebiet. Und so hat der Göttinger Professor
Borwin Bandelow auch gleich einen passenden Vergleich parat: Die
Vogelgrippe werde »wie eine biblische Plage wahrgenommen«,
analysiert er. »Sie kommt von oben, ist unkontrollierbar, unbeherrsch-
bar und geht um die ganze Welt.«

Besser kann die derzeitige Massenhysterie nicht umschrieben
werden. Gerade mal etwas über 100 Todesfälle waren bis April 2006
in insgesamt 45 Ländern (!) zu beklagen – gegenüber zwanzigtausend
Menschen, die der »normalen« Grippe allein in Deutschland jährlich
zum Opfer fallen. Im Gegenzug seien bis zu diesem Zeitpunkt
zweihundert Millionen Vögel getötet worden, meldete der »Spiegel«
am 27. April 2006 mit Bezug auf UNO-Daten. Der wirtschaftliche
Schaden werde auf zwanzig Milliarden Dollar beziffert, »während
Millionen Bauern in die Armut abgerutscht seien«.

Gefährlich werden könnte das Virus sowieso erst, wenn es mutiert und dann im Rahmen einer Pandemie – also einer seuchenartigen Massenerkrankung – allenfalls von Mensch zu Mensch springen würde. Bislang ein reines Phantasiegespinst. Dennoch wird es seit bald zehn Jahren regelmäßig in »Experten-Statements« heraufbeschworen.

Tatsächlich datieren die allerersten deutschsprachigen Presseberichte über die Vogelgrippe ab Ende 1997. Und bereits damals enthielten sie fast unisono alle jenen einen ominösen Satz, der sich bis heute in fast jeder neuen Vogelgrippe-Meldung wiederfindet: »Noch ist eine Ansteckung von Mensch zu Mensch nicht nachgewiesen« (»Stuttgarter Zeitung« vom 23. Dezember 1997). Oder wie es die Schweizer Zeitung »Bund« am 17. Dezember 1997 formulierte: »Nichts deutet darauf hin, daß eine Ansteckung von Mensch zu Mensch stattgefunden hat.« Daran hat sich bis heute nichts geändert.

Wenn uns Behörden derzeit vor allen möglichen Vogelgrippe-Risiken warnen, ist das also reine Panikmache. Das Risiko, von einem Auto überfahren oder gar vom Blitz erschlagen zu werden, ist zigmal größer! Ansteckend ist in erster Linie die Angst – und nicht das H5N1-Virus. Dennoch werden derzeit weltweit Milliarden in die Entwicklung eines neuen Impfstoffes gebuttert – für eine Krankheit, die bisher kaum jemanden befallen hat.

Speziell in Deutschland grassiert mittlerweile nackte Hysterie. So denkt etwa die deutsche Gesundheitsministerin Ulla Schmidt bereits weiter – nämlich an eine mögliche Zwangsimpfung, wie das »Handelsblatt« am 23. März 2006 meldete: »Ob dies freiwillig oder womöglich verpflichtend geschehen soll, könne man erst ›dann entscheiden, wenn der Impfstoff da ist‹, sagte Schmidt.«

Ein Riesengeschäft, das Medizinern und Arzneimittelherstellern viel Geld verspricht. Und wenn es um ihren Profit geht, wird die Pharma-Lobby bekanntlich besonders erfindungsreich. Also überlegt man sich dort bereits, wie man der winzig kleinen Zahl menschlicher Krankheitsfälle sonst noch Herr werden könnte. So wies etwa die Online-Agentur »pressetext.at« am 2. März 2006 auf einen Fachartikel hin, der unlängst in der medizinischen Zeitschrift »Lancet« publiziert wurde: »Mit einer Sterblichkeit von fünfzig Prozent beim Menschen, der Möglichkeit von Resistenzen gegen antivirale Medikamente, ohne entwickelte Impfstoffe und einer weltweiten Ausbreitung der Vogelgrippe seien neue Denkansätze dringend notwendig, argumentiert ein Team des schwedischen Karolinska Institutet«, meldete die Agentur.

Die vorgeschlagene Therapiemöglichkeit schob sie gleich nach: »Chemotherapie gegen eine Störung des Immunsystems könnte auch bei der Behandlung von Menschen wirksam sein, die mit der durch H5N1 verursachten Form der Vogelgrippe infiziert sind.«

Keinen Deut besser verhält sich der Großteil der Massenmedien: Als am Bodensee die erste an Vogelgrippe verendete Ente entdeckt wurde, kurbelten viele Redaktionen die Panikmache in Sachen »Todesseuche« im Hinblick auf ihre Auflagenzahlen munter an. »Feuerwehrleute desinfizieren die Uferpromenade in Überlingen« lautete etwa die Bildlegende von Fotos, die am 25. Februar 2006 von zahlreichen Zeitungen in Deutschland und der Schweiz abgebildet wurden – und vielen Betrachtern einen gehörigen Schrecken einjagten. Grund: Sie zeigen Spezialisten mit Gasmaske im orangefarbenen Schutzanzug beim Desinfizieren des lokalen Ufer-Kopfsteinpflasters.

Wie die Bilder zustande kamen, enthüllte ein Augenzeugenbericht, der am 27. Februar 2006 auf der Internet-Seite *rf-news.de* veröffentlicht wurde: »Ich stand am letzten Freitag auf der Uferpromenade des Bodensees, exakt an der Stelle (Seepromenade vor der Hausnummer 19), an der Feuerwehr und Fernsehteams zusammenkamen, nachdem bekannt geworden war, daß eine hier gefundene tote Ente durch den H5N1-Virus der Vogelgrippe infiziert war. Ich schwöre es: Die anwesenden Enten waren alle im Wasser und munter. Deshalb wurden am Abend im Fernsehen keine Kadaver gezeigt: Es gab keine! Die angeblich infizierte Tafelente wurde auch schon vor zehn Tagen gefunden. Die Feuerwehr hat in aller Ruhe eine kleine Ecke (keine 30 Meter lang) der Promenade abgeriegelt. Davor hatten viele Spaziergänger und Touristen, so wie ich, die Zeit gehabt, auf dem vermeintlich verseuchten Boden rumzutrampeln, und die Viren waren schon längst bis nach Holland verteilt.

Ein Riesenzelt wurde errichtet, zwei Feuerwehrleute mit Schutzanzug und Schutzmaske spazierten dann willkürlich hier und da sprühend vor den Kameras, während ihre Kollegen und die Fernsehleute ungeschützt umher liefen. Nach knapp zwei Stunden wurde dann alles wieder abgebaut und eingepackt, und weg waren sie. Leider habe ich nur wenige Fotos gemacht, denn mir war nicht klar, was die Medien aus diesem Theater machen würden!«

Doch es kommt noch besser: Untersucht werden alle deutschen Verdachtsfälle im Friedrich-Loeffler-Institut (FLI). Das FLI liegt auf der Ostseeinsel Riems – nur gerade ein paar Kilometer von der Insel Rügen entfernt, von wo bislang die mit Abstand meisten Vogelgrippe-Fälle gemeldet wurden. Noch dazu nahm die »Welle« hier ihren Anfang. Seltsamerweise führte das FLI mit dem Bundesministerium für Ernährung, Landwirtschaft und Verbraucherschutz und dem Bundesamt für Bevölkerungsschutz und Katastrophenhilfe nach eigenen Angaben unmittelbar vor Ausbruch der Geflügelpest auf Rügen eine Notfallübung durch. An der Akademie für Krisenmanagement, Notfallplanung und Zivilschutz (AKNZ) in Ahrweiler probten vom 31. Januar bis 2. Februar 2006 rund dreißig Fachleute den Ernstfall.

Ist es wirklich ein Zufall, daß die Geflügelpest wenige Wochen später just in unmittelbarer Nachbarschaft des Instituts ausbrach? Ein Blick auf die entsprechenden Instituts-Pressemitteilungen nach Bekanntwerden der ersten Fälle spricht Bände:

- 16. Februar 2006: Die beiden Schwäne, die in der letzten Woche tot auf Rügen gefunden wurden, waren mit dem hoch pathogenen Influenzavirus vom Typ H5N1/Asia infiziert.

- 16. Februar 2006: Das Referenzlabor für aviäre Influenza am Friedrich-Loeffler-Institut (FLI) für Tiergesundheit auf der Insel Riems hat weitere Vogelgrippefälle auf der Insel Rügen bestätigt. Insgesamt wurden heute 37 tot aufgefundene Vögel am FLI angeliefert.

- 19. Februar 2006: Bei den im Friedrich-Loeffler-Institut auf der Insel Riems durchgeführten Untersuchungen von Vögeln, die auf der Insel Rügen tot aufgefunden wurden, konnte bei weiteren 18 Tieren der Erreger H5N1 nachgewiesen werden. Damit stieg die Zahl der positiv getesteten Tiere auf 59.

- 21. Februar 2006: Das Friedrich-Loeffler-Institut für Tiergesundheit auf der Insel Riems meldet weitere Fälle von Vogelgrippe auf der Insel Rügen. Dreizehn Singschwäne, vier Höckerschwäne, drei Kanadagänse, ein Mäusebussard sowie ein weiterer Schwan wurden im nationalen Referenzlabor positiv getestet. Damit erhöht sich die Zahl der auf Rügen gefundenen H5N1-infizierten Tiere auf hunderteins.

- 21. Februar 2006: Heute untersuchte das Friedrich-Loeffler-Institut für Tiergesundheit auf der Insel Riems weitere Verdachtsfälle von Vogelgrippe auf dem Festland. Alle neun Fälle zeigten ein negatives Ergebnis. Acht Tiere stammten aus Ostvorpommern und der Hansestadt Greifswald, eines aus Rostock. Damit bleibt es bei insgesamt hundertdrei bestätigten Fällen des Vogelgrippevirus H5N1 in Mecklenburg-Vorpommern, davon hunderteins auf der Insel Rügen.

Den deutschen Journalisten Gerhard Wisnewski macht das ziemlich mißtrauisch. »Im In- und Ausland sind die FLI-Leute gefragte Experten bei der Bekämpfung der Vogelgrippe«, stellt er fest. »Der Witz dabei ist, daß erstens niemand weiß, wie die Vogelgrippe nach Rügen kam, und zweitens, daß die Krankheit ausgerechnet in unmittelbarer Nähe jener Labors ausbrach, in denen das Virus schon lange vorhanden ist, nämlich der Labors des FLI. Und drittens, daß die mutmaßlich befallenen Vögel just in diese Labors zur Untersuchung transportiert wurden, um das H5N1-Virus zu diagnostizieren.«

Noch klarer formuliert es der deutsche Impfstoffkritiker Hans Tolzin: »Das Institut liegt mitten in einem Naturschutzgebiet. Merkwürdigerweise wird die Möglichkeit eines Entweichens von H5N1-Viren aus den FLI-Labors weder von unseren Politikern noch in den Medien thematisiert.«

Mißtrauisch wurde auch Wolfgang Fiedler, Leiter des Max-Planck-Instituts für Ornithologie in Radolfszell. Wenige Wochen nach Ausbruch der Seuche auf Rügen, am 1. März 2006, gab er der »Zeit« zu Protokoll: »Ich habe den Eindruck, das Virus schlummert schon an verschiedenen Stellen und bricht unter Bedingungen aus, die wir noch nicht ganz durchschauen.«

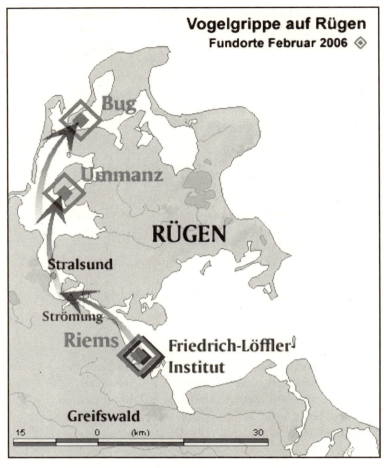

Abbildung 12
Lage des Friedrich-Loeffler-Instituts.
Unmittelbar daneben brach in Deutschland anfangs 2006 die Vogelgrippe aus!
(Grafik: ZEL)

Bereits am 21. Februar 2006 war der Zentralverband europäischer Laufenten-Halter ZEL ebenfalls aktiv geworden. In einem Schreiben an das Bundesministerium für Ernährung, Landwirtschaft und Verbraucherschutz gab Präsident Bruno Stubenrauch seiner Besorgnis in Sachen Friedrich-Loeffler-Institut unverhohlen

Ausdruck: »Es ist extrem auffällig, daß diese dokumentierten Fundorte in unmittelbarer Nähe des FLI und davon ausgehend in Nordrichtung mit der dort vorherrschenden leichten Meeresströmung an der Westküste Rügens entlang liegen.«

Auffällig sei weiter, daß es sich laut FLI-Leiter Thomas Mettenleiter um einen Erreger handelt, der nahe verwandt mit einem in der Mongolei und am Quinghai-See in China entdeckten Virus ist – der also einen sehr weiten Weg hinter sich gebracht haben muß. Stubenrauch: »Nach eigenen Angaben bewahrt das FLI genau solche Virusisolate aus bestätigten Seuchenfällen auf und hält Referenzvirusstämme vor. Im Sinne eines Worst-Case-Szenarios gehen wir davon aus, daß ein Freisetzen des Virus durch das FLI stattgefunden haben kann. Wir erinnern in diesem Zusammenhang auch an die Historie des FLI: Die Insellage wurde wegen der biologischen Risiken für die Bevölkerung gewählt.«

Die Behörde reagierte erwartungsgemäß – mit einem dürren Zweizeiler. Tenor: Die Verdächtigungen seien haltlos. Thomas Mettenleiters Kommentar gegenüber der »Frankfurter Allgemeinen Zeitung«: »Mit Verdächtigungen dieser Art muß unser Institut seit seiner Gründung leben.«

Kunststück, denn wie Gerhard Wisnewski trocken anmerkt, sei das Institut auf Riems deshalb gegründet worden, »weil die wackeren Forscher zuvor ganze Landstriche in der Gegend von Greifswald mit der Maul- und Klauenseuche infiziert hatten«.

Und so kam am 11. März 2006 selbst die FAZ zum Schluß: »Auch wenn es ihm widerstrebt, kann Virologe Mettenleiter auf absehbare Zeit Verschwörungstheoretikern und Hobbyfachleuten nicht ganz den Boden entziehen: ›Möglicherweise läßt sich der genaue Eintragsweg des Virus nach Deutschland nie vollständig nachvollziehen.‹«

Die eilends ausgesprochenen Tier-Auflagen waren wenig später in vielen Fällen jedenfalls schon wieder aufgehoben – auch in der Schweiz. »Die Wahrscheinlichkeit eines Vogelgrippefalls ist nicht so hoch, wie wir das zu Beginn des Jahres gedacht haben«, räumte etwa der Baselbieter Kantonstierarzt Ignaz Bloch am 29. April 2006 gegenüber der »Basler Zeitung« ein. Weiter sei nun klar, daß das von Zugvögeln ausgehende Risiko weitaus geringer sei als angenommen:

»Virusträger und Verbreiter waren vor allem Wasservögel. Enten aus dem Norden oder Osten beispielsweise, die auf ihrer Reise ins Winterquartier das Virus auflasen und an den Boden- und Genfersee brachten.«

Die heraufbeschworene Gefahr einer weltweiten Pandemie scheint also einmal mehr vom Tisch. Geschürt wurde sie 2005 übrigens nicht zuletzt von George Bush, der seinen Landsleuten die Panik förmlich einimpfte. Millionen von Toten könnten alleine in den USA zu beklagen sein, malte der US-Präsident den Teufel an die Wand. Folge: Die Umsätze des Roche-Medikaments Tamiflu erreichen seither immer neue Rekordmarken.

Profiteur der weltweiten Hysterie ist neben Roche auch der US-Konzern Gilead Sciences, der ebenfalls kräftig mitkassiert. Er hatte das antigrippale »Wundermittel« einst entdeckt und 1996 an Roche lizenziert. Als Aufsichtsratsvorsitzender von Gilead fungierte bis 2001 ausgerechnet US-Verteidigungsminister Donald Rumsfeld. Und der besitzt seither ein fettes Aktienpolster – dessen Wert seit der Panikmache seines Präsidenten unaufhörlich anschwillt ...

Ob und wie Tamiflu im Ernstfall tatsächlich wirken könnte, bleibt bis heute umstritten. Also wird emsig an der Entwicklung eines neuen Impfstoff gearbeitet, falls das Virus dereinst doch noch mutieren und dann von Mensch zu Mensch springen sollte. Doch für die Entwicklung eines Impfstoffs braucht man bekanntlich den Erreger, gegen den er wirken soll. In diesem Fall einen, den es noch gar nicht gibt. Warum also nicht einen basteln und der Natur damit etwas nachhelfen?

Selbstverständlich würde der dagegen entwickelte Impfstoff zum weltweiten Milliardengeschäft. Insofern läßt sich zumindest nicht ausschließen, daß gewisse Kreise bei derlei Experimenten durchaus Interesse an einem »Labor-Unfall« haben könnten. Eine einzige Unachtsamkeit, eine undichte Stelle würde genügen, und die Katastrophe wäre perfekt.

Reine Phantasie? Nicht unbedingt. Bereits im Frühjahr 2005 begannen die Amerikaner mit derlei haarsträubenden Versuchen, wie die »Washington Times« am 24. März 2005 berichtete. Konkret versuchten die U.S. Centers for Disease Control and Prevention die Wahrscheinlichkeit zu eruieren, daß das H5N1-Virus tatsächlich eine Ehe mit H3N2 eingeht – dem klassischen menschlichen Grippe-erreger. Wie das gehen soll? Indem man die Gen-Stränge der beiden Virus-Stämme innerhalb eines Hochsicherheitslabors künstlich mit-einander zu verknüpfen sucht …

Bleibt nur zu hoffen, daß die Amis bei ihren Kreuzungsversuchen im Labor nicht pfuschen – ob wissentlich oder unwissentlich, ist völlig egal. Sonst hätten die Weltuntergangs-Propheten mit ihrem düsteren Pandemie-Szenario am Ende doch noch Recht. Bis dahin bleibt gültig, was die »Stuttgarter Zeitung« bereits am 31. Dezember 1997 (!) vermeldet hatte: »Die Weltgesundheitsorganisation WHO hat vor einer Überschätzung der Gefahr der Vogelgrippe gewarnt. Der WHO-Experte David Heymann verwies in Genf auf herkömm-liche Formen des Grippe-Virus, die wesentlich mehr Menschen töteten. Allein in den USA sterben nach Angaben von Heymann jedes Jahr zehntausend bis vierzigtausend vor allem ältere Menschen an Grippe.«

Kapitel 7

»Ich war vor Gagarin im All«

Sowjetunion verschleiert Unglücksfälle im Weltraum

*Überraschung für Raumfahrtexperten: Juri Gagarin war
definitiv nicht der erste Mensch im Weltraum.
Wiederentdeckte Funksprüche enthüllen: Mehrere sowjetische
Kosmonauten vor ihm verendeten qualvoll im All. Einige
verbrannten, andere erstickten. Ihre Todesfälle wurden
verschleiert. Ein einziger von ihnen kam lebend auf die Erde
zurück. Und: Er lebt noch. Erstmals hat er nun offiziell
bestätigt, was die Sowjetunion bis heute bestreitet.*

Der Atem des Mannes ist deutlich zu hören. Sein qualvolles Keuchen geht unter die Haut. Jeder Atemzug scheint ihm mehr Mühe zu bereiten. Es klingt, als würde er qualvoll ersticken. Der Herzschlag setzt aus. Stille.

Die italienischen Tonbandaufnahmen sind schockierend. Sie beinhalten Funksignale, welche die italienischen Amateurfunker Achille und Gian Battista Judica-Cordiglia anfangs der 1960er-Jahre aus dem Weltraum auffingen. Funksignale, die von russischen Kosmonauten stammten, deren Missionen kläglich scheiterten – und von der damaligen Sowjetunion bewußt verschleiert wurden.

Besonders brisant: Die eingangs erwähnte Aufzeichnung wurde am 2. Februar 1961 aufgeschnappt – also rund neun Wochen, bevor der Russe Juri Gagarin offiziell als »erster Mensch im Weltraum« für Furore sorgte. In Medienberichten wurden die Aufnahmen der

Cordiglias entsprechend kontrovers diskutiert. Dann gerieten sie in Vergessenheit. Jetzt sind die Horrorbänder wieder aufgetaucht. Mittlerweile kann sie sich jedermann im Internet zu Gemüte führen.

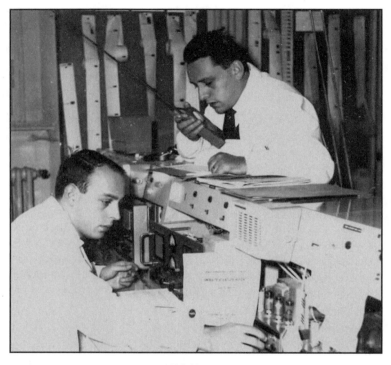

Abbildung 13
Die italienischen Cordiglia-Brüder in ihrer Funkzentrale.

Selbst nach Gagarin verheizten die Russen offenbar weitere »Testpiloten«. Darunter auch eine Frau. Am 16. Mai 1961 startete sie ihren Flug ins All, wo sie beim Reentry in die Erdatmosphäre am 23. Mai 1961 jämmerlich verbrannte. Wieder waren die Cordiglias auf Sendung – und zeichneten die letzten russischen Funksprüche auf. Auch diese Audio-Datei geht unter die Haut. Bereits einige Ausschnitte des Transkripts der Aufzeichnung lassen erahnen, welche gräßlichen Qualen die Testpilotin in ihren letzten Minuten erdulden mußte:

»5, 4, 3, 2, 1, 2, 3, 4, 5 ... Bitte melden! Bitte melden! Bitte melden! Sprecht zu mir! Ich glühe ...! Ich glühe ...! Was? 45? Was? 45? 50? Ja! Ja! Ja! Atmen! Atmen! Sauerstoff! Sauerstoff! Ich glühe! Ist das nicht gefährlich? Es ist alles ... Ist das nicht gefährlich? (...) Die Übertragung beginnt jetzt ... 41! Ja! Ich fühle mich so heiß! Ich fühle mich so heiß! Ich fühle mich so heiß! Ich sehe eine Flamme! Was? Ich kann eine Flamme sehen! Ich sehe eine Flamme! (...) Werde ich aufschlagen? Ja ...! Ja ...! Ich fühle mich so heiß! Ich fühle mich so heiß! Ich werde in die Erdatmosphäre eintreten ...«

Drei Tage später, am 26. Mai 1961, meldete die russische Nachrichtenagentur TASS, daß eine große, unbemannte Raumkapsel in die Erdatmosphäre eingedrungen und dort verglüht sei ...

Das sind nur zwei Beispiele einer ganzen Serie mißglückter Weltallflüge der Russen, über die einst der Mantel des Schweigens ausgebreitet wurde. Über viele kursieren seit Jahrzehnten Gerüchte. Mancher Raumfahrtexperte verbannt sie deswegen sogar ins Reich der Fabeln. Selbst die Cordiglia-Brüder werden heute von Skeptikern der Manipulation verdächtigt. Der schwedische Raumfahrtspezialist Sven Grahn etwa hat sich eingehend mit ihrer Arbeit beschäftigt. »Die Cordiglia-Brüder unterhielten zwar tatsächlich eine Funkabhörstation, und sie konnten so tatsächlich Funksignale verschiedener Raumfahrzeuge abfangen«, hält Grahn fest. Dennoch hätten sie im einen oder anderen Fall wohl bewußt manipuliert, um sich wichtig zu machen.

Was Grahn nicht weiß: In der Schweiz konnte ein Amateurfunker damals ebenfalls seltsame Signale auffangen. So berichtete die Basler UFO-Expertin und Journalistin Lou Zinsstag in der englischen Zeitschrift »Flying Saucer Review« anfangs 1961 über den Funkamateur Walter Kunz aus Münchenstein. Auch Kunz wollte die Stimme eines russischen Kosmonauten auf Band aufgezeichnet haben. Obwohl diese Nachricht weltweit die erste war, wurde sie von der Weltpresse völlig ignoriert.

Um seine Behauptung zu überprüfen, besuchte ihn Lou Zinsstag damals in Münchenstein. »Herrn Kunz geht es überhaupt nicht um Publizität«, betonte sie später. »Im Gegenteil: Er ist ein ziemlich scheuer Mensch.« Mindestens sechs verschiedene Funkempfänger hätten sich in seinen Räumen befunden. »Er hat keinen eigenen

Transmitter. Seine Leidenschaft ist es vielmehr, Tag und Nacht zu lauschen. Oft benutzt er dazu sogar zwei Empfänger gleichzeitig.«
Man schrieb den 17. Januar 1960, als Kunz seine Empfänger einmal mehr auf 20.005 Megahertz einstellte, die russische Satellitenfrequenz. Plötzlich hörte er seltsame metallische Geräusche – und eine aufgeregte menschliche Stimme. Kunz fackelte nicht lange: Eilends nahm er seinen Bandrekorder zu Hilfe, um alles aufzuzeichnen. Lou Zinsstag: »Die Aufnahmen waren ein bis zwei Minuten lang. Bereitwillig spielte Herr Kunz sie mir und einem Freund vor. Klar und deutlich konnten wir die russischen Wörter ›ras, dba, tri‹ hören, also ›eins, zwei, drei‹.« Die Stimme sei aufgeregt und voller Furcht gewesen. »Ich werde das nie vergessen.«

Abbildung 14
»Eine Stimme aus dem Weltall?«
Exklusivbericht von Lou Zinsstag in der britischen »Flying Saucer Review« (1961).

Vergeblich suchte Kunz die Zeitungen in den folgenden Tagen nach entsprechenden Meldungen ab. Schließlich kursierten bereits weltweit Gerüchte, wonach die Russen in Kürze den Weltraum erobern wollten. Also behielt der Mann aus Münchenstein das Band in Verwahrung und wartete, bis Chruschtschow im September 1960 nach New York ging. Viele munkelten, daß das russische Staatsoberhaupt seinen Auftritt vor der UNO nutzen würde, um medienwirksam den erfolgreichen Weltraumflug des ersten Menschen zu verkünden. Doch nichts Derartiges geschah.

Daß die Russen damals tatsächlich Großes verkünden wollten, bestätigte am 14. Januar 1961 der Londoner »Observer«. Die renommierte Zeitung berief sich dabei auf Paul Hickman vom United States Armed Forces Industrial College Staff.

Ihm zufolge war den amerikanischen Behörden der Name eines von zwei russischen Kosmonauten bekannt, die beim Versuch, die ersten Menschen im All zu werden, offenbar ums Leben gekommen waren.

Laut Hickman soll sich eine dieser Tragödien exakt während Chruschtschows Besuch ereignet haben. Einer der Russen sei beim Wiedereintritt in die Erdatmosphäre regelrecht verglüht. Die »Oberrheinische Zeitung« lieferte ihren Lesern am 25. Januar 1961 weitere Details: »Zuverlässige Informationen, die aus Moskau in Helsinki eintrafen, bestätigen, was die Sowjets als Staatsgeheimnis ängstlich hüten, westliche Zeitungen aber bereits vor einigen Tagen meldeten: Zwei Russen kehrten von Weltraumflügen nicht zurück. Die Namen der Piloten, die in ihren Raumschiffen verschmorten: Iwan Kowrigin und Alexander Sjachowski.«

Der Zeitung zufolge geschah der erste Start eines sowjetischen Raumpiloten genau an dem Tag, als Chruschtschow in New York zur Teilnahme an der UNO-Vollversammlung eintraf. Vor seiner Abreise aus Moskau war ihm gemeldet worden, ein neues Raumschiff mit dem Piloten Iwan Kowrigin sei startbereit. Chruschtschow befahl darauf, exakt zwei Stunden vor seinem Eintreffen in New York den Abschuß vorzunehmen und ihn danach ständig auf dem Laufenden zu halten.

Der Start des Raumschiffes klappte perfekt, und auch in den ersten Minuten sah es ganz danach aus, als gelänge das Experiment: Raumpilot Kowrigin hatte Funkverbindung mit seiner Bodenstation. Nur zu bald aber wurden seine Signale schwächer und hörten schließlich ganz auf. Chruschtschow wurde, so hieß es in Helsinki, sofort mit Hilfe einer verschlüsselten Funkbotschaft unterrichtet. Er befahl, strengste Sicherheitsmaßnahmen zu treffen, um die Nachricht vom mißglückten Experiment nicht an die Öffentlichkeit sickern zu lassen. Es war ihm anzusehen, daß ihn die Hiobsbotschaft wie ein Keulenschlag getroffen hatte.

So heftig der sowjetische Parteiboß auch schon entgleiste – an diesem Tag fand er seine Selbstbeherrschung erstaunlich schnell wieder: Als er im New Yorker Hafen an Land ging, merkte ihm niemand etwas an. Erst als er wieder in Moskau war, ordnete er eine peinlich genaue Untersuchung der Umstände an. Als ihm lückenlose Berichte vorlagen, setzte er den Leiter der sowjetischen Raumfahrtbehörde ab. Sein Nachfolger sollte es besser machen: Alexander Sjachowski, Pilot Nummer zwei, verließ die Erde mit einem neuen Raumschiff. Doch auch er kam nie zurück. Der Vorfall wurde ebenfalls geheim gehalten.

Als westliche Beobachter in Moskau von den beiden mißlungenen Versuchen Kenntnis erhielten und vorsichtig versuchten, vom Chef der Moskauer Sternwarte, Viktor Batjikin, Näheres zu erfahren, gab er knapp und ungehalten die Antwort: »Nicht das Geringste davon gehört. Es muß sich um eine Räubergeschichte handeln.«

Wassilij Parin, ein anderer sowjetischer Wissenschaftler, erklärte lediglich, daß am 16. August aus Anlaß des astronautischen Weltkongresses in Stockholm ein »kosmisches Schiff« mit zwei Hunden, 40 Mäusen, zwei Ratten sowie einer großen Anzahl Insekten und Pflanzen aus der Sowjetunion in den Weltraum geschossen wurde. Alle diese »Passagiere« aber seien wohlbehalten zur Erde zurückgekehrt. Vom Start der beiden Raumpiloten habe er nichts gehört. Soweit damals die »Oberrheinische Zeitung«.

Sjachowski hin, Kowrigin her: Nach dem »offiziellen« Kenntnisstand war Gagarin zumindest der allererste Mensch im Weltraum, der wohlbehalten wieder zur Erde zurückkam. Müßte man meinen. Aber auch hier sieht die Realität anders aus, selbst wenn kaum einer davon weiß. Der wahre Held heißt Vladimir Ilyushin Jr.

Ilyushin war bereits fünf Tage vor Gagarin in den Weltraum gestartet, wie unlängst bekannt wurde! Der Sohn des berühmten russischen Flugzeugdesigners Sergei Ilyushin und hochdekorierte Testpilot hob am 7. April 1961 mit seiner Kapsel »Rossija« ab – ebenso wie seine Kollegen unter strengster Geheimhaltung. Nachdem er die Erde knapp umrundet hatte, verlor er den Funkkontakt zur Bodenstation. Nur mit viel Glück überlebte er den Reentry: Bewußtlos geworden, hatte Ilyushin keine Chance, die Kapsel vor ihrem Einschlag wie üblich per Fallschirm zu verlassen. Also donnerte er mit ihr nach drei Erdumrundungen auf chinesisches Territorium. Unter strengster Bewachung wurde Ilyushin schwer verletzt ins Spital gebracht und später nach China für über ein Jahr zur Rehabilitation abgeschoben.

Abbildung 15
War bereits vor Gagarin im Weltall: Vladimir Ilyushin.

Eine unglaubliche Story – umso mehr, als kaum ein Raumfahrtexperte sie ernst nimmt. Zu Unrecht. Denn Ilyushin lebt noch – und ist mittlerweile Luftwaffengeneral im Ruhestand. Dr. Elliott H. Haimoff, Senior Producer von Global Science Productions in Kalifornien, konnte ihn 1999 in seiner bescheidenen Moskauer Wohnung persönlich besuchen und interviewen.

Daraus entstand eine einstündige Dokumentation im Rahmen der TV-Reihe »Phenomenon – The Lost Archives«, wie Haimoff auf Anfrage bestätigt: »Wir haben fünf Jahre damit verbracht, die Story zu recherchieren, Beweise zusammenzutragen, westliche Reporter zu befragen, die damals in Russland waren, und wir haben Ilyushin schließlich tatsächlich interviewt. Der Russe entpuppte sich dabei als eher ruhiger, zurückhaltender Mensch und bestätigte uns alles – obwohl er sich fast zu Tode fürchtete, sein Geheimnis vor laufender Kamera erstmals preiszugeben. Die Geschichte ist absolut wahr!«

Laut Haimoff konnte man zudem einen westlichen Journalisten befragen, der Zugang zu geheimen Kreml-Archiven gehabt hatte. Und der bestätigte, interne Memos und vertrauliche Dokumente aus dem Jahr 1961 gesehen zu haben, die Ilyushins All-Flug ebenfalls untermauerten.

Tatsächlich kursierten entsprechende Meldungen bereits 1961 in der Tagespresse. So bezog sich etwa die DPA am 22. April 1961 auf ihren französischen Sonderkorrespondenten Edouard Bobrovski, der klipp und klar feststellte:»Gagarin war nicht der erste – sondern Ilyushin!« Dieser liege gegenwärtig »völlig ohne Bewußtsein« in einem Moskauer Krankenhaus, versicherte er.

Das Weltraumschiff, in dem sich Ilyushin befunden habe, sei dreimal um die Erde gekreist. Es sei zwar unversehrt zurückgekommen, jedoch mit einem Menschen an Bord, der völlig das Gleichgewicht verloren habe.

Die DPA weiter:»Bobrovski erklärte, er könne die Quellen für seine Enthüllungen nicht nennen. Sie seien jedoch absolut glaubwürdig. Er habe diese Informationen aus erster Hand. Der Pilot sei ein draufgängerischer Typ, der den unbedingten Ehrgeiz gehabt habe, der Erste zu sein, der in den Weltraum eindringt.

Durch den Einfluß seines Vaters sei es ihm gelungen, die Genehmigung für sein Unternehmen zu bekommen. Erst wenige Monate zuvor habe er mit den Vorbereitungen begonnen, während die 200 für den Weltraumflug physisch, psychologisch und politisch geschulten Piloten bereits vor zwei Jahren mit ihrer Ausbildung angefangen hätten. Er habe dann seinen Weltraumflug auf eigenes Risiko unternommen. Gagarin, der sich gegenwärtig bei Ministerpräsident Chruschtschow am Schwarzen Meer erhole, habe von dem Versuch Ilyushins nichts gewußt, als er in den Weltraum startete.«

Doch damit nicht genug: Bereits am Vorabend von Gagarins Weltraumfahrt hatte die englische Zeitung »Daily Worker« in London die Sensationsmeldung veröffentlicht. Ihr Moskauer Sonderkorrespondent hatte viele Einzelheiten bereits vorweggenommen. Auch daß der Pilot bei seinem Flug »schwere gesundheitliche Schäden« erlitten habe und in ärztlicher Betreuung stehe.

Am 24. April 1961 doppelte die DPA nach: Man habe den jungen Ilyushin fast starr wie einen Toten mit Schaum vor dem Mund nach der Landung auf der Erde aus dem Raumschiff gezogen. »Auf diesen Mißerfolg hin hätten die obersten Sowjetbehörden den Befehl erteilt, um jeden Preis ein erfolgreiches Unternehmen mit einem bemannten Satelliten zu unternehmen, und Gagarin dazu auserwählt.« Der Moskauer Korrespondent der französischen Abendzeitung »Paris Presse«, Lucier Barnier, ergänzte den Bericht: Nach seiner Darstellung wurde ihm in Moskau erklärt, Ilyushin sei tatsächlich in einem Moskauer Krankenhaus, doch liege er dort wegen eines Autounfalls, den er vor fast einem Monat erlitten habe.

TV-Produzent Elliott Haimoff kann mittlerweile mit zusätzlichen Informationen aufwarten. Wie er dem Autor 2005 verriet, kontaktierte ihn in der Zwischenzeit ein ehemaliger Mitarbeiter der US-Air-Force und ließ eine weitere Bombe platzen. Dieser Mann war damals auf der Insel Tern stationiert. Zusammen mit anderen Mitarbeitern hatte er den Auftrag, Funksprüche der ersten sowjetischen Vostok-Missionen abzufangen. Und er war dabei nicht minder erstaunt, bereits vor Gagarins Mission fündig zu werden: »Ich kann das genaue Datum nicht benennen, wann der ›Vor-Gagarin‹-Start stattfand, aber ich erinnere mich, daß es so gegen Ende März oder anfangs April 1961 gewesen sein muß.«

Bis ins kleinste Detail schilderte der Amerikaner die damaligen Ereignisse. Alle Informationen, so führte er aus, seien anschließend dem US-Geheimdienst NSA übergeben worden. Begonnen habe alles Ende 1960. Nachfolgend Auszüge aus seinem Bericht:

Ich kann nur meine persönlichen Beobachtungen zur Verfügung stellen, die ich im Rahmen des Projekts machen konnte. Denn im Laufe der Jahre hat sich die Besatzung der Insel Tern in alle Himmelsrichtungen verstreut, und ich weiß nur noch von einer einzigen anderen Person, die damals als Bendix-Radio-Besatzungsmitglied gearbeitet hat.

Ich habe mir weder die Namen der Mitglieder der RCA, Abteilung für optische Ortung, gemerkt noch diejenigen der Offiziere der US-Airforce (USAF), die uns jeweils nach erfolgten Starts mit Informationen versorgten, damit wir die Geräte für die Ortung bereithalten konnten.

Kurz nachdem die Pacific Missile Range (PMR) im Dezember 1960 eine kleine (Corona-)Tracking-Bodenstation auf der Insel

Tern eingerichtet hatte, wurden wir ersucht, eine Gruppe der Eastern Test Range (ETR) bei der Verfolgung eines Satellitenstarts zu unterstützen. Dieser Satellitenabschuß war für März oder April 1961 vorgesehen.

Wir wurden gebeten, eine 20-MHz-Interferometer-Anordnung herzustellen und zu installieren und uns eine Methode auszudenken, um pulsmodulierte Signale im Frequenzbereich von 83 und 183 MHz empfangen und aufzeichnen zu können. Die PMR erhielt zwei mit Geräten ausgerüstete Kleinlastwagen sowie eine Auswahl alter Empfänger und Aufzeichnungsgeräte, die diese Bemühungen unterstützen sollten.

Ich kann das genaue Datum nicht benennen, wann der »Vor-Gagarin«-Start stattfand, aber ich erinnere mich, daß es Ende März oder Anfang April gewesen sein muß. Am vorhergehenden Tag erhielten wir die Mitteilung, daß am folgenden Abend unserer Zeit ein Start vorgesehen war. Wir stellten alle unsere Gerätschaften auf und hielten uns bereit. Kurz nach Sonnenuntergang sagte der USAF-Major, daß der Start stattgefunden hätte und daß wir die Kapsel in etwa dreißig Minuten sehen müßten.

Ungefähr fünfzehn Minuten später empfingen wir die 20.005-MHz-Raumschiff-Bake. Ich hielt mich in der Nähe der Streifendiagramm-Aufzeichnungsgeräte auf und erinnere mich an den sehr schnellen und äußerst ungleichmäßigen Herzschlag auf dem Aufzeichnungsgerät. Kurze Zeit später konnten wir sowohl das 83- als auch das 183-MHz-Telemetriesignal empfangen, und unser Bediener des MK-51 berichtete über die Gegensprechanlage, daß er das Ziel mit den Augen erfassen könne und daß es hell und klar sei.

Die Leute, die die SBB-Kanäle des Ortungsschiffes verfolgten, berichteten, daß über die Leitungen des Raumschiffes eine sehr aufgeregte Person offensichtlich die Ortungsschiffe anbrüllte. Er sagte nur, daß es da ein ernstes Problem gebe und daß die Person den Flug vielleicht nicht überleben werde.

Ich habe nie etwas gehört oder nachgefragt über diesen »Vor-Gagarin«-Flug, der einen Kosmonauten an Bord zu haben schien, wie es die 20-MHz-Bakenmodulation und die Kommunikation zwischen den sowjetischen Schiffen und dem Raumschiff bezeugten. Niemand der RCA- oder Bendix-Besatzung verstand Russisch, so daß wir uns auf die Worte des AF-Majors verlassen mußten, daß etwas Ernstes falsch lief auf diesem Flug.

Später, im April 1961, wurden wir wieder in Bereitschaft gesetzt und orteten erfolgreich die Vostok I zu ungefähr der gleichen Tageszeit. Die Sonne war bereits untergegangen und das Raumschiff erschien leuchtend am westlichen Himmel, überflog die Insel Tern und flog weiter Richtung Südosten.

Wir zeichneten die gleichen 83- und 183-MHz-Telemetriesignale auf. Wir empfingen und zeichneten ebenfalls den Durchgang des Raumfahrzeuges auf der 20.005-MHz-Bake auf. Dieses Mal war die Herzfrequenz viel langsamer, aber sie veränderte sich, als ob sich Gagarin normal bewegen oder reagieren würde.

Die Kommunikation zwischen Schiff und Raumflugzeug hörte sich auf beiden Seiten sehr zufrieden an, es waren nicht die panikdurchsetzten Stimmen, die wir im März gehört hatten. Später im Jahr wiederholten wir unsere Bemühungen mit der Vostok II. Dennoch: Das ETR-Kontingent wurde kurz nach dem April-Flug der Vostok I gestrichen. Sie berichteten, daß sie über hervorragende Ortungsresultate verfügen würden und dankten uns für unsere Unterstützung.

Wie man sich vorstellen kann, erhielten wir die Auswertungen unserer Ortungsaktivitäten nie. Alle Mitglieder der Mannschaft erhielten für die Mithilfe an einem speziellen Projekt Empfehlungsschreiben vom hawaianischen Befehlshaber der Pazifik-Raketenbasis.

Zu diesem Zeitpunkt war auf der Insel allgemein bekannt, daß wir den ersten sowjetischen Mann im All geortet hatten. Aber meines Wissens wurde nie viel bekannt über das, was mit dem tatsächlich ersten Mann im Weltall wirklich geschah.

Kapitel 8

Sgrena-Affäre: US-Lügenstory aufgeflogen

Wie Amerika unliebsame Kritiker aus dem Weg räumt

*Es ist erschreckend: Schier ohne Unterlaß knallen US-
Soldaten im Irak mißliebige Kritiker ab – um die Vorfälle
gegenüber der Weltöffentlichkeit jeweils scheinheilig als
»bedauerliche Unfälle« herunterzuspielen. Prominentestes
Opfer: die italienische Journalistin Giuliana Sgrena,
die im März 2005 nur durch ein Wunder überlebte.
Mittlerweile läßt sich einwandfrei belegen: Die USA
logen wie gedruckt – und versuchten den Vorfall
mit allen Mitteln zu vertuschen.*

»Nicola Calipari saß im Auto direkt neben mir. Der Fahrer telefonierte zwei Mal mit der Botschaft und mit Italien, um mitzuteilen, daß wir uns dem Flughafen näherten, der – wie ich wußte – von US-Truppen schwer bewacht war. Sie teilten mir mit, daß wir weniger als einen Kilometer entfernt waren ... Dann kann ich mich nur nach an das Feuer erinnern. Ein Feuer- und Kugelregen prasselte auf unser Auto nieder. Der Fahrer begann zu schreien: ›Wir sind Italiener! Wir sind Italiener!‹ Nicola Calipari warf sich auf mich, um mich zu beschützen – und ich vernahm noch seinen letzten Atemzug, als er auf mir liegend starb.«

Mit Schaudern denkt Giuliana Sgrena an den 4. März 2005 zurück. Nach wochenlanger Geiselhaft im Irak und zähen Verhandlungen mit den Geiselnehmern sollte die italienische Journalistin mit ihrem Landsmann, dem Geheimdienstagenten Nicola Calipari, am Flughafen von Bagdad endlich in ihre Heimat ausgeflogen werden. Doch statt freudiger Gesichter erwarteten den Toyota am Checkpoint amerikanische Soldaten, die umgehend das Feuer eröffneten. Mit tödlichen Folgen für Calipari.

Sgrena und ein weiterer Agent überlebten trotz Schußverletzungen. Dazu die Journalistin:»Plötzlich wurde mir klar, daß sich exakt das ereignete, was mir meine Geiselnehmer gesagt hatten. Sie erklärten, daß sie verpflichtet seien, mich freizulassen – doch sollte ich äußerst vorsichtig sein: ›Die Amerikaner wollen nicht, daß Du zurückkehrst.‹«

Der Kugelhagel am US-Checkpoint unweit des Flughafens löste ein diplomatisches Erdbeben aus – und enthüllte später einmal mehr ein amerikanisches Lügengebilde, dessen Konsequenzen sich bis heute nur erahnen lassen.

Ende April 2005 drohte die Situation politisch zu eskalieren. »Kein Verfahren gegen US-Soldaten im Fall Calipari«, übertitelten die »Salzburger Nachrichten« am 30. April eine Meldung der Nachrichtenagentur AP. Inhalt: Die US-Armee im Irak würde kein Disziplinarverfahren gegen die Soldaten wegen der Todesschüsse auf den italienischen Agenten einleiten. Hintergrund war ein an jenem Tag vorgestellter Bericht der US-Armee in Bagdad über die Todesumstände des Agenten.

Ihm zufolge habe Italien »die US-Armee Anfang März nicht vorab über die Fahrt der freigekommenen Geisel zum Flughafen Bagdad« informiert.»Auch habe der Fahrer nicht auf Stoppsignale am Kontrollpunkt reagiert. Die Soldaten hätten daraufhin auf den Wagen geschossen und damit gemäß den Dienstvorschriften gehandelt.« Quintessenz: »Ein bedauerlicher Unfall.« Frühzeitige Koordination, so hieß es abschließend, hätte die Tragödie womöglich verhindern können.

Aussagen, die Italiens Politiker die Faust in der Tasche machen ließen. Schließlich hatten italienische und amerikanische Ermittler die Hintergründe ursprünglich gemeinsam untersucht – und sich dabei zerstritten. Bereits einen Tag zuvor, am 29. April 2005, hatten die Außenministerien der beiden Länder deshalb betont, daß die Ermittler »nicht zu gemeinsamen Schlußfolgerungen gelangt« seien. So lautete zumindest die für die Öffentlichkeit bestimmte »diplomatische« Version.

Diplomaten reden die Wahrheit immer schön. Das gehört sozusagen zu ihrem Job. Entsprechend hitzig reagierte die Betroffene selber. Der US-Bericht sei »eine inakzeptable Ohrfeige für Italien«, kritisierte Giuliana Sgrena gegenüber der Zeitung »La Repubblica«. Warum sich die USA anfänglich entschuldigten, nun aber ihre Soldaten von jedem Fehlverhalten freisprachen, sei für sie absolut unverständlich.

Völlig unerwartet rückte dann anfangs Mai 2005 eine weitere Person in den Mittelpunkt des Geschehens: Gianluca Neri, ein freier Journalist aus Mailand. Auf einer offiziellen US-Homepage hatte er im Internet den kompletten Untersuchungsbericht der Amerikaner über die Vorfälle heruntergeladen. Rund ein Drittel des PDF-Dokuments war aus Gründen der Geheimhaltung eingeschwärzt – sprich: zensiert.

Nichts ahnend markierte Neri den Textinhalt, um ihn via Computer in ein Word-File zu transferieren, was auch anstandslos klappte. Doch als er dieses ausdruckte, traute der Journalist seinen Augen nicht: Im Word-Format war plötzlich der gesamte Text sichtbar – also auch die im Original einschwärzten Textstellen! Mit pochendem Herzen las der Italiener, was nicht für die Öffentlichkeit bestimmt war. In Sekundenschnelle wurde ihm bewußt, daß er eine Bombe in den Händen hielt. Der Mann zückte sein Telefon. Und so wurde der komplette Text Anfang Mai 2005 erstmals veröffentlicht – in der Online-Ausgabe der italienischen Zeitung »La Repubblica«.

Der Inhalt der zensierten Passagen war Wasser auf die Mühlen der Italiener. Die Schweizerische Depeschenagentur faßte ihn am 2. Mai 2005 zusammen: »Ein US-Offizier gab demnach am fraglichen Abend Anfang März ›Probleme‹ mit einer Telefonverbindung über das Internet an. Der Verbindungsoffizier habe den Einheiten deshalb keine aktualisierten Einzelheiten über die Fahrt des früheren US-Botschafters John Negroponte zum Bagdader Flughafen übermitteln können, geht aus den geschwärzten Passagen hervor. Der Mann habe jedoch auch nicht versucht, die anderen Einheiten per Funk zu erreichen.«

Hintergrund: Der heutige Direktor des Nationalen Geheimdienstes der USA sollte an jenem Abend dieselbe Straße benutzen wie der Konvoi mit der freigelassenen italienischen Geisel Sgrena und Geheimdienstagent Calipari. Die US-Truppen waren entsprechend angespannt.

Weiter ist den geschwärzten Passagen zu entnehmen, daß die sich damals im Einsatz befindenden US-Soldaten nur Erfahrung mit normalen Straßensperren gehabt hätten, nicht aber mit Kontrollpunkten. Begreiflich, daß die Herren im Pentagon vor Wut schäumten, als sie von der kompletten Veröffentlichung des Berichtes erfuhren. Nachdem man eine Stellungnahme anfänglich verweigerte, räumte man schließlich zähneknirrschend »einen bedauerlichen Fehler« ein – und nahm das Dokument wieder vom Netz.

Italien seinerseits tat der Öffentlichkeit am Abend des 2. Mai 2005 die Version seiner eigenen Ermittler kund. Kritisiert wurde, daß die US-Truppen nicht mit einem Signal auf ihren Kontrollpunkt aufmerksam gemacht hatten. »Das heißt, es fehlten die elementarsten Vorsichtsmaßnahmen sowohl für den Zivilverkehr als auch für die Soldaten selbst.« Unerfahrenheit und Streß der US-Soldaten hätten in der Folge zu »instinktiven und wenig kontrollierten Reaktionen geführt«.

Vorwürfe der Amerikaner, wonach sich der italienische Wagen dem Kontrollpunkt mit überhöhter Geschwindigkeit genähert habe, seien überdies völlig aus der Luft gegriffen. Ebenso wie Aussagen der USA, man habe von der Befreiungsaktion keine Kenntnis gehabt. Daß das US-Militär absichtlich auf den Konvoi feuerte, mochten die Italiener dann aber doch nicht behaupten. Stattdessen bemühten sich beide Seiten auffällig hektisch, gute Miene zum bösen Spiel zu machen.

Die politische Scheinheiligkeit gipfelte in peinlichen, wenn auch typischen Statements. So zeigte sich etwa der italienische Verteidigungsminister Antonio Martino zuversichtlich, daß die beiden Länder ihre Unstimmigkeiten überbrücken würden: »Der Fall wird die guten Beziehungen zwischen uns und den USA nicht belasten. Unsere Verbindungen zu den USA sind vital und stark.«

Und auch die amerikanische Seite bemühte sich um Schönwetter-Prognosen. Außenamtssprecher Richard Boucher appellierte, daß der Vorfall zumindest gemeinsam untersucht wurde und die Ermittler in vielen Punkten zu übereinstimmenden Schlußfolgerungen gelangt seien. Daß die Meinungen ausgerechnet bei den heiklen Punkten differierten, erwähnte er natürlich nicht. Stattdessen verwies auch er auf die »exzellenten Beziehungen zwischen Italien und den USA«.

Die beschworene Diplomatie gipfelte in einem persönlichen Telefonanruf von Präsident Bush bei Staatspräsident Berlusconi. Bush pries Calipari dabei als »geschätzten Freund der USA und heldenhaften Diener Italiens« und sprach dem italienischen Regierungschef sein Beileid über den Tod des Agenten aus. Die politischen Wogen um die Affäre waren damit offiziell geglättet. Heute mag sich kaum einer noch damit beschäftigen. Wenn da nicht die wichtigste Frage offen bleiben würde: Schossen die US-Truppen nun absichtlich auf Sgrena – oder nicht?

Ähnliche Vorfälle zeigen: Die USA nutzen ihren »Antiterror-Krieg«, um politische Gegner ebenso kaltblütig wie gezielt aus dem Weg zu räumen. Eines der letzten Opfer der erschreckenden Mordserie ist Salah Jmor. Der schweizerisch-irakische Doppelbürger wollte im Irak seinen Vater und seinen Bruder besuchen. Als Jmor am 28. Juni 2005 mit dem Auto nach Bagdad fuhr und einen US-Konvoi passierte, war es um ihn geschehen: Die US-Soldaten eröffneten das Feuer und knallten ihn ohne zu zögern ab.

Ein schrecklicher Irrtum, beteuerten die Amerikaner darauf mit Krokodilstränen. Der in Genf wohnhafte Sozialdemokrat und Politologe sei selbstverständlich »versehentlich« getötet worden. Scheinheilige Sätze, wie sie bereits im Fall Sgrena gefallen waren. Weshalb Salah Jmor sein Leben lassen mußte, liegt nämlich auf der Hand: Der Mann war seit Saddams Sturz ein vehementer Fürsprecher der Kurden. Und er sollte in Kürze sein neues Amt als Handelsminister der teilautonomen Regierung der kurdischen Gebiete im Irak antreten. Ebenfalls Ende Juni 2005 hatten US-Soldaten zudem einen Verwandten des damaligen Bagdader Botschafters bei der UNO in New York – Samir Sumaidaie – hingerichtet. Grinsend. Mit einem Nackenschuß. Ohne daß sie von ihm irgendwie bedroht worden wären.

Vorfälle, die darauf hindeuten, daß auch Giuliana Sgrena sterben sollte. Umso mehr, als es in ihrem Fall klare Hinweise auf ein verschleiertes Attentat gibt. So legten italienische Kriminalisten im Juni 2005 erste Ergebnisse ihrer Untersuchungen am beschossenen Toyota des Konvois vor. Resultat: Am Auto finden sich Einschußspuren von drei unterschiedlichen Kalibern – im Gegensatz zum US-Bericht, der von lediglich einer Waffe zu berichten weiß, mit der geschossen worden sein soll.

Laut den USA hatte ein einzelner Soldat, Mario Lozano von der New York Army National Guard, damals an seine Kinder gedacht, war in Panik geraten, um dann auf den »durch den Checkpoint rasenden« Toyota zu feuern. Doch das mit drei unterschiedlichen Kalibern?!

Und damit nicht genug, wie das Schweizer Nachrichtenmagazin »Facts« am 9. Juni 2005 enthüllte: »Ein Einschuß im rechten Vorderreifen läßt den Schluß zu, daß sich das Auto zum Zeitpunkt dieses Schusses in einer Rechtsdrehung befand, wahrscheinlich nach einem Zickzack durch die Absperrungsgitter und damit noch vor der letzten Warnlinie. Bei diesem Manöver konnte es kaum mit fast 100 Stundenkilometern über die matschige Straße gerast sein, wie die Amerikaner behaupten.«

Sgrena war den Besatzern bereits seit einiger Zeit ein Dorn im Auge. Immerhin hatte die Journalistin Ende 2004 als erste enthüllt, daß die US-Truppen bei ihrem Einsatz in Fallujah Napalm und andere verbotene Waffen eingesetzt hatten. Informationen, die Dr. Ash-Shaykhli vom irakischen Gesundheitsministerium mittlerweile bestätigt hat. Ihm zufolge sind unter anderem Senfgas, Nervengas und andere brennende Chemikalien eingesetzt worden. Alles Stoffe, deren Besitz und Einsatz die Amerikaner ursprünglich Saddam angekreidet hatten!

Der mittlerweile verstorbene US-Journalist Joe Vialls ging sogar noch weiter. Er wies darauf hin, daß nicht wenige Entführungen im Irak mit Hilfe von CIA und Mossad inszeniert worden seien, um den Zorn der Weltbevölkerung gezielt zu schüren – und damit die US-Position im Irak zu stärken.

Anders im Fall Sgrena. Ihre Entführung sei ohne ihr Wissen von Calipari eingefädelt worden, behauptete Vialls. Grund: Der italienische Geheimdienstmann sollte im Interesse seiner Organisation, aber ohne Wissen seines Staatschefs Berlusconi, die Antikriegsstimmung in der italienischen Öffentlichkeit schüren, um so den Rückzug der italienischen Truppen zu forcieren. Also ließ er Sgrena im Stil der CIA entführen – um sie später wohlbehalten wieder aus dem Schlamassel zu befreien. Der Plan ging insofern auf, als das Video der Geiselnehmer mit Sgrenas verzweifeltem Appell für einen Truppenrückzug die Italiener tatsächlich wachrüttelte – allerdings auch den Koalitionspartner USA, der erst jetzt von Caliparis Einzelaktion erfuhr.

Vialls: »Calipari war in ihren Augen ein Spion und Verräter. Ausgerechnet eine der gefährlichsten Journalistinnen Europas hatte er eingeschleust. Kam dazu, daß die Republikanischen Garden Sgrenas Kopf, ihr Notebook und ihre Kamera mit hartem Beweismaterial amerikanischer Kriegsverbrechen füllten.« Den engen Freunden Bush und Berlusconi sei nichts anderes übrig geblieben, »als die beiden aus dem Weg zu räumen, noch ehe sie den Irak verlassen konnten«.

Für Vialls' These spricht, daß Sgrena von ihren Entführern mit großem Respekt behandelt wurde, wie sie später selber bestätigte. Und vor ihrer Ausreise von ihnen sogar noch gewarnt wurde.

Wie viel an dieser These letztlich aber wahr ist, weiß wohl nur die Betroffene selber. Doch die Journalistin äußert sich auf Fragen nach den Hintergründen des Vorfalls inzwischen zurückhaltend. »Calipari ist bestimmt nicht absichtlich ermordet worden«, sagte sie am 10. Mai 2005 in einem TV-Interview mit dem italienischen Staatsfernsehen RAI auffällig diplomatisch. »Es wurden aber Hintergründe geschaffen, die den Unfall begünstigt haben.« Etwas deutlicher wurde sie im Juni 2005, als die Ergebnisse der Toyota-Untersuchung bekannt wurden. »Sie bekräftigen, was ich immer gesagt habe. Sie zeigen, daß die Amerikaner lügen.«

Tatsächlich scheint die Frau mehr zu wissen, als sie derzeit zugibt. So hatte ihr Lebensgefährte Pier Scolari aus Rom die USA unmittelbar nach dem Vorfall aufs Heftigste attackiert – nachdem er seine Freundin im Krankenhaus besucht hatte. Scolari damals wörtlich gegenüber der Presse: »Giuliana hatte bestimmte Informationen, und die amerikanischen Militärs wollten nicht, daß sie da lebend herauskommt.«

Gut möglich, daß Sgrena in ihrem eigenen Interesse schweigt. Wie schrieb sie doch am 14. Juni 2005 in einem Artikel für die Zeitung »Die Zeit«: »Der Krieg im Irak will keine Zeugen. Das gilt für die, die behaupten, im Namen des irakischen Volkes gegen die Besatzer zu kämpfen – und auch für die Besatzungsmächte.«

Kapitel 9

Wirbel um das Papst-Testament

Wie viele Schriftstücke wurden vernichtet?

*Hat der Vatikan bei der Wahl von Kardinal Ratzinger
geschummelt? Insider-Informationen um das Testament von
Johannes Paul II. werfen ein schiefes Licht auf die
wahlberechtigten Würdenträger. Umso mehr,
als sie dessen letzten Willen nur bedingt respektierten.
Und dann ist da auch noch eine merkwürdige Postkarte,
auf der Ratzinger bereits als Papst Benedikt XVI.
unterschrieben haben soll – fünf Jahre vor seiner
offiziellen Ernennung.*

Spaniens Katholiken waren Mitte 2005 wie vor den Kopf gestoßen: Auf einer Postkarte aus dem Jahr 2000 hatte der damalige Kardinal Ratzinger als »künftiger Papst Benedikt XVI.« unterschrieben. So berichteten es lokale Medien – die das ominöse Dokument als Beweisstück auch abbildeten. Eine Fälschung? Oder war sich der Deutsche bereits damals sicher, dereinst Nachfolger von Johannes Paul II. zu werden?

Ereignet haben soll sich die merkwürdige Begebenheit im Jahr 2000. Damals wählte der deutsche Kardinal anläßlich einer traditionellen Wallfahrt ins nordspanische Santiago de Compostela als Unterkunft eine Pilgerherberge in Molinaseca. In der Ruhestätte hielt Ratzinger ein munteres Schwätzchen mit deren Leiter Alfredo Alvarez, ehe er sich zu Bett legte. Am 24. Juli 2000 schickte er dem Herbergsvater schließlich eine eng beschriebene Grußpostkarte aus Montpellier. Unterschrieben war sie wörtlich mit: »Joseph Ratzinger, künftiger Papst Benedikt XVI.« (Original: »futuro Papa Benedicto XVI«.)

Stolz und ohne sich viel dabei zu denken präsentierte Alvarez die Postkarte nach der Papstwahl im spanischen Fernsehen – und löste damit einen regelrechten Medienwirbel aus, den er schon bald bedauerte. Grund: Mißtrauische Journalisten bezichtigten den Herbergsvater unverhohlen der Fälschung. Der gute Mann war völlig überfordert und wußte nicht, wie ihm geschah.

Dann die Kehrtwende: Wie die spanische Zeitung »La Voz de Galicia« in ihrer Ausgabe vom 28. April 2005 vermeldete, sollen Schriftanalysen überraschend ergeben haben, daß die Postkarte doch von Ratzinger stammt. Inklusive ihrer kuriosen Unterschrift. Erlaubte sich der damalige Kardinal also einfach einen Scherz? Oder war ihm tatsächlich bereits vor fünf Jahren klar, daß er in absehbarer Zeit neuer Papst werden würde?

Abbildung 16
TV-Foto der umstrittenen Ratzinger-Postkarte.
Unten in der Mitte befindet sich die ominöse Unterschrift.

Der Düsseldorfer Vatikan-Experte Michael Hesemann jedenfalls traut der Story nicht, wie er gegenüber dem Autor festhielt: »Obwohl Kardinal Ratzinger schon bei mehreren Gelegenheiten seine Meinung geäußert hat, ›Benedikt‹ sei ein schöner Papstname, handelt es sich bei der Postkarte wohl doch um eine Fälschung. Warum? Die Schrift ist ganz und gar nicht die Ratzingers, auch wenn ›La Voz de Galicia‹ etwas anderes behauptet.«

Laut Hesemann war die Schrift des Kardinals klein und etwas krakelig. »Er schrieb in Schreibschrift, nicht in Blockschrift. Auch die Unterschrift ist definitiv nicht von ihm. Seinen Vornamen ›Joseph‹ schrieb er stets mit einem sehr kurvigen ›J‹ mit deutlicher Unterlänge, das gleich in das ›o‹ und ›s‹ überging. Nach einer kleinen Lücke folgte, wieder in einem Stück, das ›eph‹, wobei das ›h‹ immer in einer kleinen Kurve nach oben endete. Vor dem ›Joseph‹ stand stets das Kreuz als Zeichen seines Bischofsamtes.«

Hesemann verweist in diesem Zusammenhang auf eine authentische Schriftprobe – eine handschriftliche Karte, die er 1999 nach Übergabe seines Buches »Die Jesus-Tafel« von Ratzinger erhalten hatte und die demnach aus dem gleichen Zeitraum wie die angebliche Postkarte stammt. »Ich besitze etwa zehn weitere Unterschriften Kardinal Ratzingers, die alle die oben genannten Charakteristiken aufweisen. Zudem ist auch das Datum untypisch. Den Monat schrieb der heutige Papst stets in lateinischen Ziffern, üblicherweise 24/VII/2000, und eben nicht 24.7.2000.« Als Autor zahlreicher populärer Werke über den Vatikan ist sich Hesemann deshalb sicher: »Ratzinger hat diese Karte definitiv nicht geschrieben.«

Bis heute ungeklärt bleiben dagegen Spekulationen, die sich um das Testament von Johannes Paul II. ranken – sowie um den geheimnisvollen »Phantom-Kardinal«. Ernannt wurde dieser am 28. September 2003. Damals hatte Johannes Paul II. die Berufung von 30 neuen Kardinälen bekannt gegeben. Der Name einer weiteren Person aber blieb aus Sicherheitsgründen im Dunkeln. Vermutlich, weil die katholische Kirche in deren Land politisch unterdrückt wird. Ein Prälat aus China, wie Insider spekulierten. Andere dagegen glaubten, es handle sich dabei um den polnischen Erzbischof Stanislaw Dziwisz, den Privatsekretär von Johannes Paul II.

Zur Papst-Wahl zugelassen wäre der ominöse Mann aber nur dann gewesen, wenn er von Johannes Paul II. in einem internen Dokument ausdrücklich benannt worden wäre. So etwa im päpstlichen Testament. Dem war aber offenbar nicht so, wie Vatikansprecher Joaquin Navarro-Valls bereits am 6. April 2005 in Rom öffentlich bekannt gab – einen Tag vor der Veröffentlichung des letzten Willens von Johannes Paul II. Bereits am 5. April war das 15-seitige Dokument der Kardinalsversammlung vorgelesen worden, hinter verschlossenen Türen. Der Pontifex hatte das Papier in mehreren Phasen seit 1979 geschrieben.

»Der Papst nahm das Geheimnis um den von ihm ernannten Kardinal mit ins Grab«, titelten Zeitungen aus aller Welt in der Folge – und ignorierten dabei eine brisante Information. »Inside the Vatican« heißt das bekannte kirchennahe Fachmagazin, das sie am 6. April 2005 via Internet verbreitete – also noch bevor das »offizielle« Testament veröffentlicht wurde. Dem Herausgeber Robert Moynihan werden außerordentlich gute Kontakte zum Kirchenstaat nachgesagt. Unter Berufung auf einen hochrangigen Geistlichen im Vatikan hatte Moynihan vermeldet, daß der verstorbene Papst im Testament einen Wunschnachfolger benannt hätte. Dabei soll es sich um einen italienischen Bischof gehandelt haben. Und: Das Papier nenne auch den Namen des mysteriösen »Phantom-Kardinals«, hieß es unter Bezug auf dieselbe Informationsquelle.

Zwar betonte Moynihan, daß es sich lediglich um ein »Gerücht« handle. Allerdings um ein ziemlich glaubwürdiges: »Am Nachmittag des 6. April rief mich ein guter Kollege an. Ein ziemlich hoher Würdenträger aus Rom hatte ihm erzählt, daß das Testament verblüffende, beinahe schon unglaubliche Passagen enthalte.« Darunter die oben erwähnten Aussagen.

Seltsamerweise war davon nach Veröffentlichung des »offiziellen« Testaments keine Rede mehr. Wollte sich der hochrangige Informant aus dem Vatikan also nur wichtig machen? Oder zensierten die kirchlichen Würdenträger das Papier womöglich, um den erzkonservativen Kardinal Ratzinger und »Opus Dei«-Freund an die Spitze hieven zu können?

Mißtrauisch macht weiter, daß den Kirchenoberen nicht einmal der »offiziell« veröffentlichte letzte Wille von Johannes Paul II.

heilig scheint. Darin wünscht der verstorbene Papst: »Die privaten Notizen mögen verbrannt werden. Ich bitte darum, daß über all dies Don Stanislao (Dziwisz) wachen möge, dem ich für die so langjährige und verständnisvolle Zusammenarbeit und Hilfe danke.« Ausgerechnet Privatsekretär Dziwisz aber – mittlerweile von Ratzinger zum Erzbischof von Krakau ernannt – schert sich einen Dreck darum, wie die polnische Agentur PAP Mitte Juni 2005 zu berichten wußte. »Alles wird sorgfältig geordnet und durchgesehen werden«, habe Dziwisz betont. »Da ist nichts, was geeignet wäre, verbrannt zu werden. Das ist ein großes Vermächtnis, ein großer Reichtum, große Texte verschiedener Art. Das muß für die Nachwelt aufbewahrt werden.« Und dann fügte er noch hinzu, daß es sich um »ziemlich viele Manuskripte« handle. Einzelheiten dazu gab er nicht preis.

Was hat der Erzbischof damit wohl gemeint? Wieviele Notizen hinterließ der Papst tatsächlich? Und wer bestimmt, wann, wie und wie viele davon die Öffentlichkeit je zu Gesicht bekommen wird? Selbst die kritischen Journalisten der Zeitung »Welt« wurden bei derlei kuriosen Andeutungen hellhörig, wie ein entsprechender Artikel vom 6. Juni 2005 dokumentiert: »Womöglich habe Dziwisz nur die wirklich privaten, tagebuchartigen Aufzeichnungen verbrannt, vermutet ein polnischer Vatikan-Kenner. Der Großteil der Hinterlassenschaft sei über mehrere Tage hinweg aus den Gemächern des Vatikans gebracht worden. Und es werde Monate dauern, bis er geordnet sein werde.«

Kapitel 10

Weltherrschaft bis 2016?

Bushs Teufelsplan: Bruder Jeb soll ihn ablösen!

*Wird der schlimmste Alptraum wahr? Hinter den politischen
Kulissen bereitet sich der Bush-Clan bereits auf das
Amtsende von George Junior im Jahre 2008 vor.
In seine Fußstapfen treten soll Bruder Jeb – bisher
Gouverneur von Florida. Im schlimmsten Fall könnte Jeb
das Präsidentschaftsamt bis 2016 innehaben.
Und die Welt damit endgültig ins Chaos stürzen.
Seine kürzlichen Äußerungen über den »mystischen Krieger
Chang« lassen jedenfalls Übles befürchten.*

Noch rund zwei Jahre. Dann endet die Amtszeit von George W.
Bush. Zwei Jahre, in denen der amerikanische Präsident mit Sicherheit noch allerlei Katastrophen anzetteln wird. Doch dann nimmt die
Bush-Ära unwiderruflich ihr Ende, und die Welt kann wieder
aufatmen. Oder doch nicht?

Polit-Insidern schwant bereits Böses – ganz nach dem etwas
abgewandelten Motto:»Ein Bush kommt selten allein.« Schließlich ist
da ja noch Jeb Bush, Bruder des Präsidenten und bisheriger Gouverneur von Florida. Wird er als Kriegstreiber die unrühmliche Ära seiner
Familie 2009 fortsetzen und für das Präsidentschaftsamt kandidieren? »Nein, mit Sicherheit nicht«, winkte Jeb bereits am 17. Oktober
2004 gegenüber dem Fernsehsender ABC ab. »Ich habe daran kein
Interesse. Ich werde meine Amtszeit ordnungsgemäß beenden.«

So weit, so gut. Die schlechten Nachrichten: Jeb Bush könnte
durchaus auch erst 2012 kandidieren – was das Unheil nur hinaus-

zögern würde. Und zweitens brachte Ken Mehlman Georges Bruder nach dessen Dementi bereits im Dezember 2004 wieder ins Rennen. Bei einem Treffen mit der Chefetage der »Washington Times« nannte der Chairman des Republic National Committee acht potenzielle Präsidentschaftskandidaten beim Namen: Bill Frist, George Allen, Bill Owens, John McCain, Mitt Romney, George Pataki, Rudy Giuliani – und eben Jeb Bush.

Die Crux: Mehlman arbeitet für George Bush. Dazu der israelisch-amerikanische Polit-Insider Zev Chafets: »Wäre der Bruder des Präsidenten tatsächlich aus dem Rennen, hätte ihn Mehlman bestimmt nicht erwähnt.« Doch hätte der Mann überhaupt eine Chance, gewählt zu werden? Ja, meint Chafets: »Wenn George Bush 2008 in den USA erfolgreich und populär agiert, werden sich viele Republikaner eine weitere Bush-Ära wünschen.«

Sicher ist: Jeb ist weitaus cleverer, sensibler und ehrgeiziger als sein älterer Bruder. Seine Schulabschlüsse absolvierte er in Rekordzeit. Und während sein Bruder in jungen Jahren vor allem dem Alkohol zusprach, legte sich Jeb bereits mit 21 Jahren fest – und heiratete. Nur in politischer Hinsicht war ihm George stets eine Nasenlänge voraus: Während dieser 1994 zum Gouverneur von Texas gewählt wurde, verlor Jeb die Wahl in Florida.

Abbildung 17
Das neuste PR-Bild des Bush-Clans. Zufall oder Absicht,
daß Jeb Bush (vorne rechts) besonders groß wirkt?

Erst vier Jahre später war ihm derselbe Erfolg gegönnt. Doch dann dauerte es gerade mal zwei Jahre, und Bruder George war Präsident. Gut möglich, daß Jeb gleichziehen möchte. Jedenfalls soll es ihn mehr als einmal gewurmt haben, daß sein Bruder politisch gesehen mit Glück mehr erreichte als er mit harter Arbeit. Umso mehr, als es nicht zuletzt ihm zu verdanken war, daß George Bush im Jahr 2001 überhaupt an die Macht kam.

Gerade mal rund fünfhundert Stimmen fehlten Gegenkandidat Al Gore damals im alles entscheidenden Bundesstaat Florida nach einem schier endlosen Rechtsstreit zum Wahlsieg. Möglich machte dies ein taktischer Schachzug von Jeb Bush. Der ließ in seiner Funktion als Gouverneur von Florida im November 2000 kurzerhand 58.000 Wähler aus den örtlichen Verzeichnissen streichen. Begründung: Als Kriminelle hätten sie in seinem Staat kein Wahlrecht, wurde behauptet.

Erst nach der Wahl sollte sich offiziell herausstellen, daß ihre Namen zu Unrecht gestrichen worden waren – nach geltendem Gesetz von Florida wären alle von ihnen wahlberechtigt gewesen. Bezeichnend: Es handelte sich dabei um Afroamerikaner, weiße und hispanische Demokraten. Stimmen also, die Herausforderer Al Gore mit Sicherheit auf sich vereint hätte. Dazu der US-Journalist Greg Palast: »Drei Wochen nach den Wahlen kam diese außergewöhnliche Story, wie sie es verdient hatte, auf die Titelseite der einflußreichsten Zeitung des Landes. Unglücklicherweise aber im falschen Land: in Großbritannien. In den Vereinigten Staaten suchte man sie vergebens. Sie schaffte es noch nicht einmal auf die Nachrichtenseiten. Im Fernsehen wurde die Story von einem großen Sender publik gemacht – aber ebenfalls im falschen Land – vom britischen Fernsehen, der BBC.«

Weitere Ungereimtheiten dann Ende 2004, als sich Bush im Wahlkampf für eine weitere Amtsperiode mit Herausforderer John Kerry messen mußte. Bereits das erste TV-Duell der beiden Kontrahenten zeigte einmal mehr, warum die Welt in einer tiefen Krise steckt: Amerika wurde die letzten Jahre von einem Cowboy regiert! So schnitt Buch während der Live-Debatte die ganze Zeit über seltsame Grimassen, wiederholte sich ständig, brabbelte wirr herum.

Mal um Mal griff er zum Wasserglas, fummelte verzweifelt in seinen Notizen. Kritiker verglichen ihn mit einem verwundeten Tier, das sich hilflos um ein Versteck bemühte – aber keines fand. Immer wieder hielt der Präsident während seinen Ausführungen zudem für Sekunden inne – als ob er darauf wartete, daß ihm eine Stimme von oben die perfekte Antwort eingeben würde. Selbst seine Anhänger waren verwirrt.

Bush machte eine erbärmliche Figur. Derart erbärmlich, daß die Gerüchteküche zu brodeln begann: Trug der Präsident bei der ersten Debatte womöglich einen Mini-Kopfhörer? Verwirrte ihn sein Einflüsterer derart, daß er überfordert Eigenes und Fremdes vermengte? Dafür sprach, daß Bush mitten im Argumentieren plötzlich innehielt. »Lassen Sie mich zu Ende sprechen«, brummte er sichtlich verstimmt. Und fuhr dann fort. Zum Erstaunen aller Anwesenden – denn weder der Moderator noch Herausforderer Kerry waren ihm ins Wort gefallen. Beide hatten ihm vielmehr regungslos zugehört.

Mißtrauisch machte viele Zuschauer auch eine seltsame T-förmige Ausbuchtung an Bushs Rücken – unter seinem Jacket. »Eine Schußweste«, mutmaßten die einen. »Das Kabel des Kopfhörers«, konterten andere. Dritte wandten ein, daß es die Batterien eines Zweitmikros sein könnten – für den Fall, daß das Podium-Mikrophon ausgefallen wäre. Ein brisanter Vorwurf. Schließlich waren die Bedingungen der TV-Duelle zuvor von beiden Parteien ausgehandelt worden. Versteckte Hilfsmittel waren ausdrücklich verboten. Die Sprecher des Präsidenten dementierten die Gerüchte denn auch umgehend – ließen aber offen, was das geheimnisvolle »T« auf Bushs Rücken zu bedeuten hatte.

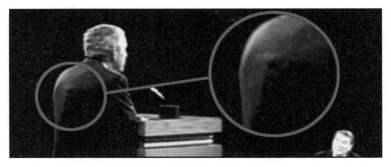

Abbildung 18
TV-Schnappschuss während des US-Wahlkampfs:
Verräterische Ausbuchtung an Bushs Rücken!

Bush-Kritiker zeigten sich davon unbeeindruckt: Der Präsident trage sowieso bei jeder Gelegenheit einen Knopf im Ohr, feixten sie. »Ohne das Ding bringt der doch keinen geraden Satz zustande.« Vielleicht habe es während des TV-Duells ja auch technische Probleme gegeben: »Eine Marionette spricht eben immer nur so gut wie ihr Puppenspieler.«

Der Rest ist bekannt: Bush gewann erneut. Und Bruder Jeb griff ihm dabei unter die Arme, wo er nur konnte. Denn wenn es um die Erhaltung ihrer Macht geht, stehen die Bushs zusammen – auf Tod und Teufel. Was liegt da näher, als Jeb als nächsten an die Spitze zu hieven, nachdem er für die Familienehre sogar das Risiko eingegangen war, geltendes Recht zu verletzen, und damit seine eigene Karriere aufs Spiel setzte?

Innerhalb des Clans ist das Thema jedenfalls bereits besprochen worden, wie Peter und Rochelle Schweizer wissen. Vier Jahre lang arbeiteten sie an einem Buch über die Bushs, für das sie unzählige Interviews mit Insidern und Familienmitgliedern führten. Ihre Vermutung: Die Weichen für Jebs Kandidatur sind längst gestellt. So habe man etwa mit Vizepräsident Dick Cheney bewußt einen Mann protegiert, dessen hohes Alter und labile Gesundheit eine spätere Kandidatur ausschlössen, wie sie zu bedenken geben.

Außerdem sei Jeb von seiner Familie ans Herz gelegt worden, seine finanziellen Probleme zu regeln – um später nicht dafür angeprangert werden zu können, wie Mutter Bush zu Protokoll gab.

Und dann sind da noch die mysteriöse Verquickung der Bushs mit dem politisch orientierten Geheimorden »Skull & Bones« und ihr Hang zu okkulter Symbolik. Kuriose Rituale, die Jeb offenbar mit seinen Familienangehörigen teilt. Wie sonst läßt sich seine seltsame Geste im September 2005 erklären, als er dem neuen republikanischen Sprecher des Repräsentantenhaus, Marco Rubio, zum Amtsantritt ein goldenes Schwert in die Hände drückte?

Noch seltsamer: Mit dem Ausspruch »Lass uns Chang entfesseln!« brachte er bei dieser Gelegenheit einen »imaginären Gefährten« ins Spiel, der in den Ritualen des Bush-Clans offenbar eine gewichtige Rolle spielt. Jebs Erläuterungen sorgten unter den Anwesenden trotz Applaus denn auch für einige Verwirrung. Der Gouverneur wörtlich: »Chang ist ein mystischer Krieger. Chang ist jemand, der an konservative Prinzipien glaubt, ebenso wie an unternehmeri-schen Kapitalismus. Und er glaubt auch an moralische Werte, die eine freie Gesellschaft untermauern. In meinem öffentlichen Leben ver-traue ich ohne Unterlaß auf Chang. Er war an meiner Seite – und manchmal habe ich ihn im Stich gelassen. Aber Chang, dieser mystische Krieger, hat mich nie im Stich gelassen.«

Dann zückte Jeb das Schwert, blickte Rubio in die Augen und fügte an:»Ich werde Dir jetzt das Schwert eines großartigen konservativen Kämpfers verleihen.« Was er damit wohl gemeint hat? Findige Köpfe erinnerten sich bald an ähnliche Aussprüche von Bushs Vaters, dem ehemaligen Präsidenten, der die USA von 1989 bis 1993 regierte. Auch er hatte Ende der Achtzigerjahre nach seinem Amtsantritt dieselbe Redewendung gebraucht – wenn es beim Tennisspielen galt, seine Gegner einzuschüchtern.»Entfessel Chang!« soll er dann jeweils vielsagend geraunt haben.

Eine Anspielung auf den brutalen chinesischen Nationalisten und Machthaber Chiang Kai-Shek, wie manche munkeln? Ein Insider-Slogan aus der Zeit des Kalten Krieges, mit dem es dem späteren Diktator von Taiwan von den USA»erlaubt« werden sollte, die Kommunisten wieder aus China zu vertreiben? Vielleicht. Vielleicht steckt aber auch etwas anderes dahinter. Rituale haben in der Bush-Familie jedenfalls eine lange Tradition. Ebenso wie Lügen. Insofern ist es nur bedingt beruhigend, daß Jeb eine Kandidatur für 2008 offiziell derzeit noch ausschließt.

Das letzte Wort darüber dürfte sowieso das Familienoberhaupt haben: Georg Bush Senior. Jeb steht ihm weitaus näher als George Junior. Und der Senior macht kein Hehl daraus, daß sein Sohn eines Tages tatsächlich kandidieren wird:»Irgendwann wird er das bestimmt, denke ich«, gab er unlängst in der Larry-King-Show von CNN zu Protokoll.»Er wäre verdammt gut. Der Kerl ist smart, groß und stark.« Zwar betone Jeb stets, daß er das gar nicht wolle, fügte Papa Bush zwinkernd an:»Aber niemand glaubt ihm das.«

Bleibt nur zu hoffen, daß dem dritten Bush dereinst Hillary Clinton als Herausforderin gegenübersteht. Die Welt würde es ihr danken. Wer sich vom»sensibelsten« aller Bushs als Präsident nämlich mehr Intelligenz erhofft als von seinem Bruder, ist falsch gewickelt: Erst kürzlich trat in seinem Bundesstaat ein neues Gesetz in Kraft, das Jeb zusammen mit der Waffen-Lobby erfolgreich durchboxen konnte. Inhalt: Jeder, der sich in Florida öffentlich bedroht fühlt – ob bei Parkplatzstreitigkeiten oder sonstwo –, darf künftig zur Abschreckung die Waffe ziehen.

Eine tolle Sache, warb Jeb Bush: Das neue Gesetz appelliere an den »gesunden Menschenverstand«. Ziemlich krank, oder?

Kapitel 11

Der Geheimdienst von Scientology

Von »Müll-Detektiven« und einer Spionage-Posse

*Sind Ihnen schon mal verdächtig anmutende »Penner«
aufgefallen, die Ihren Müll durchwühlten oder Ihren Abfall
stillschweigend entsorgten? Wer sich öffentlich kritisch zur
umstrittenen Scientology-Bewegung äußert, muß mit derlei
Schnüffelaktionen rechnen, wie der deutsche
Verfassungsschutz offiziell festhält. Fraglich bleibt dagegen,
was ein deutscher Spion 1998 in Sachen Scientology
auf Schweizer Territorium zu suchen hatte.*

Tom Cruise gehört ihr ebenso an wie John Travolta. Während sich Scientology in den USA offiziell als Kirche bezeichnen darf, ist sie hierzulande vor allem als »Psychosekte« in Verruf geraten. Dem Autor sind mehrere Personen persönlich bekannt, die nach ihrer Mitgliedschaft bei der Gruppierung nur mit Mühe wieder ins »normale« Leben zurückfanden. Bis heute plagen sie persönliche Probleme und noch mehr Schulden. Denn »Dianetik«-Kurse, wie sie hierzulande heißen, kosten eine Stange Geld. Mehr als viele zahlen können.

Nur wenige wissen, daß Scientology weltweit einen mächtigen Geheimdienst unterhält – das sogenannte »Office of Special Affairs« (OSA). Bekannt machte das hierzulande nicht zuletzt das Hamburger Landesamt für Verfassungsschutz, das dem OSA und seinen Schnüffel-Methoden im Februar 1998 eine über 60-seitige Informationsbroschüre widmete. Darin wird auch ein internes Scientology-

Papier vom 12. März 1984 zitiert, das »weitere Anhaltspunkte für geheimdienstliche Aktivitäten in Deutschland liefert« und dem Autor mittlerweile als Originalkopie vorliegt. Unter dem Obertitel »Hat Write Up« werden darin die »theoretischen Grundlagen der scientologischen Geheimdiensttaktiken und -arbeitsmethoden erläutert«.

Für kritische Journalisten besonders alarmierend: Detailliert listet besagtes Scientology-Dokument Tipps auf, wie gegen unliebsame Gegner vorgegangen werden soll. So wird unter der Bezeichnung »DBS – Dust Bin Collection« ausdrücklich geraten, heimlich den Müll der betreffenden Zielpersonen zu sichten: »Je nach Zugänglichkeit geht eine Person vorzugsweise nachts um 2.00 Uhr vorbei und wühlt herum. Person ist wie ein Penner gekleidet, hat vielleicht eine ›Fahne‹, ist unrasiert und hat schon ein paar ›Plastiktüten mit Briefmarken‹ oder ›Flaschen‹ in der Hand. (…) Mülltonne durchschauen, Papierkram herausnehmen. Auf Umwegen nach Hause an Deckadresse schicken (…) In der BRD ist noch nicht bekannt, daß diese Art der Datensammlung gemacht wird, es sollte als sehr vertraulich behandelt werden, auch die Tatsache, daß so etwas überhaupt möglich ist …«

Laut Verfassungsschutz gab es bereits 1984 Anhaltspunkte dafür, daß Scientology derlei Schnüffelmethoden mittlerweile auch in Deutschland praktiziert. Aber auch in der Schweiz sind gelegentlich Mülldetektive aktiv, wie der Autor 1998 am eigenen Leib erfahren mußte. Daß ausgerechnet der deutsche Verfassungsschutz den Stein dazu mit einer illegalen Aktion ins Rollen brachte, muß wohl als Ironie des Schicksal verstanden werden.

Im Zentrum dieser Story steht die frühere Basler SP-Großrätin und Scientology-Kritikerin Susanne Haller. »Die Hetzkampagne, die in der süddeutschen Presse gegen mich veranstaltet wurde, hat mich tief getroffen«, diktierte sie Journalisten im Mai 1998 ins Mikrophon. Susanne Haller schwankte damals zwischen Wut und Resignation. Der Wirbel um die Verhaftung des baden-württembergischen Verfassungsschützers Peter Göbel (Deckname: Peter Goller) in der Schweiz hatte der Frau sichtlich zugesetzt.

Göbel war am 6. April 1998 unmittelbar nach einem Informationstreffen mit den Scientology-Kritikerinnen Susanne Haller und Odette

Jaccard in Basel festgenommen worden. Vorwurf: »Verbotene Handlungen für einen fremden Staat«. Eingefädelt worden war das Treffen von Göbel und Jaccard. Susanne Haller hatte die Staatsanwaltschaft im Vorfeld des Treffens über Göbels Erscheinen informiert, da sie die Aktivitäten eines ausländischen Nachrichtendienstes in der Schweiz sowie die damit verbundene Ausforschung von Schweizer Bürgern als illegal taxierte.

Gegenüber dem Autor legte die damals noch sozialdemokratische Politikerin später alle Details des umstrittenen Treffens offen. Göbel sei sich über den illegalen Charakter seines Besuches vollkommen bewußt gewesen, erzählte sie. Ein Treffen auf deutschem Boden sei nie zur Debatte gestanden. »Er betonte, daß die Aktion mit Rückendeckung seines Chefs erfolge.« Im Basler Hotel Victoria beim Bahnhof händigte ihr Göbel vertrauliche Scientology-Papiere aus. »Die Unterlagen seien ihm anonym zugesandt worden, behauptete er. Er forderte uns im Gegenzug auf, Autonummern von Teilnehmern einer Scientology-Veranstaltung in der Schweiz zu notieren. Odette Jaccard willigte begeistert ein. Ich war entsetzt.«

In der Folge überschlugen sich die Ereignisse: Odette Jaccard griff nach ihrem Koffer. Sie wollte dem Agenten eine Namensliste von knapp zweitausend Schweizer Scientology-Interessenten übergeben. Teile davon hatte sie zuvor bereits auf elektronischem Weg an Göbel übermittelt. Die Basler Großrätin intervenierte. Sie verhinderte die Übergabe und forderte den Verfassungsschützer auf zu gehen. Von der anschließenden Verhaftung Göbels in einem nahegelegenen Parkhaus bekamen weder Haller noch Jaccard etwas mit. Die war filmreif, wie später bekannt wurde: Als der Verfassungsschützer in seinem Auto Platz nehmen wollte, stülpten ihm zwei Polizisten einen Plastiksack über den Kopf. Dann gings ab auf die Polizeiwache, wo der Mann bis auf die Haut gefilzt wurde. Anschließend wurde er für drei Tage in eine Zelle gesteckt.

Die Basler Staatsanwaltschaft attestierte Susanne Haller in einem Schreiben vom 15. April 1998, rechtlich korrekt gehandelt zu haben. Dennoch sah sich die Scientology-Kritikerin – vor allem aus Deutschland – mit dem Vorwurf konfrontiert, neben Peter Göbel auch Odette Jaccard wissentlich ans Messer geliefert zu haben. »Als Großrätin war ich verpflichtet, die Behörden zu informieren«, rechtfertigte sich die Politikerin.»Ich hatte doch keine Ahnung, daß ich Odette damit belasten würde. Hätte ich geahnt, welche Folgen mein Vorgehen für sie haben sollte, hätte ich sie wohl vom Treffen abzuhalten versucht.«

Blieb die Frage, warum Susanne Haller ihre Zürcher Kollegin nicht über ihr Vorgehen informiert hatte.»Ich war derart aufgeregt, daß ich mir im Vorfeld des Treffens gar keine Gedanken darüber machte. Außerdem ahnte ich, daß Odette Informationen weitergeben wollte. Das wollte ich verhindern. Also mußte ich erscheinen.« Jaccard jedenfalls schäumte vor Wut. Kommentar über ihre frühere Mitstreiterin:»Sie hat mich einfach hereingelegt.«

Was Göbel wirklich von ihr wollte, darüber rätselt Susanne Haller bis heute:»Warum regte er uns zu illegalen Handlungen an? Schließlich mußte er doch wissen, daß ich damit mein politisches Mandat riskieren würde.« Die Basler Politikerin mochte denn auch nicht ausschließen, daß die Aktion dazu dienen sollte, sie öffentlich hochgehen zu lassen. Grund: Ihre Gesetzesvorlage gegen die aggressive Anwerbung von potentiellen Sektenmitgliedern auf öffentlichem Grund war damals kurz davor, vom Basler Parlament behandelt zu werden. Ein Verbot – so war sie sicher – träfe Scientology ins Mark:»Hätte ich die Staatsanwaltschaft nicht über das geplante Treffen mit dem deutschen Verfassungsschützer informiert, hätte ich mich schuldig gemacht und wäre mein politisches Mandat als Großrätin losgewesen – was Scientology mit Sicherheit mächtig gefreut hätte.«

Daß Göbels Verbindungen zu Scientology durchaus komplexer sein könnten als ursprünglich angenommen, zeigten die vertraulichen Akten, die er Susanne Haller übergab. Darunter brandaktuelle Scientology-Protokolle aus Basel, in denen Gespräche mit lokalen Behördenvertretern festgehalten waren. Einige der Papiere mußten aus höchsten Scientology-Kreisen stammen. Die Dokumente warfen zahlreiche Fragen auf: Wie gelangte Göbel in ihren Besitz? Ist es Zufall, daß ihm das Material just vor dem Treffen in Basel zugespielt worden war? Wußte Scientology über Göbels Reise gar Bescheid?

Odette Jaccards Vorwurf, Haller habe sie »denunziert«, mag die Politikerin teilweise verstehen. Dennoch würde sie im Zweifelsfall erneut so handeln:»Scientology ist meines Erachtens ein klassisches

Beispiel dafür, wie Menschen abhängig gemacht werden können. Dagegen gilt es anzugehen – auf legalem Weg. Andere Methoden kommen für mich nicht in Frage.«

Die Wogen schlugen damals – 1998 – hoch. Erboste Scientology-Anrufe auf der Redaktion nach entsprechenden Zeitungsartikeln in dieser Sache waren nur der Anfang. Kurze Zeit später gingen tatsächlich »Müll-Phantome« um. Mehrmals verschwanden vor dem Haus des Autors Müllsäcke auf dem Gehsteig spurlos, Stunden bevor die örtliche Müllabfuhr jeweils aufkreuzte. Zufall?

Ende 1999 fällten die Richter übrigens ihr Urteil: Verfassungsschützer Peter Göbel erhielt dreißig Tage Gefängnis bedingt, Odette Jaccard zehn Tage bedingt. Susanne Haller ging straflos aus.

Kapitel 12

Psi-Agent killt Ziege – mit seinem Blick

Grausame Experimente im Militär-Labor

*Sein Blick ist tödlich: Guy Savelli heißt der Kuntao-Meister,
der Tiere allein mit seinem Blick erlegt. Seit Jahrzehnten
arbeitet er in geheimer Mission nebenberuflich für die
US-Militärs. Ein amerikanischer Autor hat die kuriosen
Machenschaften der Psi-Spione jetzt ans Licht gebracht –
und festgestellt, daß einige von ihnen nach den Anschlägen
vom 11. September 2001 offenbar »reaktiviert« wurden.
Darunter auch »Ziegen-Killer« Savelli.*

London, Oktober 2001. Wenige Wochen nach den Terroran-
schlägen auf das World Trade Center von New York. Auf der
Dachterrasse eines Londoner Restaurants treffen sich zwei prominente Gestalten. US-Journalist Jon Ronson. Und »Löffelbieger« Uri
Geller, dem viele paranormale Fähigkeiten nachsagen.

Ronson brennt von allem Anfang an eine Frage auf den Lippen:
Hatte Geller einst für den US-Geheimdienst gearbeitet, wie Gerüchte
besagten? Der Journalist will es genauer wissen. Und setzt dem Psi-
Experten die Pistole auf die Brust: »Wie kam es, daß Sie in den
Siebzigerjahren ein Psi-Spion für die amerikanische Regierung
wurden?«

Doch Uri winkt ab: »Ich möchte darüber nicht sprechen.«

»Uri, was ist los?«, hakt Ronson nach. »Sie haben doch schon
öfters darüber gesprochen.«

»Nein, das habe ich nicht«, bleibt der stur.

»Doch!«, insistiert der Journalist. »Sie sprachen darüber gegenüber der ›Financial Times‹. Sie sagten dort, Sie hätten jede Menge Psi-Arbeit für die CIA in Mexico geleistet.«

Geller zuckt mit den Achseln. Ein Flugzeug zieht donnernd über den Himmel. Einen Moment lang schweigen sich die beiden an und blicken ihm gedankenversunken nach. Dann ergreift Uri Geller das Wort wieder: »Falls Sie weitererzählen, was ich Ihnen jetzt sage, werde ich es dementieren.« Ronson nickt. Und Geller doppelt nach: »Ihre Aussage wird dann also gegen meine Aussage stehen.« Ronson nickt erneut. Der Psi-Star rückt mit seinem Stuhl näher zu Ronson. Sein Blick streift kurz durchs Restaurant. Dann blickt er den Journalisten an: »Das ist nicht länger eine Geschichtsepisode ...«

»Wie bitte?«, fragt Ronson.

Uri blickt ihm direkt in die Augen: »Ich bin reaktiviert worden.« Und nach längerem Insistieren fügt er hinzu: »Ich werde Ihnen dazu nur noch eine Sache verraten. Der Mann, der mich reaktiviert hat ...« – er macht eine kurze Pause und fährt dann fort – »... wird Ron genannt.«

Mit dieser reichlich kuriosen Episode beginnt Jon Ronson seinen Sachbuch-Bestseller »The Men who Stare at Goats« – das bislang wohl bestrecherchierte Buch über Psi-Spione und Psi-Taktiken beim US-Militär. Bekannt war bislang einzig, daß die US-Armee bis Mitte der 90er-Jahre Sensitive ausbilden ließ und sie zu Spionagezwecken eingesetzt hatte. Ebenso, daß die Einheit später aufgelöst wurde. Mehrere ihrer Mitglieder gingen in der Folge an die Presse oder verfaßten Bücher. Darunter Lyn Buchanan oder Ed Dames. Sehr zum Ärger von Major General Albert Stubblebine III, der ein halbes Dutzend der Psi-Spione von 1981 bis 1984 in Fort Meade (Maryland) befehligte. »Statt überall damit herumzuprahlen, sollten die verdammten Spione lieber ihren verdammten Mund halten«, polterte er gegenüber Jon Ronson.

Der Identität des Mannes, der Geller »reaktivierte«, kam der Investigativjournalist während seiner zweieinhalbjährigen Recherchen zwar nicht auf die Schliche – obwohl ihn zahlreiche Gewährsleute offenbar kannten, aber um keinen Preis verraten wollten. Dafür enthüllt der Journalist jede Menge weiterer Dinge, die nicht minder seltsam sind. So werfen seine Interviews mit militärischen Involvierten ein reichlich schiefes Licht auf die Psi-Aktivitäten in Fort Bragg (North Carolina) – die trotz anderslautender Aussagen nach dem 11. September 2001 wieder aufgenommen wurden, um Terroristen in aller Welt zu bekämpfen.

Dabei ist auch die Rede von allerlei mentalen Foltertechniken, die mittlerweile offenbar eingesetzt werden. Bizarre Geschichten, die Ronson von hochrangigen Gewährsleuten bestätigt wurden. Und: Er zitiert seine Informanten fast ausnahmslos mit vollem Namen.

Als einer seiner Kronzeugen fungiert Colonel John Alexander, Berater des Pentagon, der CIA, des Los Alamos National Laboratory und der NATO. Und ein enger Freund von Al Gore und Uri Geller. Der Colonel gab ihm den heißen Tipp, Guy Savelli zu kontaktieren – »den Mann, der in Fort Bragg mit seinem Blick eine Ziege killte«.

Offiziell arbeitet Guy Savelli als Kuntao-Meister in Cleveland, Ohio. Von bedeutenden Meistern geschult, schöpfte er sein Wissen aus geheimen Kampf-Zirkeln in Indonesien und Asien. Selbst heute ist das von ihm praktizierte chinesische »Huc Chung Kun Tao« als Karatestil nur Insidern bekannt.

Begeistert zeigte der Selbstverteidigungs-Profi dem Journalisten Videoaufnahmen, auf denen er einen Hamster mit Gedankenkraft krank, ja geradezu paranoid werden ließ. Um ihn schließlich mental zu töten. »Weil mir Hamster den letzten Nerv rauben«, wie Savelli sein kurioses Unterfangen lapidar begründete. Dann erzählte er Ronson bereitwillig von seinem Ziegen-Experiment: So sei er 1983 von Colonel John Alexander telefonisch nach Fort Bragg beordert worden, um den dortigen Soldaten spezielle Kampf- und Mental-techniken beizubringen. Das tat er – bis eines Nachts während eines Gesprächs die Idee aufkam, nach dem Hamster auch ein größeres Tier mit bloßer Gedankenkraft in die Knie zu zwingen.

Am nächsten Morgen zerrten die Soldaten deshalb eine Ziege in einen der Räume und postierten dort eine Videokamera. Savelli kniete sich im Raum daneben auf den Boden. In Gedanken nahm er das Schwert des Erzengels Michael in die Hände, durchbohrte die Ziege damit und drückte sie dann auf den Boden. Nach einer Viertelstunde wies er die Soldaten an nachzusehen – und tatsäch-lich: Die Ziege im anderen Raum lag wie tot auf dem Boden und tat keinen Mucks mehr. Irgendwann erhob sie sich schließlich wieder, als ob nichts geschehen wäre.

Nun packte die Truppe der Ehrgeiz: Guy Savelli sollte das Experiment am nächsten Tag wiederholen – und die Ziege dieses Mal mit seiner Gedankenkraft töten. Also schleppte man dreißig Tiere an und nummerierte sie durch. Nummer sechzehn – so wurde beschlossen – sollte der Tod ereilen. Wieder kniete sich Savelli hin, zückte in Gedanken sein Schwert. »Kill die Ziege, kill die Ziege«, grölten die Soldaten im Hintergrund. Kurze Zeit später eilten die Männer gespannt in den Raum. Fassungslos sahen sie dort eines der Tiere niederstreckt am Boden liegen. Ein kurzer Blick – und allen war klar, daß sie gerade Zeuge eines vollkommen verrückten Experiments geworden waren: Das Tier war tot! Allerdings handelte es sich um Nummer siebzehn.

Gesichert ist: Savelli verfügt bis heute über eine militärische »Secret Security Clearance«-Lizenz. In der Rekordzeit von drei Tagen bringt er US-Soldaten in geheimen Spezialtrainings regelmäßig allerlei exotische Kampftechniken bei. Darunter so spezielle Dinge, wie etwa Früchte mit einem Finger zu durchstoßen. Seine mentalen Fähigkeiten wurden zudem mehrmals wissenschaftlich untersucht – mit beeindruckenden Ergebnissen. Beispielsweise im August 1982 von der bekannten American Society for Psychical Research.

Als Kuntao-Meister schult Savelli seine Schüler neben mentalen Kampf- und Heilungstechniken auch darin, mentale Prozesse ihres Gegenübers zu unterbrechen. Oder wie er es formuliert: »Eine fortgeschrittene Methode, mittels welcher der Geist des Opponenten blockiert wird, so daß er unfähig ist, eine wirkungsvolle Attacke auszuführen.« Und dann ist da noch eine weitaus effektivere Angriffstaktik. Dazu Colonel John Alexander: »Als wir mit Savelli zusammenarbeiteten, sahen wir auch Beweise des legendären Dim Mak, auch bekannt als Todesberührung.« Eine subtile Methode, die minimalster physikalischer Kraftanstrengung bedarf und den Angegriffenen in eine Art apathischen Zustand versetzt, um ihn dann plötzlich sterben zu lassen – allerdings erst einige Stunden später. Ohne daß er dabei irgendwelche äußeren Verletzungen davonträgt.

Als Beweis für die verheerende Wirkung dieser mystisch anmutenden Technik mußten einmal mehr zwei Ziegen herhalten. Dazu der Colonel:»Savelli führte die Stöße persönlich aus. Die Tiere wurden anschließend kontinuierlich überwacht. Nach exakt zwölf Stunden kippte das eine tot um. Das zweite starb ungefähr vierundzwanzig Stunden, nachdem es getroffen wurde.« Autopsien wurden angeordnet, um die Todesursache zu eruieren.»In beiden Fällen wurde ein Herzstillstand diagnostiziert. Beide Herzen waren mit Blut angefüllt. Im Brustkorb beider Tiere stieß man auf Spuren, die der Ausgangswunde einer Kugel oder eines scharfen Projektils ähnelten. Dagegen fehlte jede Spur einer Eingangswunde.«

Interessanterweise ergab die Autopsie weder eine starke Blutung noch eine starke Verwundung an dem Punkt, wo der Schlag die Tiere getroffen hatte. Dazu Colonel Alexander:»Unserer Meinung nach ist dies das erste Mal, daß Dim Mak angewendet und medizinisch untersucht wurde, gefolgt von einer Autopsie, um der effektiven Todesursache auf den Grund zu gehen.«

Jahre nach den grauslichen Ziegen-Experimenten wurde Savelli erneut von drei militärischen Spezialisten aus Fort Bragg kontaktiert. Sie hatten von seinen Fähigkeiten gehört und wollten sie mit eigenen Augen erleben. Doch der Mentalkampf-Experte lehnte ab. Er hatte in seinem Leben bereits genügend Tiere getötet. Also bot Guy Savelli den Dreien einen Kompromiss an: Er würde sie statt dessen in seiner Technik schulen, den Herzschlag einer Ziege mental zu beeinflussen und zu senken – unter kontrollierten Bedingungen.

Kurz darauf traf man sich im Labor eines befreundeten Tierarztes. Der hatte sich bereit erklärt, eine Ziege für den Versuch zur Verfügung zu stellen. Ebenso wie ein EKG-Gerät, an welches das Tier angeschlossen wurde, um seinen Herzschlag zu messen. Was dann geschah, konnte Autor Jon Ronson auf einer privaten Videoaufnahme Savellis hautnah mitverfolgen: Die Ziege im Veterinärlabor blökte und blökte – als ob sie etwas beunruhigte.

»Starrt jemand der Soldaten das Tier in diesem Moment an?«, wollte Ronson von Savelli besorgt wissen, als sie sich das Band gemeinsam anschauten.

»Ja, der da«, antwortete er und deutete auf die Schuhe eines Mannes, der offenbar direkt neben der Kamera stand. Und dann passierte es: Der Herzschlag des Tieres sank und sank, wie ein Blick auf die EKG-Maschine zeigte.

»Das war Stufe eins, nicht wahr?«, fragte Ronson unsicher. Savelli nickte. Und Ronson bohrte nach: »Und wenn man das nun weitertreibt auf Stufe zwei, wird das Tier taumeln oder umfallen?« Savelli nickte erneut. »Und wenn man noch weiter gehen würde: Würde der Hamster oder die Ziege dann sterben?«

»Ja, das würden sie. Aber Stufe drei ist hoch … verdammt hoch!«

Wie Ronson Mitte 2004 – kurz vor der Veröffentlichung seines Buches – erfuhr, wurde offenbar nicht nur Uri Geller von der militärischen Psi-Abteilung »reaktiviert«, sondern auch Guy Savelli – direkt von Fort Bragg. Erneut mußte der Mann den dortigen Verantwortlichen seine Mentalexperimente vorführen – diesmal wieder mit einem Hamster. Wie es scheint, einmal mehr mit Erfolg. Denn unmittelbar darauf kündigte er gegenüber Ronson an, mit US-Truppen in geheimer Mission in den Irak aufzubrechen.

»Wissen die Verantwortlichen denn überhaupt von unserem Informationsaustausch?«, wollte der Journalist vor Savellis Abreise besorgt wissen. Nein, winkte der ab. Aber das gebe sicher keine Probleme. »Immerhin ist das doch gute PR für sie«, fügte er in seiner direkten Art an. Seitdem herrscht zwischen den beiden offiziell Funkstille. Auf Weisung von »oben«?

Kapitel 13

Kannte Himmler die Zukunft?

Geheimnisvoller SS-Befehl aufgetaucht

Der Brief von SS-Chef Himmler birgt Dynamit: Als erstes historisches Dokument scheint er die Existenz des sagenumwobenen »Geheimprotokoll des Johannes von Jerusalem« zu untermauern. Das letzte Exemplar dieser angeblich rund tausendjährigen Prophezeiungsschrift soll 1941 von den Nazis annektiert worden sein – und später in den KGB-Archiven wieder aufgetaucht sein.

Der vergilbte Brief trägt eine berüchtigte Unterschrift: Heinrich Himmler höchstpersönlich hat ihn unterzeichnet. »Nach Rücksprache mit dem Führer«, so befiehlt der SS-Reichsführer darin in militärischem Ton, habe SS-Gruppenführer Maier »höchste Geheimhaltungsstufe« über das »Geheimprotokoll Johannes von Jerusalem« walten zu lassen.

Datiert ist das Schreiben vom 2. September 1941. Es liegt dem Autor im Original vor. Sollte der Brief echt sein – und alles spricht dafür –, dürfte dies der erste konkrete Beweis sein, daß das sagenumwobene »Geheimprotokoll« damals tatsächlich existiert hat – und den Nazis wie behauptet in die Hände fiel. Die kontroverse Prophezeiungs-Sammlung wurde 1994 erstmals als französische Übersetzung veröffentlicht. Sie umfaßt verblüffend präzise Voraussagen über das dritte Jahrtausend und soll um 1088 nach Christus von einem Mönch namens Johannes von Jerusalem verfaßt worden sein.

Eine der historischen Abschriften sei schließlich über Umwege in eine jüdische Bibliothek nach Warschau gelangt, wo sie 1941 von den Nazis beschlagnahmt wurde, weiß der (anonyme) Herausgeber zu berichten. Später wurde das »Geheimprotokoll«, wie er es nennt, vom russischen Geheimdienst aus dem Führerbunker abtransportiert, ehe es Jahrzehnte später im KGB-Archiv wieder aufgetaucht sein soll.

Abbildung 19
Original-Brief von Heinrich Himmler.
Existieren womöglich noch mehr historische Dokumente in dieser Angelegenheit?

Konkrete Beweise dafür, daß das vom Kopp-Verlag unlängst auf Deutsch verlegte Prophezeiungsbuch echt ist, fehlten bislang – da niemand weiß, wo sich besagtes Originalmanuskript heute befindet. Aus diesem Grund und ob der überwältigenden Exaktheit der Voraussagen trauen Skeptiker der Sache bis heute nicht so recht.

Schließlich wird darin – in Versform, aber äußerst präzise – das Ozonloch beschrieben, ebenso wie die Überbevölkerung, die Gentechnologie sowie Organtransplantationen. Aber auch von allerlei technischen Entwicklungen ist in den Zukunftsvisionen die Rede, wie etwa von Flugzeugen – ja sogar von »Städten am Himmel und auf dem Wasser«.

Starker Tobak – selbst für Jäger verschollener Schätze. Der Himmler-Brief könnte dies nun ändern. Immerhin bekundete der SS-Führer bekanntlich ein geradezu fanatisches Interesse an okkulten Themen. Jahrzehntelang befand sich sein Schreiben im Besitz des Schweizers Harry Meier, der das Dokument nun von sich aus für eine wissenschaftliche Untersuchung zur Verfügung stellte.

Abbildung 20
Heinrich Himmler. Der SS-Führer war besessen von okkulten Themen.

Der 45-jährige betreibt im idyllischen Städtchen Thun ein kleines Geschäft, wo er mit nordamerikanischem Indianer-Kunsthandwerk, Schmuck, Räucherwaren, Tee sowie Mineralien aller Art handelt. Daneben arbeitet der diplomierte Sozialpädagoge seit zwanzig Jahren in einem Heim für verhaltensauffällige, sozial benachteiligte Jugendliche.

Abbildung 21
Indianer-Kenner:
Der Schweizer Harry Meier vor den Traumfängern in seinem Laden.

Gefunden hatte Meier den Brief einst in einer Nazi-Broschüre (»Der Elternabend«), die ihm – nebst zahlreichen anderen Originalunterlagen und Fotos aus der Kriegszeit – um 1980 von seinem Onkel übergeben worden war. »Meine Mutter wuchs während der Nazi-Zeit im österreichischen Kärnten auf«, erzählt er. »Mein Großvater war in russischer Gefangenschaft. Eines Tages bat mich mein Onkel, die Familiengeschichte aufzuarbeiten, weswegen er mir die Unterlagen übergab. Ein Unterfangen, daß ich bis heute nicht ausführen konnte – und wollte.«

Allerdings hat Meier alle paar Jahre wieder in den Unterlagen geblättert. Und sie zu ergründen versucht. Auf der Suche nach Hinweisen, die ihm halfen, jene düstere Zeit besser zu verstehen.

»Ich hatte bis vor kurzem nicht die leiseste Ahnung, was das für ein Geheimprotokoll sein sollte«, räumt er offen ein. »Ursprünglich dachte ich an eine Art Codenamen für einen Feldzug oder so. Erst als ich einen Artikel über die verschollene Originalschrift von Johannes von Jerusalem las, wurde mir der Zusammenhang schlagartig klar.«

Ein Teil der Unterlagen stammt aus dem Bauernhaus seiner Eltern, das Ende der 1960er-Jahre zu einer Art Pension für deutsche Urlauber umfunktioniert worden war, wie er erzählt. Ein Lehrer namens Emmerich hatte die Papiere dort einst deponiert, um sie entsorgen zu lassen, nachdem er sie seit Kriegsende heimlich bei sich versteckt hatte. Meier: »Der Bruder meiner Mutter hat die Dokumente an sich genommen. Aber statt sie wie versprochen zu vernichten, hat er sie aufbewahrt …«

Doch der sympathische Thuner hat noch ein anderes Interessengebiet, über das er eigentlich viel lieber spricht: die nordamerikanischen Indianer. Seit seiner Jugend Ende der Siebzigerjahre verbringt Harry Meier so ziemlich jeden Sommer bei den dortigen Ureinwohnern. Speziell das Zuni-Reservat in New Mexico hat es ihm angetan. Es ist eines der kleinsten der Welt – neben dem der Hopi-Indianer.

Kurioserweise wurde er dort mit demselben Symbol konfrontiert, das ihn seit seiner Kindheit verfolgt – dem Hakenkreuz. »Diese sogenannte ›Swastika‹ zählt zu den ältesten heiligen Symbolen der Welt. Für die nordamerikanischen Indianer symbolisiert es das Sonnenrad. Es gibt mir bis heute zu denken, wie es eine zwölfjährige

Schreckensherrschaft schaffen konnte, ein derart altes, positives Symbol in unseren Breitengraden bis in alle Ewigkeit in Verruf zu bringen.«

Im Gegensatz zu den Schilderungen aus der Nazi-Zeit leuchten Meiers Augen, wenn er von den Indianern erzählt. Kein Wunder: Im Lauf der Zeit hat er tiefe Freundschaften mit den Ureinwohnern geschlossen. Mehrmals wurde er zu rituellen Zeremonien eingeladen, zu denen Außenstehende eigentlich keinen Zutritt haben. Neben wertvollen Mineralien und Traumfängern aller Art zeugen uralte Katchina-Puppen und museumsreife Indianergewänder in seinem kleinen Laden von allerlei inspirierenden, ja teilweise fast schon übersinnlich anmutenden Begegnungen in Nordamerika.

Daß es sich beim Himmler-Brief um eine Fälschung handelt, kann sich Harry Meier nicht vorstellen. Umso mehr, als sich in den ihm überlassenen Unterlagen aus Familienbesitz noch weitere, weitaus profanere Originaldokumente aus der Nazi-Zeit finden. So etwa ein verwackelter Schnappschuß von Hitler. Oder Fahrkarten zu einer Goebbels-Rede. Außerdem hatte er das Dokument bereits 1980 entdeckt – als das »Buch der Prophezeiungen« noch gar nicht publiziert war.

Definitive Gewißheit erhofft sich der Schweizer nun von einer wissenschaftlichen Expertise, die demnächst in der Zeitschrift MYSTERIES *(www.mysteries-magazin.com)* veröffentlicht werden soll.

Kapitel 14

TWA-Absturz:
Rakete oder UFO?

Top-Journalistin enthüllt explosive Details

*Das Vertuschungsmanöver um den TWA-Absturz
von 1996 wird immer mysteriöser: Schossen US-Militärs
den Jumbo versehentlich ab? Oder taten sie es gar mit
voller Absicht – um den Vorfall später als »Unglück«
zu vertuschen? Und was hat es mit dem »länglichen,
weißen« Flugobjekt auf sich, das eine Swissair-Maschine
in exakt demselben Gebiet ein Jahr später nur gerade um
Haaresbreite verfehlte? Der Bericht einer amerikanischen
Journalistin wirft neue Fragen auf.*

»Ich ahnte nicht im Geringsten, daß dieser neue Auftrag mein Leben
auf den Kopf stellen würde. (…) Das Telefon gibt plötzlich merkwürdige Geräusche von sich. Fremde Leute rufen einen zu unge-
wöhnlichen Tageszeiten an, um seltsame Informationen loszuwer-
den. Das FBI ist an der Strippe. Dein Auto wird geknackt, doch der
Dieb läßt nur deinen Computer und dein Notizbuch mitgehen. Wohin
du auch gehst: Du fühlst dich verfolgt. (…) Alle, die so etwas noch
nicht erlebt haben, werden dich als verrückt bezeichnen.«
    Verfaßt hat diese Zeilen alles andere als eine Verrückte: Kristina
Borjesson ist eine der bekanntesten Enthüllungsjournalistinnen der
USA. Vor wenigen Jahren schrieb sie ihre erschütternden Erkenntnisse über den TWA-Absturz in einem Buch nieder, das mittlerweile
auch auf Deutsch erhältlich ist. »Zensor USA« (Zürich 2004) heißt

das explosive Werk, in dem bekannte Journalisten schonungslos darlegen, wie man versuchte, sie mundtot zu machen. Borjesson beweist darin: Der Jumbo wurde von einer Rakete getroffen.

Alles begann mit einem Routineauftrag. Unmittelbar nach dem Absturz der TWA-Maschine am 17. Juli 1996 vor der Küste von Long Island/New York hatte die damalige CBS-TV-Journalistin von ihren Chefs den Auftrag erhalten, Recherchen zum Unglück aufzunehmen. Über Mitarbeiter der New Yorker Polizei erfuhr sie, daß die Untersuchung der Absturzursache von Anfang an durch das Militär übernommen wurde.

Ihrem CBS-Kollegen Paul Ragonese gelang es derweil, mit hochrangigen FBI-Informanten zusammenzukommen. Diese bestätigten ihm, daß im fraglichen Absturzgebiet zur Unglückszeit militärische Manöver im Gang waren. Nach dem Gespräch notierte sich Ragonese erste kritische Fragen: Was hatte ein U-Boot-Jagdflugzeug in diesem Sektor zu suchen? Warum patrouillierte dort ein Raketenkreuzer? Warum war das FBI von Anfang an in die Untersuchung involviert, wenn dies doch normalerweise Aufgabe des unabhängigen National Transportation Safety Board (NTSB) war? Und: Warum bestritt das Pentagon jegliche Militärpräsenz, obwohl das Gegenteil der Fall war?

Borjesson stürzte sich ebenfalls ins Geschehen. Sie interviewte Augenzeugen, Wissenschaftler, Polizisten, Mediziner, Flughafenmitarbeiter und viele andere. Dabei gewann sie unzählige Informationen, die alle auf den gezielten Abschuß des TWA-Jumbos mit einer Rakete hindeuteten. Besonders ein Mann spielte für Borjesson eine Schlüsselrolle: der geheimnisumwitterte »Hangar-Mann« – ein Informant, der im Hangar von Calverton arbeitete, wo die Bruchstücke der Maschine gelagert wurden. Beunruhigt über die Untersuchung ließ der Mann einem Journalisten regelmäßig vertrauliche Informationen und Dokumente aus seiner Arbeitsumgebung zukommen.

Just zu dem Zeitpunkt trat auch der ehemalige Pressesprecher des Weißen Hauses, Pierre Salinger, an die Öffentlichkeit: Er gab am 8. November 1996 bekannt, daß er über Dokumente des französischen Geheimdienstes verfüge, die ebenfalls belegen würden, daß eine Rakete der US-Marine das Flugzeug vom Himmel geholt habe.

TWA-Absturz: Rakete oder UFO?

Das FBI rief umgehend eine Pressekonferenz ein, um seine Aussagen zu dementieren. Im Dementieren sind Geheimdienste bekanntlich Weltmeister.

FEDERAL OFFICE FOR CIVIL AVIATION
SECTION AIRSPACE
MAULBEERSTR. 9
CH - 3003 BERN
FAX: ++ 41 (0)31 325 80 60

AIR TRAFFIC INCIDENT REPORT FORM

1 ⇨   Airprox ⊠   Procedure ☐   Facility ☐

2 ⇨   Radio callsign of reporting aircraft/reporting ATC-unit: SR 127 / NEW YORK CENTER

Date and time of incident: 09 AUG 97 - 21:07 UTC	Pilot: PHIL BOBET	Aircraft registration: HB-1GF
Time in min./sec. elapsed between first sighting and closest proximity: 00 min / 01 sec	Avoiding action: ☐ yes ⊠ no NO TIME	If yes, based on TCAS: ☐ yes ☐ no NO TCAS WARNING
Type of aircraft: B-747	Aerodrome of departure: PHILADELPHIA KPHL	Aerodrome of destination: BOSTON KBOS
In communication with: NEW YORK CENTER	FIR and/or country: NEW YORK - USA	Frequency:
Radar identified: ⊠ yes ☐ no	Traffic information received: ☐ yes ⊠ no	Transponder / SSR-code:

3 ⇨   Position 10 NM   061° FROM JFK/VOR   ASSUMED POS. N40°45' W073°36'   HDG or route: HDG 060° MAGNETIC   IAS ~~345~~ 340 kts

4 ⇨   FL, altitude or height   1) At time of incident: FL 230   m/ft ⓕ   Level flight ⊠   Climb ☐   Descend ☐

2) At first sighting: FL 230   m/ft ⓕ   Level flight ⊠   Climb ☐   Descend ☐   Altimeter setting: 1013 hPa

5 ⇨   Flight weather conditions   1) In general: IMC ☐   VMC ⊠

2) In particular: On top ☐   Below clouds ☐   In clouds ☐   Between layers ☐   In and out of clouds ☐   Sky clear ⊠

3) Distance from clouds: Vertical: ___ m/ft   Horizontal: ___ m/ft/NM   Sky coverage: NO CLOUDS EXCEPT Cb's, ABOUT 80 NM AWAY

4) Flight visibility: UNLIMITED km/NM (EXCELLENT)   Into sun ☐   Out of sun ⊠   In haze ☐   Remarks: – NO HAZE - CLEAR BLUE SKY – SUN BEHIND AIRCRAFT (HDG 060° BY 5:07 P.m. LT)

Abbildung 22
Erste Seite des Flightreports der Swissair-Crew über ihre UFO-Sichtung.

In diesem Stil ging es weiter: Immer mehr Beweise für militärische Interventionen auf der einen Seite, immer mehr Gegenpropaganda auf der anderen. Vertrauliche Dokumente sprachen davon, wie FBI-Mitarbeiter nach Belieben in den Trümmerstücken herumwühlten, einige davon mitnahmen, ohne die Mitarbeiter des NTSB darüber zu unterrichten, und jede Menge Unordnung hinterließen. Andere Papiere berichteten sogar von Sprengstoffrückständen an den Sitzpolstern.

Borjesson wähnte sich in einer Bananenrepublik. Auf ihrem Schreibtisch stapelten sich die geheimen Unterlagen mittlerweile nur so. Und alle sprachen dieselbe Sprache: Hier ging definitiv etwas nicht mit rechten Dingen zu! Höchste Zeit für eine exklusive Enthüllungsreportage im TV, dachte sich die Journalistin. Doch weit gefehlt: Die CBS-Spitze zeigte seltsamerweise keinerlei Interesse an einem exklusiven News-Beitrag ihrer Mitarbeiterin. Stattdessen ließen die Verantwortlichen in dieser Sache wenig später ausführlich einen FBI-Vertreter zu Wort kommen, der die Öffentlichkeit ohne mit der Wimper zu zucken einmal mehr beschwichtigte, daß an derlei Geschichten überhaupt nichts dran sei.

Selbst nachdem ein Informant der Journalistin eine aus dem Hangar geschmuggelte Schaumstoffprobe aus einem der Flugzeugsitze exklusiv zur chemischen Analyse zukommen ließ, hielt sich die CBS-Leitung die Ohren zu. Mehr noch: Nachdem das FBI von der Sache Wind bekommen hatte und mit rechtlichen Schritten drohte, ließ man die Mitarbeiterin fallen wie eine heiße Kartoffel: Widerstandslos händigte CBS das Beweisstück der Behörde aus. Und Kristina Borjesson wurde fristlos gefeuert!

Einige Zeit später kam die Journalistin in Kontakt mit Kelly O'Meara, der Büroleiterin des Kongreßabgeordneten Mike Forbes. O'Meara hatte von ihm den Auftrag erhalten, der TWA-Kontroverse nachzugehen. Borjesson fand in O'Meara eine ebenso kritische Gesinnungsgenossin. Gemeinsam nahmen die beiden ihre Spurensuche wieder auf. Dabei gelang es ihnen, bis in den Hangar von Calverton vorzudringen. Borjesson: »Drinnen empfing uns Ken Maxwell vom FBI. In einem kleinen Zimmer wies er uns ein, bevor der Rundgang begann. Während er sprach, fiel O'Meara und mir an der Wand hinter uns etwas Interessantes ins Auge: Auf einer

Triangulationskarte des Gebietes, in dem das Flugzeug explodierte, war ein Punkt als ›mögliche Raketenabschußstelle‹ markiert.«

Beim Gang durch die Trümmer folgte die nächste Überraschung: Einige der Sitzreihen fehlten. Ausgerechnet jene Platznummern, auf denen nach Borjessons Informationen Sprengstoffspuren gefunden worden waren. Als sich die Journalistin genauer danach erkundigte, verdüsterte sich die Miene des FBI-Mitarbeiters. Kurz darauf wurden die beiden hinauskomplementiert. Konsequenz: Das FBI wurde bei Mike Forbes vorstellig, der sich kurz darauf von O'Meara trennte.

Interessantes Detail am Rande: Während ihrer Recherchen interviewten die beiden Frauen auch Dr. Charles Wetli, einen medizinischen Experten in Suffolk County. Ihm zufolge sei beim Unglück »eine extrem hohen Druck ausübende, vorwärts gerichtete Kraft durch die Kabine gefegt«. Wie ein Maschinengewehrfeuer seien gewisse Passagiere von Drahtstücken und Rumpfteilen durchsiebt worden.

Dann berichtete ihnen Wetli über etwas schier Unglaubliches: »Jeder ins Leichenschauhaus gebrachte Körper wurde über die DNS identifiziert. Im Verlauf dieser Arbeiten entdeckte man, daß zwei Körper, die im Abstand von zwei Wochen geborgen worden waren, dieselbe DNS aufwiesen – ein Ding der Unmöglichkeit. Die weiteren Nachforschungen ergaben, daß es sich hier um ein Ehepaar gehandelt hatte, das zum Zeitpunkt der Explosion des Flugzeugs nebeneinander gesessen hatte. Die Explosion entwickelte eine solche Wucht, daß ihre Körper miteinander verschmolzen, so nachhaltig, daß es zum Austausch von DNS kam. Wetli hatte so etwas noch nie zuvor gesehen …«

Der TWA-Spuk hielt Kristina Borjesson auch 1997 in Atem. Für ein TV-Special des bekannten Filmregisseurs Oliver Stone sollte sie mit Kelly O'Meara einen Dokumentarfilm über ihre Erkenntnisse realisieren. Das Exposé wurde abgesegnet, und die beiden nahmen ihre Arbeit auf. Zahlreiche Augenzeugen erklärten sich dazu bereit, vor der Kamera auszupacken. Die Motivation der beiden Journalistinnen erhielt indes einen jähen Dämpfer, als eines Nachts in New York der Kofferraum ihres Autos aufgebrochen wurde. Augenscheinlich waren Profis am Werk gewesen. Denn der Deckel ließ sich problemlos öffnen und wies keinerlei Spuren von Gewaltanwendung auf. Den dort aufbewahrten Krimskrams ließen die Diebe bezeichnenderweise ebenso liegen wie eine Kamera. Entwendet wurden lediglich alle TWA-Dokumente sowie O'Mearas Computer. Glücklicherweise hatten die beiden ihre Unterlagen zuvor sicherheitshalber kopiert.

Als die Presse vom geplanten TV-Special Wind bekam, zerriss sie es als »Verschwörungs-Irrsinn« in der Luft. Offenbar übten einflußreiche Kreise großen Druck auf die Medien-Bosse aus. TV-Sender ABC gab schließlich nach und blies den Beitrag ab – zur großen Enttäuschung von Oliver Stone.

[redacted]

Negative / See below

ANTHONY CURRERI

Character of case: 265A-NY-259028

Complainant: SAME

Complaint received: Personal / [X] Telephonic — Date 7/19/96 Time 3:35P

311 SO. COUNTRY RD
BROOKHAVEN, NY

Complainant's address and telephone number: [redacted]

Race | Sex: [X] Male / Female | Height | Hair | Build | Birth date and Birthplace
Age | Weight | Eyes | Complexion | Social Security Number

Scars, marks or other data

The C. advised he witnessed the a red track emitted by a projectile approach the plane. At first he thought it was fireworks. He tracked it from 200 feet. He saw it go straight up then arch out and level. Then an explosion occurred and two fire walls fell to the ground. He thought two planes had collided.

IA GERRY O'HARE LIRA COMMANND CENTER

Abbildung 23
Augenzeugenbericht über ein »Projektil«, das sich dem TWA-Flugzeug näherte.

Ein weiteres Mosaiksteinchen scheint Kristina Borjesson im Rahmen ihrer Recherchen damals entgangen zu sein: das mysteriöse Erlebnis jener Swissair-Crew, die am 9. August 1997 mit ihrer Boeing 747 über dieselbe Gegend kurvte, in der die TWA-Maschine ein Jahr zuvor abgestürzt war. Wie aus heiterem Himmel schoß damals auf 7000 Metern Höhe über Long Island/New York ein unbekanntes Flugobjekt aus fünfzig Metern Entfernung frontal auf die Swissair-Maschine zu. Instinktiv zog der eine Pilot seinen Kopf ein. Sekunden später zischte das »UFO« haarscharf über das Flugzeug hinweg. Geschockt meldete die Crew den Vorfall dem zuständigen Kontrollturm.

Weiß, lang und flügellos sei das Objekt gewesen, gab der Pilot – Philip Bobet – später zu Protokoll. »Vielleicht handelte es sich sogar um eine Rakete.« Kopilot Kurt Grunder wiederum glaubte, eine eher kugelartige Form erkannt zu haben. Die US-Behörden waren alarmiert. Schließlich lief die TWA-Untersuchung damals noch immer auf Hochtouren. Der Swissair-Vorfall kam höchst ungelegen. Also mußte umgehend eine Erklärung her.

»Ein Wetterballon« sei der Swissair-Crew um die Nase geschwirrt, ließ die US-Transportsicherheitsbehörde NTSB im September 1997 wider besseres Wissen via Nachrichtenagentur verbreiten. Eine Meldung, die den beiden Piloten nur ein müdes Lächeln entlocken konnte. Am 28. September 1997 wiesen sie den Erklärungsversuch gegenüber Schweizer Medien energisch zurück. »Wir wissen sehr wohl, wie ein Wetterballon aussieht«, insistierten sie und setzten damit ihre Karriere aufs Spiel.

Für die Swissair-Leitung war der Vorfall dennoch abgeschlossen, wie Pressesprecher Erwin Schaerer betonte: »Wir haben uns der Meinung der amerikanischen Behörden angeschlossen«, erklärte er auf Anfrage. Doch die Forscher Don Berliner und Robert J. Durand gelangten in den Besitz interner Dokumente der Behörden über den Vorfall. Darin werden auch Aussagen der beiden Piloten zitiert, die im Rahmen der Untersuchung aufgenommen wurden.

So heißt es in einem Bericht der Federal Aviation Administration, daß sich das Objekt nach Aussagen von Bobet »zu bewegen schien«. Von Berliner und Durand mit diesem Papier konfrontiert, konnte der Pilot nur den Kopf schütteln: »Ich habe gegenüber den Untersuchern mehrmals betont, daß es sich mit extremer Geschwindigkeit bewegte!«

Weiter wird Pilot Bobet im Untersuchungsbericht mit den Worten zitiert, daß das UFO »keinerlei Ähnlichkeiten mit einer Rakete« aufgewiesen habe. Wieder falsch, wie Bobet betont: »Ich habe das Wort ›Rakete‹ gegenüber den Untersuchern nie erwähnt!« Verfälschte Aussagen prägen laut Bobet übrigens auch den NTSB-Bericht.

Sämtliche Dokumente liegen dem Autor als Originalkopien vor. Zusammen mit den Recherchen von Kristina Borjesson werfen sie neue Fragen auf. Was ging im Gebiet von Long Island damals wirklich vor? Testeten die US-Militärs womöglich neue Waffen? Oder tummeln sich dort öfters unbekannte Flugobjekte, die selbst das Militär vor Probleme stellen? Obwohl Borjesson in ihrem Buch über Dutzende von Seiten weitere hochbrisante Erkenntnisse aus Insiderkreisen und Widersprüche am Laufmeter auflistet, ist die offizielle Untersuchung mittlerweile abgeschlossen. Fazit: »Das Flugzeug explodierte wegen eines Konstruktionsfehlers. Es gibt keinerlei Anhaltspunkte für einen Raketenabschuß.« Basta!

Tatsache aber bleibt: 670 Augenzeugen versicherten teils eidesstattlich, daß sie unmittelbar vor der Explosion des Flugzeuges bei Long Island ein leuchtendes Objekt auf die Maschine zuschnellen sahen. Haben sie sich allesamt getäuscht?!

Kapitel 15

Das seltsame Doppelleben des Mathieu P.

»Ermordeter« Prieuré-Forscher lebt in Israel

Seit Dan Browns »Sakrileg«-Bestseller ist die umstrittene Bruderschaft »Prieuré de Sion« in aller Munde. Bewahrt sie tatsächlich das Geheimnis um die Blutlinie Jesu? Einer der wenigen, der je mit einem Mitglied des Geheimordens Kontakt hatte, war der Schweizer Journalist Mathieu Paoli. Auch dem legendären Geheimnis von Rennes-le-Château war er auf der Spur. Später soll er von Agenten ermordet worden sein. Doch Recherchen des Autors enthüllen: Der Mann lebt – unter einer neuen Identität in Israel!

»Lesen Sie es nicht, und vor allem kaufen Sie es nicht!« Kardinal Tarcisio Bertone meidet das Buch wie der Teufel das Weihwasser. Doch sein öffentlicher Aufschrei kam zu spät: Monatelang führte das Werk, das er so sehr verteufelt, weltweit die Bestsellerlisten an. Über vierzig Millionen Exemplare gingen von Dan Browns Roman »Sakrileg« bisher über den Ladentisch.

Browns provokante These: Maria Magdalena zeugte mit Jesus Kinder. Deren Nachkommen gründeten Verbindungen mit anderen bedeutenden Geschlechtern. Speziell die fränkischen Merowinger-Könige entstammten dieser Blutlinie. Ihre Nachkommen lebten noch heute – in der Hoffnung, einst eine neue weltweite Monarchie zu begründen. Und eine geheime Bruderschaft, die »Prieuré de Sion«, beschütze sie und ihr Wissen bis auf den heutigen Tag.

Die gleiche These formulierten 1982 bereits die Autoren Henry Lincoln, Michael Baigent und Richard Leigh in ihrem Sachbuch »Der Heilige Gral und seine Erben«. Brown schöpfte einen großen Teil seiner Fakten daraus und vermischte sie geschickt mit fiktiven Elementen. Doch übersah er dabei einen realen Aspekt, der reichlich Stoff für eine ebenso mysteriöse Story böte.

Protagonist dieser »Nebengeschichte« ist der Journalist Mathieu Paoli, auf dessen Spuren Lincoln, Baigent und Leigh während ihrer ausgiebigen Recherchen lange Zeit wanderten. Paoli hatte brisante Informationen über die Prieuré zusammengetragen, die er Anfang der Siebzigerjahre in zwei Dokumentarfilme für das Westschweizer Fernsehen einfließen ließ – und später 1973 zusätzlich in Buchform veröffentlichte.

»Ebenso wie uns war es Paoli nach einiger Zeit gelungen, mit einem Vertreter der Prieuré de Sion, dessen Namen er allerdings nicht preisgibt, in Verbindung zu treten«, schreiben die drei Autoren. »Sein Werk eröffnete nicht nur zahlreiche neue Einblicke in die Materie, sondern enthielt darüber hinaus so viele unbekannte Informationen, daß wir es bedauerten, daß Paoli keinen Fortsetzungsband geschrieben hatte.«

Wie Lincoln, Baigent und Leigh später erfuhren, soll Paoli 1977 oder 1978 in Israel als Spion erschossen worden sein, weil er Geheiminformationen an die Araber zu verkaufen versucht habe. Eine Falschinformation – wie jetzt klar ist: Der Autor machte Paoli in Israel ausfindig, wo er heute unter dem jüdischen Namen Mati Ben-Avraham lebt und wirkt!

Die Informationen über Paolis angebliche Ermordung stammen ursprünglich vom französischen Journalisten Jean-Luc Chaumeil, einem der profundesten Prieuré-Kenner. Chaumeil wiederum will sie in den Siebzigerjahren vom Rumänen Doru Todericiu erhalten haben, einem früheren Freund Paolis, wie er Ende 2003 erneut in einem Interview bestätigte: »Dank Doru haben wir erfahren, daß Mathieu Paoli später in Israel Geheimagent spielen wollte, indem er ein doppeltes Spiel mit den Ägyptern trieb. Im Anschluß daran soll er erschossen worden sein.« Paoli sei »eine schillernde Persönlichkeit« gewesen, »die alle benutzte, um versteckte Ziele zu erreichen«, wie Chaumeil weiter anmerkt. »Er entwendete mir einst eine gewisse Anzahl Dossiers, um sie in seinem Buch zu veröffentlichen.«

Daß ausgerechnet Chaumeil der Falschmeldung über Paolis Ermordung aufsaß, erstaunt. Schließlich genießt der Franzose speziell unter kritischen Zeitgenossen einen guten Ruf.

In mehreren Büchern will er die geheimnisumwitterte »Prieuré« als neuzeitliche Fälschung entzaubert haben. Tenor: Nicht 1099, wie von Autor Dan Brown behauptet, sondern erst 1956 sei der Geheimbund ins Leben gerufen worden – vom Franzosen Pierre Plantard. Chaumeils Recherchen werden derzeit in beinahe jedem kritischen journalistischen Bericht über Dan Browns »Sakrileg«-Bestseller zitiert.

Doch es kommt noch besser. Denn laut Chaumeil hieß der angeblich ermordete Mathieu Paoli in Wahrheit Ludwig Scheswig. Das macht mehr als mißtrauisch. Wer ist Scheswig alias Paoli alias Ben-Avraham nun wirklich? Warum die Lügenstory mit seiner Erschießung? Mußte er deswegen untertauchen? Und: Was weiß der Mann mit den drei Namen tatsächlich?

Recherchen zeigen: Der ursprünglich offenbar aus Korsika stammende Paoli konvertierte in Israel zum Judentum. Als Mati Ben-Avraham zeichnet er heute als Chef für die französischsprachigen Informationen der Radiostation »Kol Israel« verantwortlich. In seiner Freizeit führt er Touristen durch Jerusalem. Und wirkt dazu noch als Präsident der neu gegründeten Freundschaftsgruppierung »Israel–Corsica«.

Von der geheimnisvollen Bruderschaft will er heute seltsamerweise nichts mehr wissen, wie er auf Anfrage erklärt. Sein Buch habe nicht das Geringste mit der Prieuré de Sion zu tun – »an deren Existenz ich sowieso nicht glaube«. Vielmehr behandle es unter anderem das ebenso mysteriöse Geheimnis um François Bérenger Saunière aus dem südfranzösischen Rennes-le-Château. Das kleine Kaff liegt am Rande der Pyrenäen. In derselben Gegend, aus der auch die Merowinger stammen.

Hintergrund dieser Story, von der sich Paoli/Ben-Avraham nach wie vor überzeugt zeigt: Der 1917 verstorbene Abbé soll in einer hohlen Altarsäule seiner Kirche 1891 eine Entdeckung gemacht haben, die sein Leben veränderte: Ans Tageslicht förderte er verschlüsselte Pergamenttexte, mit denen er später jede Menge Geld verdient haben soll. Andere mutmaßen sogar über einen historischen

Schatz, den Saunière gehoben haben könnte. Kostbarkeiten, die einige Forscher in direkten Zusammenhang mit der Prieuré de Sion, den Merowingern, den Freimaurern und den Templern bringen.

Nicht minder kurios: Paolis 1973 erschienenes Buch »Les dessous d'une ambition politique« ist heute nirgendwo mehr erhältlich – und weltweit lediglich in zwei Bibliotheken auffindbar. Beide davon in der Schweiz, wo das Buch einst publiziert worden ist. Zufall oder Absicht? Und: Von der Prieuré ist darin sehr wohl die Rede! Knapp ein Viertel des Buches widmet sich ausschließlich diesem Thema. Recherchen Paolis offenbaren zahlreiche kontroverse Neuigkeiten über Pierre Plantard, der die Prieuré im 20. Jahrhundert geleitet haben will. Paoli in seinem Buch wörtlich: »Zweifellos verfügt die Prieuré de Sion über weitreichende Verbindungen …«

Weiß Paoli/Avraham also tatsächlich nicht mehr, worüber er einst schrieb? Oder will er es nicht mehr wissen? Und warum besteht er darauf, selbst Jean-Luc Chaumeil nicht zu kennen? Leidet der Mann unter Gedächtnisschwund? Kurioserweise will Paoli/Ben-Avraham auch von den Gerüchten über seine Ermordung keinen blassen Schimmer gehabt haben, wie er versichert. Obwohl diese seit über zwei Jahrzehnten in einem bis heute international diskutierten Bestseller stehen! Und er könne sich auch nicht vorstellen, wie derlei Behauptungen zustande kamen, betont er kurz angebunden: »Die Tatsache, daß ich lebe, dürfte alle Gerüchte hiermit ein für allemal beenden.«

Was schließlich seinen vermeintlich dritten Namen – »Ludwig Scheswig« – angeht, mochte er sich erst nach mehrfachem Insistieren äußern: Nein, dies stimme so nicht. Allerdings seien seine »neue« Identität und seine Konvertierung zum Judentum sowieso »Privatsache«.

Klar ist: Der Mann weiß definitiv mehr, als er zugibt. Insofern sind Zweifel an seinen Äußerungen ratsam. Denn spätestens seit Dan Browns Bestseller über die »Prieuré de Sion« dürfte eines mittlerweile jedermann klar sein: Nichts ist bei dieser geheimen Bruderschaft so, wie es scheint! Wer sie öffentlich als Erfindung abtut, könnte ihr in Wahrheit heimlich zu Diensten sein. Und wer sich öffentlich zu ihr bekennt, treibt hinter den Kulissen womöglich ein falsches Spiel.

Das seltsame Doppelleben des Mathieu P.

Umstritten bleibt bis heute zudem Paolis/Avrahams Rolle bei der Begutachtung einer »großen perforierten Platte westgotischer Herkunft«, die er einst im Privatbesitz eines gewissen Professor Patterson in der Schweizer Stadt Genf unter die Lupe genommen haben will. Woher stammte die Kostbarkeit ursprünglich? In welchem Zusammenhang stand sie mit Abbé Saunières Entdeckung? Versuchte Paoli/Avraham später, Teile seiner Informationen in Israel zu verkaufen? Und mußte er deswegen untertauchen?

Konkrete Auskünfte dazu läßt sich der Mann nicht entlocken. Lieber ergeht er sich in diesem Zusammenhang in merkwürdigen Andeutungen, die direkt aus Browns Roman stammen könnten. So soll Genf tatsächlich Schätze verbergen, die es in sich haben, wie er anmerkt: »Gemälde großer Meister, Statuetten, Vasen, Masken, um nur einige zu nennen. Die meisten stammen aus Diebstählen und Plünderungen von Museen oder archäologischen Grabungsstätten.

Aber diese Schätze sind in Bunkern untergebracht, im Untergeschoß herrschaftlicher Häuser, die oftmals Antiquitätenhändlern gehören, die über jeden Zweifel erhaben sind. Diese Stücke werden mit der allergrößten Diskretion gekauft und verkauft, manchmal an Museen, meist an private Sammler.«

Insiderinformationen, an denen »Sakrileg«-Autor Dan Brown seine helle Freude haben dürfte. Zumindest wimmelt seine Romanwelt neben rätselhaften Inschriften und codierten Geheimbotschaften nur so von kontroversen Kunstschätzen, die gut versteckt in Schweizer Tresoren lagern. Wie die Ereignisse rund um Paoli/Ben-Avraham zeigen, dürfte der »Sakrileg«-Autor der Realität damit weitaus näher kommen, als seine Kritiker ahnen.

Kapitel 16

Geheime Kuppel im ewigen Eis

Aufregung um arktischen Horchposten

*Wer konstruierte die seltsame Kuppel im ewigen Eis der
Arktis, die US-Piloten 1957 beobachtet haben wollen?
Der Autor konnte ihre Spur bis in die Schweiz verfolgen –
was indes weitere Fragen aufwirft. Stammte die
mysteriöse Konstruktion tatsächlich von den Russen?
Oder zeichneten vielmehr untergetauchte Nazi-Truppen
dafür verantwortlich, von denen sich Teile nach dem Krieg
jahrelang unbemerkt auf Grönland verschanzt hielten?*

»Amerikaner stehen vor einem Rätsel«: So titelte am 14. September
1957 die »Saarbrücker Zeitung«. Grund: Ein US-Bomberverband auf
Manöverflug hatte im August tausend Seemeilen nordöstlich der De-
Long-Inseln beim Nordpol eine seltsame Beobachtung gemacht: eine
riesige Kuppel im ewigen Eis.

Einer der Piloten berichtete: »Der monotone Flug über die
endlosen Flächen des ewigen Polareis wurde plötzlich unterbrochen.
Ich wies meinen Bordfunker auf eine stählern glänzende Kuppel
zwischen den Eisbarrieren hin, die sich dreitausend Meter unter uns
türmten. Die Kuppel war blaugrau und drehte sich wie der gepanzerte
Gefechtsturm einer Festung oder nach Art eines Radargerätes. Wir
peilten das Ding an und funkten. Dabei gingen wir auf achthundert
Meter herunter. Da sahen wir deutlich, wie die Kuppel sich auf einer
Drehscheibe oder einer Riesenwelle bewegte. Plötzlich mußte man

unsere Funksignale vernommen haben. Die Kuppel drehte sich nicht mehr und verschwand blitzschnell wie ein Fahrstuhl in der Tiefe. Darüber schoben sich waagrechte Schotten, auf die von der Umgebung nicht zu unterscheidendes Eis getürmt war.«

Sämtliche elektronischen Bordgeräte seien unmittelbar danach ausgefallen, berichtete der Pilot weiter. Die Zeitung: »Die Stellen des Aufklärungskommandos in Alaska fragen sich, ob es sich um einen vorgeschobenen Beobachtungsposten einer anderen Macht handelt.« Immerhin sei das Eisgebiet politisch umstritten: »Sowohl die USA als auch die UdSSR beanspruchen es für sich.«

Neunzehn Patrouillenflüge wurden über besagter Region in der Folge durchgeführt – ohne Ergebnis. Daß »dort unten« aber irgendetwas Seltsames vor sich ging, zeigten auch verschlüsselte Funksprüche aus derselben Richtung. Die Journalisten abschließend: »Dort, im unzugänglichen Nordpolgebiet einen militärischen Stützpunkt zu unterhalten, wäre nach Meinung der Amerikaner unsinnig, es sei denn, andere hätten das Problem der Versorgung gelöst und wüßten Fernraketen während der 333 Sturmtage im Jahr von dort auf die Reise zu schicken ...«

Weitere Informationen dazu drangen bis heute nicht an die Öffentlichkeit. Hatten die Amerikaner wirklich etwas entdeckt? Womöglich einen geheimen russischen Außenposten? Oder handelte es sich bei diesem James-Bond-Film-ähnlichen Szenario am Ende gar um eine Zeitungsente?

Nein. Denn die seltsame Beobachtung zog weite Kreise – bis in die Schweiz. Genauer gesagt ins damals renommierte »Photo Color Studio« von Zürich. Über Jahre erhielt das Fotofachgeschäft von offiziellen Stellen regelmäßig Entwicklungsaufträge. »Darunter Aufnahmen, die strenger Geheimhaltung unterlagen«, wie der ehemalige Geschäftsführer René W. auf Anfrage bestätigt. »Wir hatten uns gewissermaßen auf solche Dinge spezialisiert.«

Inhaber des 1995 geschlossenen Betriebs war Max P. Er lebt heute im Kanton Tessin. An die »Kuppel« mag er sich noch gut erinnern, wie er erklärt: »Wir sollten im Auftrag der Eidgenössischen Technischen Hochschule (ETH) damals ein streng geheimes Dia kopieren, das von einer amerikanischen Beobachtungsstation in Alaska oder Grönland aufgenommen worden war. Es zeigte eine Art

Geheime Kuppel im ewigen Eis

Observatoriumskuppel und eine Radarantenne und hatte irgendetwas mit den Russen zu tun. Seltsamerweise verschwanden Dia und Kopie bei der Auslieferung.« Die Aufregung sei groß gewesen, fügt er an: »Die US-Botschaft schaltete sich ein, und die Polizei leitete ein Untersuchungsverfahren ein. Meine Mitarbeiter und ich wurden regelrecht ausgequetscht. Doch vergeblich: Das Dia blieb spurlos verschwunden.«

Handelte es sich tatsächlich um eine geheime russische Polarstation? Konnte sie 1957 wie ein Lift im Eis versenkt werden, so wie es die Piloten schilderten? Warum aber blieben die Journalisten dann so vage, als sie über einen vorgeschobenen Beobachtungsposten »einer anderen Macht« spekulierten? Gab es womöglich noch eine dritte »Macht«, die das große Interesse der Amerikaner an dem seltsamen Außenposten erklären könnte?

Tatsache ist: Am 15. Dezember 1944 veröffentlichte die neutrale schwedische Zeitung »Süd Svenska Dagbladet Snällposten« eine Reuters-Meldung, die Spezialisten heute aufhorchen läßt. Darunter auch den deutschen Weltkriegsspezialisten Thomas Mehner, wie er in seinem aufsehenerregenden Werk »Atomziel New York« (Rottenburg 2004) schreibt: »In der Meldung hieß es, man habe seitens des US-Militärs in den letzten Wochen mehrfach Versuche deutscher Kommandounternehmen abwehren müssen, auf Grönland Stützpunkte zu errichten.«

Laut Mehner hat es dabei Tote und Verletzte gegeben, Boote wurden versenkt und eine Radiostation zerstört. Außerdem hätten US-Schiffe einen Angriff von zweimotorigen deutschen Bombern abwehren können. »Demnach muß es auf Grönland neben Radiostationen und Wetterstützpunkten auch brauchbare Flugpisten für zweimotorige deutsche Kampfflugzeuge gegeben haben«, folgert der Experte aus Thüringen.

Und: Bereits im Frühjahr 1942 setzten U-Boote eine Gruppe deutscher Soldaten an Land, wie die Zeitung »Wiener Montag« am 29. Dezember 1947 berichtete. Unter der Schlagzeile »Deutsche Kampfgruppe noch auf Grönland?« berichtete sie von einem Hauptmann namens Hammerlein, der mit seiner bestens ausgerüsteten »weißen Todesrotte« rund achtzig Kilometer vom Hafen Angmagsalik entfernt eine Station errichtet habe.

Von dort seien meteorologische Meldungen nach Deutschland gefunkt worden. »Mit Unterseebooten kamen regelmäßig Lebensmittel, Arzneien und auch zwei Geologen, so daß man mutmaßte, die Deutschen wollen nach Uran suchen.« Berichten der Eskimos zufolge habe ein Schiff später gar ein zerlegbares Flugzeug dorthin gebracht. »In den folgenden Jahren wurden noch mehrmals Lebensmittel, Arzneien und anderes Material von U-Booten aus an Land gebracht. Im Herbst 1944 kam der letzte Transport, mit dem auch 30 Mann an Land gingen. Sie trugen Aussagen der Eskimos nach andere Uniformen als jene Soldaten, die sich schon seit 1942 auf Grönland befanden, und so vermutet man, daß es sich um SS-Leute handelte.«

Im Mai 1945 dann, kurz nach der Kapitulation, seien die insgesamt hundertfünfzig Deutschen untergetaucht. Einmal noch sollen sie kurz gesehen worden sein, hundertsiebzig Kilometer nördlich von Angmagsalik. Dann hätten sich ihre Spuren im ewigen Eis verloren.

Ähnliches meldete die »Ostdeutsche Zeitung« 1951, der ebenfalls Informationen über eine in Vergessenheit geratene kleine deutsche Wehrmachtseinheit vorlagen. Diese sei Ende Mai 1944 auf Grönland abgesetzt worden: »Im Frühjahr 1944 ließ das Oberkommando Wehrmacht fünfzig Kilometer westlich von Lombvik auf Grönland eine deutsche Fernfunkstation errichten, die unter Leitung des Feldwebels Kulik stand. In Lombvik selbst lagen zwei gut ausgerüstete deutsche Kompanien, die erst im Sommer 1947 von einem amerikanischen Kommando gefangen genommen wurden.«

Nach der Kapitulation hätten sich die Deutschen mit den Eskimos angefreundet, da sie sich keine Hoffnung mehr auf eine glückliche Rückkehr machten. Erst 1949 soll dann ein Funkgefreiter namens Harry Gebert mit der Heimat Kontakt aufgenommen haben. »Ein Funkamateur in Essen hatte die letzte deutsche Einheit im ewigen Eis aufgespürt. Von nun an erhielten die Männer in der Einöde der kurzen Polartage ständig Nachrichten aus Deutschland, wo gerade drei demokratische Staaten nach Weisung der Alliierten gebildet wurden.«

Unverschlüsselt und unter dem Rufzeichen des ehemaligen Oberkommandos der Wehrmacht sei so über den Äther gesprochen beziehungsweise gemorst worden – bis ein russisches U-Boot bei

Spitzbergen die Meldungen zufällig aufschnappte. Dann ging alles sehr schnell: 150 Sowjetsoldaten machten dem Exilleben der Gruppe ein Ende – und nahmen sie vier Jahre nach dem Zusammenbruch von Hitlers Regime in Gefangenschaft.

Viel mehr ist darüber bis heute nicht bekannt – was den Siegermächten durchaus in den Kram passen dürfte. Ebenso wie der Umstand, daß seit 1957 keine einzige Zeile mehr über die mysteriöse Kuppel im arktischen Eis geschrieben wurde – auch wenn man ihrem Geheimnis dank moderner Satellitentechnik mittlerweile längst auf die Schliche gekommen sein dürfte. Warum sonst hätte man wohl in besagtem Zürcher Fotolabor – schätzungsweise in den 80er-Jahren – unter strenger Geheimhaltung entsprechende Dias kopieren lassen, auf denen just das abgelichtet war, worüber 1957 nur vage Augenzeugenberichte vorlagen?

`Kapitel 17`

Die Mossad-Connection

Wer steckt hinter dem Bombenterror von London?

Eiferte Tony Blair seinem Vorbild Bush nach?
Die vermeintlichen Al-Qaida-Attentate vom 7. Juli 2005
in London kamen Englands Premier ziemlich gelegen,
um den beschworenen Kampf gegen die »Achse des Bösen«
trotz wachsender Kritik der Öffentlichkeit zu rechtfertigen.
Doch die These der vier vermeintlichen
»Selbstmordattentäter« steht auf wackligen Füßen.
Mehr noch: Indizien deuten darauf hin, daß auch der
Mossad seine Finger im Spiel gehabt haben könnte.

Als am 7. Juli 2005 in London vier Bomben hochgingen, schien die
Sache klar: Al-Qaida war zurück im Geschäft. Vier »Rucksack-
bomber« hatte die Terrororganisation im Namen Allahs ausgesandt,
die sich schließlich in drei U-Bahn-Zügen (8.50 Uhr) und einem
Doppeldeckerbus beim Tavistock Square (9.47 Uhr) in die Luft
jagten. Mit sich rissen sie 52 Menschen in den Tod. Hunderte
wurden verletzt. So die offizielle Version, die anfänglich von allen
großen Medien verbreitet wurde.

Das laut dem britischen Innenminister »ernstzunehmende«
Bekennerschreiben einer bisher völlig unbekannten Gruppierung
namens »Secret Organisation Group of Al-Qaida of Jihad Organisation in Europa« war Wasser auf die Mühlen der Politiker. Englands
Premier Tony Blair und US-Präsident George Bush schickten sich
umgehend an, Härte zu demonstrieren: Sie würden ihren »Kampf
gegen den Terror« unerbittlich weiterführen, erklärten sie grimmig.

Bezeichnend, daß mittlerweile alles anders ist, als ursprünglich behauptet. So verbreitete die Deutsche Depeschenagentur am 9. April 2006 eine Meldung, wonach Al-Qaida nach »einem bisher unveröffentlichten Regierungsbericht« die Bombenanschläge nicht direkt unterstützt haben soll: »Die Selbstmordattentate auf U-Bahnen und einen Bus seien ›weit davon entfernt gewesen, das Werk eines internationalen Terrornetzes zu sein‹. Das berichtet der ›Observer‹. Die Anschläge seien vielmehr allein von den vier britischen Muslimen ausgeführt worden, die ›nach Märtyrertum trachteten‹.«

Keine Al-Qaida-Attentate also. So weit, so gut. Doch vier Amateure? Vier »Selbstmordattentäter«? Warum hatten die vier »Bomber« dann Rückfahrttickets und Parktickets (!) für ihre Autos gelöst, wie von britischen Behörden mittlerweile offiziell eingeräumt werden mußte? Warum trugen sie – für Selbstmordattentäter völlig untypisch – alle persönliche Ausweise bei sich? Warum deponierten sie ihre Bomben nicht einfach und machten sich dann aus dem Staub? Warum das eigene Leben riskieren, wenn es auch einfacher ginge? Wurden die vier womöglich hereingelegt? Wußten die naiven »Kuriere« vielleicht gar nicht, welch' heiße Ware sie da transportierten – bis sie ihre Drahtzieher im Hintergrund wortwörtlich »hochgehen« ließen? Und wenn ja: Wer agierte da versteckt im Hintergrund?

Profis! Hinweise dafür gab's bereits sehr schnell – wenngleich sie im Rummel der anfänglichen Berichterstattung völlig untergingen. Schon am 11. Juli 2005, also sechs Tage nach den Anschlägen, hatte der »Independent« die These der Amateurtäter ad absurdum geführt: Die englische Zeitung bezog sich dabei auf einen Bericht ihrer französischen Kollegen von »Le Monde«. Die hatten Christophe Chaboud interviewt, einen französischen Antiterror-Spezialisten, der zur Unterstützung nach London entsandt worden war. Der für den Anschlag verwendete Sprengstoff in den Bomben, so Chaboud, sei definitiv »militärischen Ursprunges« gewesen. Das sei ziemlich besorgniserregend, wie der Franzose kritisch anmerkte: »Wie sind die da bloß drangekommen?«

Unklar bleibt bis heute zudem, ob die englischen Behörden bereits im Vorfeld über den geplanten Anschlag unterrichtet waren – und ihn möglicherweise absichtlich nicht verhinderten. Jedenfalls lancierte die Nachrichtenagentur Associated Press (AP) am 7. Juli 2005 (12.16 Uhr) einen vielbeachteten Bericht, wonach die israelische Botschaft Minuten vor der ersten Explosion von der Britischen Polizei ausdrücklich gewarnt worden sei. Agentur-Korrespondentin Amy Triebel aus Jerusalem berief sich dabei auf einen »hohen israelischen Vertreter«.

Wörtlich meldete sie: »Der israelische Finanzminister Benjamin Netanjahu hatte geplant, an einer Wirtschaftskonferenz in einem Hotel über der U-Bahnstation teilzunehmen, in der eine der Explosionen stattfand. Die Warnung veranlaßte ihn, stattdessen in seinem Hotelzimmer zu bleiben, sagten Regierungsvertreter ... Kurz vor den Explosionen rief Scotland Yard den Sicherheitschef der israelischen Botschaft an und teilte ihm mit, daß eine Warnung vor möglichen Angriffen eingegangen sei, sagte der Beamte. (...) Der Beamte verlangte, aufgrund seiner Position anonym bleiben zu können.«

Alles falsch – wie sich hochrangige israelische Beamte eilig zu versichern anschickten. Und was tut eine international ebenso renommierte wie unabhängige Presseagentur in diesem Fall? Sie rudert brav zurück – und das in Windeseile: Gerade mal ein paar Stunden später nahm AP die Meldung wieder vom Netz. Die Verwirrung komplett machte schließlich die renommierte amerikanische »Stratfor Consulting Intelligence Agency«, die bekanntermaßen über enge geheimdienstliche Beziehungen verfügt. Noch am selben Tag präzisierte sie: Nicht England habe Israel vor einem geplanten Anschlag gewarnt – sondern Israel England. Und das bereits vor einigen Tagen!

Und dann ist da noch ein äußerst seltsames Interview mit Peter Power, das »BBC Radio Five Live« ebenfalls am 7. Juli 2005 ausstrahlte. Power arbeitete früher bei Scotland Yard und ist mittlerweile Managing Director der Krisenmanagement-Firma Visor Consultants. Power wörtlich: »Um 9.30 Uhr heute Morgen waren wir gerade dabei, eine Übung für ein Unternehmen von über tausend Leuten in London durchzuführen, in der es um zeitgleich gezündete Bomben an eben denselben U-Bahnstationen gehen sollte, wo es diesen Morgen geschah. Deshalb stehen mir auch jetzt noch die Haare zu Berge.«

BBC: »Um das klarzustellen, Sie haben gerade eine Übung abgehalten, um zu testen, wie Sie damit umgehen würden, und es geschah, während Sie die Übung durchführten?«

Power: »Genau, und es war etwa 9.30 Uhr heute Morgen, wir planten dies für ein Unternehmen, und aus naheliegenden Gründen möchte ich dessen Namen hier nicht nennen, aber die hören zu und wissen es selbst.«

Welches Unternehmen steckte dahinter? Warum mochte Power nicht preisgeben, in wessen Auftrag er die kuriose »Übung« durchziehen sollte? Das wollten auch AFP-Journalisten wissen. Über Umwege landeten sie bei ihren Recherchen schließlich bei einer israelischen Company namens »International Consultants on Targeted Security (ICTS) International N.V« – einer Flug- und Transportsicherheits-Firma, der frühere israelische Offiziere und Geheimdienstmitarbeiter vorstehen. »War ITCS International auf irgendeine Weise in die Antiterror-Übungen vom 7. Juli in London involviert?«, wollten die Journalisten von der Firma wissen. Diplomatische Antwort: »Wir möchten Sie davon unterrichten, daß wir im United Kingdom nicht tätig sind.« Dummerweise hat die Firma dennoch einen Ableger in London – namens ICTS U. K. Ltd., und der befindet sich just in dem Stadtteil, wo der Doppeldeckerbus am 7. Juli 2005 hochging.

Ein bisschen gar viel Zufälle, oder? »Selbstmord«-Attentäter, die Rückfahrscheine und Parkingkarten lösen. »Amateur-Bomber«, die mit militärischen Sprengsätzen operieren. Und eine israelische Sicherheitsheitsfirma, die just am selben Tag, am selben Ort, dasselbe Szenario üben läßt! Waren da nicht doch Profis am Werk, die ihr Tun anderen in die Schuhe schieben wollten?

Fragen, die auch den Tänzer Bruce Lait beschäftigen, der sich damals unter den Verletzten befand. Er und sein Partner Crystal Main hatten den Anschlag nahe dem Aldgate East Bahnhof als einzige in ihrem Wagen wie durch ein Wunder überlebt. Gegenüber der Zeitung »Cambridge Evening News« erinnerte sich Bruce Lait am 11. Juli 2005 an das schreckliche Erlebnis: »Als ich aufwachte und mich umblickte, sah ich Dunkelheit, Rauch und Trümmerteile. Es dauerte eine Weile, ehe ich realisierte, wo ich war und was um mich herum abging.«

Abbildung 24
Offiziell freigegebenes Überwachungskamera-Foto der Londoner »Selbstmordattentäter«. Wurde die Aufnahme nachträglich manipuliert (siehe Vergrößerung)?

Die Helfer brachten ihn und seinen Partner nach draußen. Ein Polizist zeigte ihnen dabei die Stelle, wo die Bombe hochgegangen war. »Der Polizist sagte: ›Merkt Euch dieses Loch, hier war die Bombe.‹ Das Metall dort war nach oben verbogen, als ob die Bombe unterhalb des Zugs angebracht worden war ...«

»Unterhalb des Zuges«? Hatten die »Amateure« ihre Sprengsätze nicht in Rucksäcken am Körper getragen, wie uns die britische Polizei von Anfang an weismachte? Wurden die vier Muslime also lediglich vorgeschoben, um etwas zu vertuschen? Den besten Hinweis dafür lieferte Scotland Yard bezeichnenderweise selber – mit der Veröffentlichung eines Fotos, das die Überwachungskamera bei der U-Bahn-Station Luton am 7. Juli 2005, angeblich um 7.21 Uhr, geschossen haben soll. Laut Behördenangabe handelte es sich dabei um die »Selbstmord-Attentäter« Hasib Hussain, Germaine Lindsay, Mohammed Sidique Khan und Shahzad Tanweer.

Doch wer das – offiziell zur Verfügung gestellte – Polizei-Bild mit Photoshop-Software näher analysiert, bemerkt Seltsames: Warum »durchbohrt« die Stange im Hintergrund den Kopf des Mannes mit der weißen Kappe, wie Vergrößerungen klipp und klar zeigen? Und warum verlaufen die beiden Stangenteile links und rechts nicht auf derselben Höhe? Wurde da jemand nachträglich ins Bild retuschiert, um der Öffentlichkeit endlich die vermeintlichen Urheber des Anschlags präsentieren zu können?

Abbildung 25
Der Londoner Bus, in dem eine Stunde nach den drei U-Bahn-Anschlägen die vierte Bombe hochging.

Kapitel 18

Kriegsirrsinn:
Irak radioaktiv verseucht

Immer mehr Mißbildungen bei Säuglingen

Im Irak tickt eine Zeitbombe: Ganze Landstriche sind radioaktiv verseucht. Grund: uranhaltige Munition, die von den Amerikanern in beiden Golf-Kriegen tonnenweise eingesetzt wurde. Kinder bemalen die Geschosse als Puppen und spielen mit ihnen. Die gesundheitlichen Konsequenzen sind verheerend. Nicht nur unzählige Säuglinge leiden unter der Strahlung: Auch Abertausende von Soldaten sind mittlerweile unheilbar krank — und niemand will dafür verantwortlich zeichnen.

»Ärzte warnen vor einer Zunahme von Mißbildungen bei Neugeborenen«: Unter diesem Titel schlug 2005 das Integrierte Regionale Informationsnetzwerk der Vereinten Nationen (IRIN) Alarm. Seit August 2003 seien allein in den staatlichen Krankenhäusern Bagdads rund 650 mißgebildete Neugeborene registriert worden, rechnet Dr. Nawar Ali vom Zentralen Lehrkrankenhaus der Bagdad-Universität im IRIN-Bericht vor. Zwanzig Prozent mehr als vor der Attacke der USA. Was die irakischen Ärzte zu Gesicht bekamen, war grauenerregend: Hände mit mehr als fünf Fingern, überdimensionierte Köpfe, fehlende Lippen, verstümmelte Gliedmaßen. Viele der betroffenen Babys seien bereits nach wenigen Tagen verstorben.

Einer der ersten, die auf die gesundheitliche Zeitbombe aufmerksam machten, ist der deutsche Professor Siegwart Horst Günther, einst Mitglied der Widerstandsgruppe um Graf Stauffenberg und heute Experte für Tropenmedizin. Bereits 1991 – nach dem Ersten Golfkrieg – wies er auf die gefährlichen Folgen von Urangeschossen hin. Seine unermüdliche Tätigkeit in Kriegsgebieten hinterließ Spuren. Mittlerweile leidet er ebenfalls an Krebs.»Besonders im Süden des Irak werden immer mehr Kinder mit Leukämie oder anderen Krebsbildungen, schweren Formen von Blutarmut durch Störungen im Knochenmark und mißgebildet geborene Kinder registriert, für die noch Mutter Teresa zur Betreuung in Bagdad eine Sammelstelle errichtet hatte«, berichtet der Professor.»Diese Krankheitsbilder werden uranhaltiger Munition zugeschrieben, die von der alliierten Armee im Zweiten Golf-Krieg eingesetzt wurde.«

Abertausende großkalibrige Uran-Granaten wurden von den USA allein am Golf verschossen, wie er kritisiert. Vornehmlich als Panzerbrecher.»Schätzungen der britischen Atomenergiebehörde zufolge sollen etwa vierhundert Tonnen dieser Munition im Grenzgebiet zu Kuwait herumliegen. Andere Experten gehen sogar von dreitausend Tonnen aus. Nur etwa zehn Prozent dieser Geschosse werden gefunden. Die Masse wurde vom Sand verweht oder liegt tief im Erdreich.«

Gipfel der Frechheit: Als das irakische Gesundheitsministerium 2001 Studien forderte, um die im Ersten Golf-Krieg verschossene Munition auf ihre Schädlichkeit zu prüfen, stellte man sich in den USA taub. Lapidare Antwort: Der Irak solle selber entsprechende Meßgeräte zur Verfügung stellen und die Kosten der Untersuchungen übernehmen – was ob der damaligen Embargobedingungen schlicht nicht möglich war.

Dabei war das Schlamassel längst bekannt: Bereits im Kosovo-Krieg waren 1999 von der NATO gegen 31.000 Uranprojektile verballert worden. Insgesamt enthielten sie rund zehn Tonnen abgereichertes Uran. Wenig später häuften sich die Fälle von Soldaten, die an Krebs erkrankten, dramatisch. Und: Kaum einer von ihnen war im Vorfeld über das reale Strahlungsrisiko oder konkret vorhandene Gefahrenquellen – etwa rund um zerstörte Fahrzeuge – informiert.

Nachdem jahrelang geschwiegen worden war, brandete die Kontroverse um uranhaltige Munition 2001 schließlich auch in der Schweiz auf. Die Häufung mysteriöser Todesfälle zahlreicher Soldaten

Abbildung 26
»Hochtoxisch und radioaktiv«. Der Irak ist übersät mit Resten von Uranmunition.

nach ihrem Einsatz im Kosovo ließ die Bevölkerung aufhorchen. Immerhin hatten auch die Eidgenossen nach dem Krieg Hilfstruppen in die Krisenregion entsandt. Immer mehr kritische Fragen wurden laut – zum Leidwesen des Eidgenössischen Militärdepartementes VBS. Wochenlang wurde VBS-Sprecher Adrian Baumgartner damals von den Medien mit Fragen zum Thema gelöchert.

Zusammen mit einem Basler Journalisten wollte auch der Autor mit Baumgartner sprechen. Doch es kam anders: Wegen einer telefonischen Fehlschaltung wurde man unfreiwillig Zeuge eines brisanten departementsinternen Gesprächs zwischen dem VBS-Sprecher und einer weiteren Person. Thema: Welche offiziellen Auskünfte dürfen der Redaktion des Schweizer TV-Magazins »Rundschau« für deren geplanten Beitrag über die Swisscoy-Einsätze im Kosovo erteilt werden – und welche nicht?

Wie aus dem Telefonat hervorging, sollten der TV-Redaktion Fotos einer Drittperson vorenthalten werden, die Soldaten aus der Schweiz in den Trümmerfeldern zeigten. Auskünfte über einen an Leukämie verstorbenen Offizier, so schärfte Baumgartner seinem Gegenüber ein, dürften ebenfalls nicht erteilt werden: »Sie werden Dich auch nach seinen Kollegen befragen: Gib bloß keine Namen oder Kompanieziffern bekannt!«

Weshalb die Geheimniskrämerei? »Weil sich einige Soldaten widerrechtlich verhalten haben«, rechtfertigte sich der VBS-Sprecher später auf Anfrage. »Sowohl in der Ausbildung als auch im Einsatzgebiet wurde allen eingeschärft, keinen Ruinentourismus zu betreiben und sich von sämtlichen Munitionsteilen fernzuhalten.« Offenbar ohne Erfolg. Verständlich, daß man in Bundesbern stocksauer war. Baumgartner: »Das Letzte, was wir brauchen, sind Soldaten, die sich öffentlich damit brüsten, Munition als Souvenir nach Hause genommen zu haben.« Und von denen gab es offensichtlich einige. Informationen über den verstorbenen Offizier habe er zurückgehalten, weil er den Mann gekannt habe, räumte der VBS-Sprecher ein. »Da kein direkter Zusammenhang zwischen der Munition und seinem Tod nachgewiesen ist, sollte man den Toten ruhen lassen ...«

Die Verschleierungstaktik ging nicht auf. In ihrem TV-Bericht bestätigte die »Rundschau« erstmals, was damals nur vermutet werden konnte: Die im Kosovo eingesetzte Uranmunition enthielt in der Tat wiederaufbereiteten Atommüll! Dies bestätigte das AC-Laboratorium der Schweizer Armee gegenüber dem Schweizer Fernsehen nach der Untersuchung von Geschossen, die im Auftrag der UNO-Umweltorganisation UNEP im Kosovo gesammelt worden waren. Nachgewiesen wurden Uranreste, die nachweislich nur aus Abfällen von Atomkraftwerken stammen konnten. Auch Plutoniumspuren wurden entdeckt.

Der öffentliche Schrei der Entrüstung war leider von kurzer Dauer. Die Behörden in der Schweiz rieben sich erleichtert die Hände. Ebenso wie ihre deutschen Nachbarn. »Ein Strahlungsrisiko gibt es nicht!«, donnerte etwa der damalige Verteidigungsminister Rudolf Scharping – und brachte die öffentliche Kritik damit bald zum Verstummen.

Unisono wurde die Gefahr so lange kleingeredet, bis sie niemand mehr sehen wollte. Langfristige Statistiken über gesundheitliche Untersuchungen der Betroffenen werden selbstverständlich keine geführt. Soldaten, die sich in der Golf- oder Balkanregion aufhielten, kann deshalb nur geraten werden, sich bis an ihr Lebensende regelmäßig auf Krebs checken zu lassen – ohne Hoffnung, im positiven Fall je eine Entschädigungszahlung dafür zu erhalten.

Wie schreibt doch die Arbeitsgruppe Physikalische Umweltanalytik der Universität Oldenburg auf ihrer Homepage:

»Unbestritten ist, daß das Risiko einer Leukämie- oder Krebserkrankung oder eines Erbgutschadens mit Zunahme der Strahlendosis ansteigt. Ein kausaler Zusammenhang zwischen der Einwirkung radioaktiver Strahlung und dem Entstehen von Krebs oder Leukämie oder eines Erbgutschadens wird sich im Einzelfall jedoch niemals mit absoluter Sicherheit herstellen lassen, da die Auslöser dieser Erkrankungen (Strahlung, Gifte, genetische Defekte u.a.) keinen Fingerabdruck hinterlassen.«

Konsequenz: Kritische Berichte über Uranmunition findet man in den hiesigen Medien mittlerweile so gut wie keine mehr. Selbst gestandene Profis wollen sich an der einst heiß diskutierten Kontroverse nicht länger die Finger verbrennen, wie die Deutsche Angelika Claussen im Januar 2003 erleben mußte. Als Ärztin und Teilnehmerin einer Friedensdelegation war sie gerade aus Basra vom Besuch eines Hospitals zurückgekehrt, wie sie 2004 auf einem Kongreß in Berlin erzählte: »Der ZDF-Reporter, der mich interviewte, meinte vorab: ›Kommen Sie bloß nicht damit, daß die Ursache für die vielen, an Leukämie erkrankten Kinder etwas mit DU, abgereichertem Uran, zu tun haben könnte. Das wird unser Sender auf keinen Fall bringen!‹«

Die engagierte Ärztin mochte ihren Ohren nicht trauen. Um so mehr will sie sich deshalb weiterhin für ein weltweites Verbot von Uranmunition engagieren. Denn: »In unseren Medien kommen als Geschädigte der DU-Munition häufig nur die Soldaten vor.« Am verletzlichsten seien jedoch die Kinder. »Wir müssen erkennen, daß sie es sind, die das Schlachtfeld als Spielplatz benutzen werden. Sie nehmen die Geschosse in die Hand oder spielen in Panzerwracks, führen später ihre verseuchten Hände in den Mund oder atmen die kontaminierte Luft ein.«

Kapitel 19

Das Geheimnis der fliegenden Dreiecke

Wer kurvt heimlich über unseren Köpfen herum?

Rund 19.000 Internet-Seiten spuckt die Internet-Suchmaschine »Google« mittlerweile alleine beim Suchbegriff »Flying Triangles« aus. Viele der Einträge dokumentieren die Sichtungen dreieckiger Phantomflugkörper ab den 80er-Jahren. Was steckt hinter dieser eindrucksvollen Meldungsflut? Was geht über unseren Köpfen tatsächlich vor sich? Neue Augenzeugenberichte nähren den Verdacht, daß die USA heimliche Tests absolvieren.

»Fliegende Dreiecke« gelten in der UFO-Forschung als Exoten. Im Gegensatz zu anderen Objekten tauchten sie weltweit erstmals in den 80er-Jahren auf – ehe sie Belgien schließlich ins UFO-Fieber stürzten. Gegen 1.500 entsprechende Sichtungen wurden dort in der ersten Hälfte der 90er-Jahre von Behörden und Amateurforschern registriert und akribisch dokumentiert.

Die belgische UFO-Organisation SOBEPS veröffentlichte später zwei brillante Forschungsbände mit insgesamt tausend Seiten und weit über hundert Skizzen. Die Zeugen – darunter viele Polizisten – sprachen fast ausnahmslos von enorm großen, dreieckigen Plattformen mit drei gleißenden Scheinwerfern, die sie am Himmel beobachtet haben wollen. Ton- und Filmaufnahmen mit ausführlichen Interviews lassen nur einen Schluß zu: Irgendetwas Außergewöhnliches ging damals über unseren Köpfen vor sich.

Abbildung 27
So sollen die geheimnisvollen Flugkörper aussehen
(künstlerische Darstellung nach Augenzeugenberichten).

Kurioserweise findet sich unter den Tausenden von Dreieck-Sichtungen bis heute kein einziger Bericht über eine Landung. Das ist insofern merkwürdig, als gut dokumentierte Schilderungen über gelandete Scheiben oder Kugeln – andere häufig beschriebene UFO-Formen – gar nicht so selten sind, wie gemeinhin vermutet wird. Entweder fanden sich damals also 1.500 Belgier im Rahmen einer kollektiven Verschwörung zusammen, um ihre Mitmenschen zu veräppeln – oder sie sahen wirklich Unglaubliches. Ebenso wie unzählige weitere Beobachter nach ihnen. Schließlich werden Schilderungen über Dreieck-UFOs seither pausenlos aus allen Ländern der Erde gemeldet. So auch von einem Düsseldorfer Polizisten. Detailliert schilderte er dem Autor in einem persönlichen Schreiben, was zwei seiner Kollegen am 3. November 1994 gegen 23.30 Uhr während einer Streife widerfuhr:

»An der Kreuzung Südallee/Koblenzerstraße mußte der W. den Streifenwagen aufgrund einer Rotlicht zeigenden Verkehrsampel anhalten. Die beiden Beamten beobachteten jetzt, wie sich links von ihnen, in einer Höhe von rund fünfzig Metern, zwei Scheinwerfer über die Südallee näherten. Der W. stieg aus, um die Erscheinung besser beobachten zu können. Das Objekt näherte sich mit einer geschätzten Geschwindigkeit von rund fünfzig Kilometern pro Stunde.

Als es sich unmittelbar über dem Kreuzungsbereich befand, erkannten die Beamten, daß es sich um ein dreieckiges Gebilde handelte, wobei die rund zehn Meter langen Seitenschenkel etwas länger wirkten als die Rückseite. In jeder der drei Ecken der Unterseite befand sich ein leuchtender Scheinwerfer. In der Mitte leuchtete ein rotes rundes Licht.

Die Unterseite des Objektes war für die Beamten deshalb zu erkennen, weil es sich über dem Kreuzungsbereich schräg legte, extrem beschleunigte und Richtung Baumberg verschwand. Die Beamten gaben an, daß trotz der geringen Höhe des Objektes kein Motorengeräusch zu vernehmen war, sondern nur ein sehr leises Summen. Positionslichter waren keine auszumachen.«

Er leiste mit beiden Beamten seit mehreren Jahren Dienst, fügte der Berichterstatter an. »Beide sind absolut zuverlässige und sachliche Zeugen und stehen dem UFO-Phänomen mit gesunder Skepsis gegenüber.« Einer der beiden sei bei der Bundeswehr außerdem als Flugbeobachter tätig gewesen – »und nach eigenen Aussagen noch nie mit solchen Flugmanövern konfrontiert worden wie oben beschrieben«.

Eine ähnliche Beobachtung machte im November 1997 Angelika Kürsten. Gegen 23.00 Uhr befand sie sich mit ihrem Auto in der Nähe von Niederstotzingen (Deutschland), als sie über einer Hochspannungsleitung ein dunkles dreieckiges Gebilde mit zwei hellen »Lampen« bemerkte, zwischen denen sich ein rotes Licht hin und her bewegte. »Ich ging vom Gas runter, machte das Radio aus und kurbelte das Fenster herunter«, erzählt sie. »Das Ding verharrte vollkommen geräuschlos über der Leitung. Es war kein Hubschrauber, kein Flugzeug, nichts dergleichen. Ich betätigte die Lichthupe. Darauf bewegte sich das Objekt etwas in die Höhe, flog langsam an und bewegte sich dann mit enormer Geschwindigkeit weg – in Richtung Ulm.«

Eine weitere Augenzeugin aus Deutschland, die sich beim Autor meldete, hatte »um 1988/1989« in Wolfstein ebenfalls ein derartiges Objekt zu Gesicht bekommen hatte. Da sie in einer öffentlichen Position arbeitet und anonym bleiben möchte, sei hier auf die Nennung ihres Namens verzichtet.

»Wir waren auf dem Abendspaziergang mit unserem Hund und standen an der Bahnschranke, die geschlossen war«, erzählt sie. »Bei uns stand der Bahnwärter neben dem Bahnhäuschen, um die Schranke wieder zu öffnen. Plötzlich warf sich unser Hund jaulend auf den Boden und drückte sich an mein Bein. Wir wußten nicht, warum. Auf der gegenüberliegenden Seite standen die Leute, die vom letzten Zug kamen. Es war ja noch hell, weil Sommer war. Der Zug ließ auf sich warten, weil der Gegenzug abgewartet werden mußte. Auf der anderen Seite saßen auch Leute auf der Bank vor dem Haus.

Plötzlich wurde es dunkel über uns, und alle sahen nach oben. Alle riefen: ›Was ist denn das?!!‹ Es war ein Gefährt, größer als ein Fußballfeld. Es bedeckte schätzungsweise einen Viertel unseres Ortes. Noch nie hatte ich so etwas gesehen. Kein Laut ging von dem Ding aus. Seine Außenseite war fast stahlfarben. Die Form glich der einer Bügeleisenfläche. An der Unterseite sah ich ›Kabel‹, die ganz seltsam angeordnet waren, in Vertiefungen. An den drei Ecken befanden sich runde, große Positionslampen in den Farben Orange, Weiß und Grün. Wie hoch das Gefährt war, konnte man nicht erkennen.

Das Ding schwebte über uns hinweg. Dabei spürte ich ein komisches Gefühl im Körper – wie ein Vibrieren fühlte es sich an, verbunden mit einem leichten Schwindelgefühl. Wir leben in einem Talkessel, und der Hausberg ist 567 Meter hoch. Ich rief noch: ›Oh Gott, das stürzt ab oder stößt an den Kopf des Berges.‹ Aber es flog in größerer Höhe darüber hinweg. Verwandte von uns haben es übrigens ebenfalls gesehen. Sie leben auf der Hochfläche. Also war das Ding noch größer, als wir abschätzen konnten. Zuerst dachten ich und auch andere, daß die Amerikaner vielleicht ein neues Objekt entwickelt hätten, genau wie den Tarnkappenbomber, den wir hier ja auch öfter sehen und der auch solch eine Farbe hat ...«

Tatsächlich liegt in unmittelbarer Nähe die Air Base Ramstein, der größte Stützpunkt außerhalb der USA. Liefert dieser Augenzeugen-

Das Geheimnis der fliegenden Dreiecke

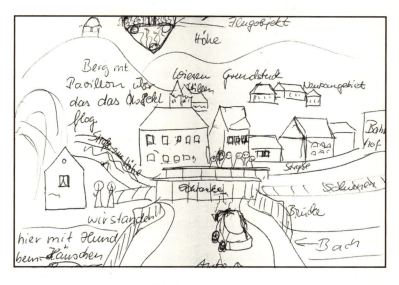

Abbildungen 28 und 29
Riesiges Dreieck-UFO über Wolfstein.
Originalskizzen der Augenzeugin.

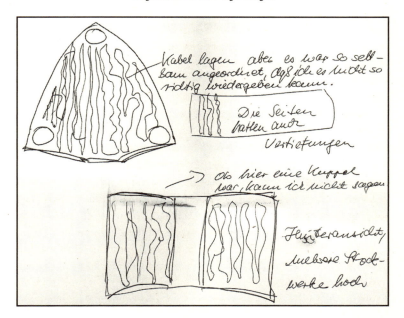

bericht somit das »Missing Link« zur Erklärung der mysteriösen Dreieck-Sichtungen? Testen die USA seit den 80er-Jahren tatsächlich geheime Technologien, die unsere Vorstellungskraft übersteigen? Riesige, dreieckige Geheimflugzeuge?

Zwei neue Sichtungen scheinen dies zu bestätigen. So registrierte das amerikanische National UFO Reporting Centre *www.nuforc.org* am 9. April 2005 den Bericht eines US-Augenzeugen aus Sidney (Texas). Der leidenschaftliche Schütze hatte sich bei Dämmerung auf den Heimmarsch gemacht, als er in achthundert Fuß Höhe plötzlich drei Lichter am Firmament erblickte, die dreieckig angeordnet waren. Beim genaueren Hinsehen entpuppte sich das Vehikel als dunkles dreieckiges Flugobjekt.

Der Zeuge nahm sein Gewehr, um das UFO mittels Hightech-Optik ins Visier zu nehmen. Schockiert entdeckte er dabei an dessen Unterseite eine Markierung. »Emergency Release and Rescue« stand dort in dicken Lettern geschrieben. Also handelte es sich um etwas Irdisches!

Der Bericht kommt für Experten einer Bombe gleich. Schließlich ist es weltweit die erste Sichtung überhaupt, die von englischsprachigen Markierungen auf einem Dreieck-UFO spricht. Doch damit nicht genug. Nur wenige Monate später konnte NUFORC bereits von einem weiteren Fall berichten. So machte ein Einwohner von Quebeck (Canada) am 6. März 2006 zusammen mit zwei weiteren Zeugen nachts ein riesiges schwarzes Dreieck am Himmel aus, das von drei Militärhelikoptern begleitet wurde …

Schilderungen wie diese sollten uns beunruhigen. Vorausgesetzt, die Augenzeugen sind nicht samt und sonders Spinner – was sich guten Gewissens verneinen läßt, scheint damit mehr als wahrscheinlich, daß »irgendwer« bereits über Geheimtechnologien verfügt, von denen wir bislang nur zu träumen wagten. Und das können eigentlich nur die Amerikaner sein. Nicht gerade eine erbauliche Vorstellung.

Kapitel 20

»Fremdartige Kreaturen bombardiert«

Ex-UdSSR-Soldat bricht sein Schweigen

*Manchmal ist die Realität spannender
als jeder Science-Fiction-Film: 1989 sollen russische
Kampfjets in der Wüste von Usturt im Auftrag
einer militärischen Spezialeinheit für Naturanomalien und
parapsychologische Phänomene fremdartige Kreaturen
bombardiert haben. Zumindest laut Rolf Meisinger.
Von 1988 bis 1990 will der kasachische Auswanderer
in besagter Einheit seinen Militärdienst geleistet
haben. Persönliche Dokumente scheinen seine
Aussagen zu untermauern.*

Existierte in der ehemaligen Sowjetunion eine geheime militärische Einheit, die sich mit der Erfassung und Aufklärung von Naturanomalien und parapsychologischen Phänomenen beschäftigte? Und dies bis in die 90er-Jahre? Das behauptet zumindest Rolf Meisinger. Und der müßte es eigentlich wissen – schließlich will er in besagter Einheit seinen Militärdienst absolviert haben.

»Selbst die kühnsten Vorstellungen, was auf unserem Planeten so alles passiert und noch passieren kann, können mit meinen Erlebnissen und Beobachtungen wohl nicht mithalten«, ist der 36-Jährige überzeugt, der heute mit seiner Frau in Mannheim lebt und als Kunstmaler arbeitet, nachdem die beiden 1994 aus Kasachstan emigrierten.

Seinen Dienst in der Spezialeinheit leistete Meisinger zwischen 1988 und 1990 unter der Leitung eines Majors namens Galkin. »Ich war kein Experte«, wehrt er ab. »Das wurde von einem Achtzehnjährigen damals auch nicht erwartet. Als Zeichner gehörte zu meinen Pflichten vielmehr die bildliche Dokumentation. Es ist ja kein Geheimnis, daß in Gerichtssälen und bei archäologischen Expeditionen immer noch auf die Dienste von ausgebildeten Zeichnern zurückgegriffen wird.« Ein Mensch mit einem Stift in der Hand sehe eben ganz andere Perspektiven und Aspekte, die einem Kameraobjektiv oft verwehrt blieben: »Auch wenn Foto und Videogeräte gegenüber 1988 mittlerweile ein weitaus höheres technisches Niveau aufweisen.«

Seine ganze Dienstzeit über führte Meisinger akribisch Tagebuch über die unglaublichen Geschehnisse. Die zwölfjährige Schweigepflicht, zu der er sich damals vertraglich verpflichten mußte, ist mittlerweile abgelaufen. Und so ist er nun daran, die Einträge von damals zu überarbeiten und zu einem Buch zusammenzufassen. Dem Autor liegen längere Auszüge daraus vor. Detailliert beschreibt Meisinger darin, wie seine Einheit allerlei unerklärlichen Dingen nachspürte.

Im August 1989 etwa wurde das Team in die von Dauerfrostboden geprägte Tundra beordert. Mitten in der grenzenlosen arktischen Steppe ragte dort der Rumpf eines augenscheinlich völlig unbeschädigten MI-4-Hubschraubers aus dem gefrorenen Boden.

Der Einheit gelang es, einen Teil davon freizulegen. Meisinger: »Passagier- und Laderaum konnten wir öffnen. Drinnen befanden sich die gleichen Schichten von Dauerfrostboden und mehrere Leichen. Die Körper nahmen alle eine ziemlich entspannte Haltung ein – als hätten sich die Menschen im Augenblick des Todes angenehm unterhalten. So grotesk es auch klingen mag: Der Hubschrauber war eigentlich hermetisch abgeriegelt, die Scheiben waren intakt. Und doch zeichneten sich in seinem Innern Schichten des Dauerfrostbodens ab ...«

Die Frage, was ein vollkommen intakter Hubschrauber mit scheinbar »entspannten« Leichen im gefrorenen Boden zu suchen hatte, beschäftigt ihn bis heute. Noch dazu, weil der Helikopter derart tief im eisigen Untergrund steckte, daß er nur teilweise freigelegt werden konnte.

Oft habe man aber auch Phantomen nachgejagt, räumt Meisinger ein. Etwa einem »sibirischen Nessie«, das man im April 1989 in der Taiga aufspüren sollte. »Das Wesen blieb – wie übrigens rund die Hälfte aller unserer Fälle – ein Hirngespinst. Die Bewohner der umliegenden Dörfer wußten scheinbar nichts Besseres, als sich damit ihre Langeweile zu vertreiben. Nach einer Woche eingehendster Untersuchungen, Messungen, Aufnahmen und Analysen hatten wir jedenfalls nicht den geringsten Hinweis auf seine Existenz.«

Umso aufregender dagegen die Konfrontation mit fremdartigen Lebewesen in der Wüstenregion von Usturt zwischen Usbekistan und Kasachstan – die an Szenen eines Science-Fiction-Films erinnert: Im März 1989 sollte Meisingers Einheit in der lebensfeindlichen Region einen tödlichen Zwischenfall innerhalb einer Gruppe von Geologen untersuchen. Dabei stieß das kleine Team auf drei bis vier Meter große monsterähnlichen Kreaturen, die bis dato unbekannt waren.

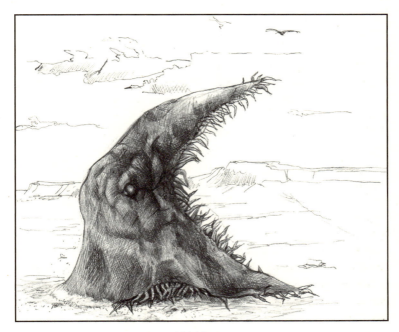

Abbildung 30
Kreatur in der Wüste von Usturt. Diese und weitere Skizzen ...

Mit ihrem Aussehen und ihrer Fortbewegungsweise hätten sie stark an Rochen erinnert, erinnert sich Meisinger. »Die Umrisse mancher Körper glichen einem fast perfekten Rhombus. Sie waren flach, mit einer Wölbung in der Mitte, wo sich auch die Augen befanden. Ohne Pupillen. Dank offensichtlich fehlendem Skelett konnten die Tiere ihre Form verändern, indem sie die Muskelmasse verlagerten. Die rauhe Haut war an einigen Stellen mit Schleim bedeckt. An den Körperseiten besaßen sie kleine, dicke Tentakel, ähnlich wie bei gewissen Seesternen – allerdings ohne Saugnäpfe. Die Maulöffnung befand sich unten, in der Nähe der Körpermitte.«

Abbildung 31
... will Rolf Meisinger ...

Die schaurigen Kreaturen konnten zwar auf Zelluloid gebannt werden. Allerdings bereiteten sie der Einheit ob ihrer Aggressivität derartige Probleme, daß schließlich zwei MIG-Kampfjets angefordert werden mußten. Nach entsprechender Ortung hätten die Piloten das Gebiet flächendeckend bombardiert, erinnert sich Meisinger. »Dabei wurden nicht nur die meisten dieser Tiere vernichtet, sondern auch das Leben unserer Gruppe stark gefährdet.«

Abbildung 32
... während seiner Militärzeit angefertigt haben.

Schilderungen, die Skeptiker mit Vorbehalt zur Kenntnis nehmen dürften. Meisinger geht mit derlei Zweifel indes gelassen um. Ungeachtet aller Schwierigkeiten seiner damaligen Emigration aus Kasachstan gelang es ihm nämlich, einige Dokumente nach Deutschland zu schmuggeln. Dokumente, die seine Aussagen grundsätzlich untermauern. Neben Fotos, Zeichnungen und dem Tagebuch aus seiner Militärzeit befindet sich darunter auch eine Art Werdegang-Zeugnis, in dem neben persönlichen Daten grobe Informationen über Zeitraum und Ort der Stationierung festgehalten sind.

»In den Militärarchiven gibt es sicherlich weitere Dokumente, die meine Aussagen bestätigen«, ist er überzeugt. »Nur wann und ob ich überhaupt Zugriff darauf haben kann, ist äußerst fraglich. Außerdem: Wo soll ich denn nach dem Zusammenbruch der Sowjetunion überhaupt danach suchen?«

Sein Buchmanuskript hat Rolf Meisinger mittlerweile vollendet. Ins Deutsche übersetzt werden die russischen Texte derzeit von seiner Frau Tatjana. Mit ihr hatte er bereits vor einigen Jahren einen kleinen Roman lanciert, über den er heute aber nicht mehr groß sprechen mag. »Das war eine rein fiktive Erzählung, wenngleich darin logischerweise der eine oder andere reale Eindruck meiner Erlebnisse am Rande einfloß. Meine Frau wußte damals noch nichts über die Details meiner militärischen Vergangenheit.«

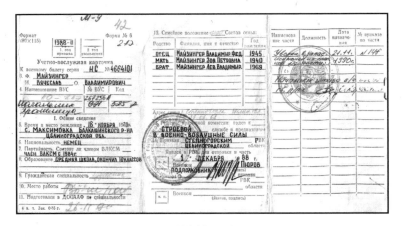

Abbildung 33
»Werdegang-Zeugnis« aus Meisingers Militärzeit. Eines der wenigen Dokumente, die er bei seiner Abreise mitnehmen konnte.

Daß die Glaubwürdigkeit seines »Outings« unter diesem Erstling leiden könnte, denkt Meisinger nicht. »Ehrlich gesagt, habe ich mich mit diesem Gedanken noch gar nicht auseinandergesetzt.« Schließlich liefere er im jetzigen Manuskript seiner überarbeiteten Tagebücher viele detaillierte Fakten, die jedermann bei Bedarf überprüfen könne, um sich dann ein eigenes Bild zu machen.

»Aufzwingen« wolle er seine Schilderungen sowieso niemandem, betont er. Und verweist in diesem Zusammenhang auf den berühmten belgischen Kryptozoologen Bernard Heuvelmans: »In einem seiner Bücher wird ein Aborigine erwähnt, der im Gebiet des

Viktoria-Sees in Afrika lebte. Dieser Jäger behauptete, mehrmals ein merkwürdiges Tier gesehen zu haben, das seiner Beschreibung nach am ehesten einem Dinosaurier ähnelte. Als einer der Europäer ihm kategorisch widersprach und meinte, daß es solche Tiere nicht mehr gebe, meinte der Aborigine: ›Als Kind war ich überzeugt, daß es keine Autos gibt, weil ich keine gesehen hatte. Jetzt sehe ich sie vor mir. Genauso ist es mit diesem Tier …‹ «

Kapitel 21

Der große Lauschangriff hat begonnen

Ultramoderne Abhörsysteme umspannen die Welt

*Stimmt es, daß die USA überall auf dem Globus
heimlich mitlauschen? Und was hat es mit dem ominösen
Schweizer Satellitenaufklärungssystem Onyx auf sich,
das mittlerweile seinen Vollbetrieb aufgenommen
haben soll? Spekuliert wird viel – was aber ist gesichert?
Die Schweizer Geschäftsprüfungs-Delegation der
Eidgenössischen Räte (GPDel) spürte diesen Fragen 2003
intensiv nach. Die Konsequenzen ihres Berichts sind
beunruhigend, wie die nachfolgende Zusammenfassung
ihrer Erkenntnisse zeigt.*

»Wäre im Januar des Jahres 1999 ein Gemeinderat der kleinen
Berner Kommune Zimmerwald nicht etwas zu geschwätzig geworden und hätte die Zeitung ›Der Bund‹ die kleine Information,
daß die bestehende Horch- und Auswertungszentrale auf dem
Längenberg südlich der Bundesstadt ausgebaut werde, nicht aufgeschnappt und verbreitet, dann wüßte die Schweizer Bevölkerung
bis heute gar nichts. Sie wüßte nicht, wozu an drei Orten der
Schweiz riesige Parabolantennen errichtet wurden. Sie wüßte nicht,
daß Hunderte von Millionen Schweizer Franken am Parlament vorbeigeschmuggelt wurden.«

Dies schreibt der Schweizer Journalist Urs Paul Engeler. Intensiv hat er sich in den vergangenen Jahren mit dem »größten und

perfidesten Lauschangriff der Geschichte der Schweiz« auseinandergesetzt. Daß ihm dabei die Galle hochkommt, ist verständlich: So wurden seit 1997 Millionenbeträge am eidgenössischen Parlament – und somit auch an der Öffentlichkeit – gezielt vorbeigeschmuggelt, um die Errichtung der Onyx-Anlage zu finanzieren.

Die Kredittranchen wurden jeweils für den Neubau eines nicht näher deklarierten »Mehrzweckgebäudes in Zimmerwald« bewilligt. Als die Öffentlichkeit davon erfuhr, war das System teilweise bereits erstellt. Über 400 Millionen, so schätzt Engeler unter Berufung auf Experten, dürfte es mittlerweile verschlungen haben. »Die genauen Zahlen werden dem Schweizer Steuerzahler aus Gründen der Geheimhaltung verschwiegen.«

Daß die ganze Mauschelei durchaus im Sinne der Erfinder ist, versteht sich von selbst. Denn Onyx eröffnet geheimdienstlichen Schnüfflern neue Perspektiven, wie Engeler anmerkt. »Für die traditionelle Telefon- und Faxkontrolle braucht es einen dringenden Tatverdacht und eine richterliche Verfügung. Dank Onyx werden die Bundespolizei und politische Instanzen neuerdings formlos und frei Haus und unkontrolliert mit den gewünschten Informationen beliefert.«

International befindet man sich damit in guter Gesellschaft. Insider-Berichten zufolge besitzen etwa dreißig Staaten eine bedeutsame Abhörkapazität. Genaue Angaben sind in diesem Bereich nicht vorhanden. Oft muß man sich mit Mutmaßungen begnügen. Denn: Informationen über diese Systeme werden von den Behörden der betreffenden Länder aus offenkundigen Gründen meist geheim gehalten.

Erwartungsgemäß verfügen die USA im Bereich des elektronischen Nachrichtendienstes über die höchst entwickelten Kapazitäten. Das für Abhören zuständige Zentralorgan ist die National Security Agency (NSA), die im In- und Ausland gegen 40.000 Mitarbeiter beschäftigt und über ein Jahresbudget von knapp drei Milliarden Euro verfügt. Nach zahlreichen übereinstimmenden Quellen betreibt die NSA in Zusammenarbeit mit Großbritannien, Kanada, Australien und Neuseeland ein multinationales Abhörnetz: das Echelon-Netz. Dank Hochleistungscomputern, der Verwendung vordefinierter Schlüsselwörter oder Techniken der Stimmerkennung scheint dieses System in der Lage, sämtliche über Satelliten übermittelte Kommunikationen zu erfassen und zu filtern. Echelon hört demnach auch Kommunikationen ab, die durch terrestrische oder Unterwasserkabelnetze oder durch Richtfunkanlagen übermittelt werden.

Abbildung 34
Onyx-Abhörstation in der Schweiz.
(Foto: www.bigbrotherawards.ch)

In Großbritannien liegt die Verantwortung für alle Lauschaktionen beim Government Communications Headquarters (GCHQ), das über Abhörstationen in Belize, Gibraltar, Zypern, Oman, der Türkei und Australien verfügt. Unbestätigten Quellen zufolge sei die Zusammenarbeit zwischen den Vereinigten Staaten, Großbritannien, Kanada, Australien und Neuseeland mit einem Geheimabkommen unter dem Titel UKUSA formalisiert worden.

Dieses Abkommen soll Ende der vierziger Jahre von den Vereinigten Staaten und Großbritannien unterzeichnet und dann auf Kanada ausgeweitet worden sein, das mit den Vereinigten Staaten einen bilateralen Vertrag (CANUSA-Abkommen) abgeschlossen habe. Australien und Neuseeland seien später hinzugekommen.

Gemäß den verfügbaren Quellen beteiligten sich weitere Länder indirekt am Echelon-System, indem sie Abhörstationen in ihr Hoheitsgebiet aufnahmen oder von Echelon Informationen erhielten. Dabei handelt es sich um Deutschland, Südkorea, Japan, Norwegen, die Türkei und Zypern. Kurioserweise haben die amerikanische, britische und kanadische Regierung das Bestehen des UKUSA-Abkommens nie anerkannt. Die neuseeländische Regierung sowie der australische Direktor des Verteidigungsabhördienstes (Defence Signals Directorate) haben dessen Existenz dagegen bestätigt.

Kritiker merken an, daß Echelon ursprünglich für militärische Zwecke bestimmt gewesen sei, jedoch würde das System mehr und mehr für Wirtschafts- und Konkurrenzspionage eingesetzt, um die Interessen amerikanischer Unternehmen zu fördern und ihren Marktanteil zu vergrößern. Die Vereinigten Staaten streiten auch gar nicht ab, Wirtschaftsspionage zu betreiben. Diese habe jedoch ausschließlich zum Zweck, diejenigen Unternehmen zu bekämpfen, die internationale Embargos brechen oder unzulässige Kommissionen für Vertragsabschlüsse bezahlen. Müßig, zu ergänzen, daß derlei Dementi immer nur so glaubwürdig sind wie der US-Präsident, der sie jeweils verbreitet ...

Der Bericht des Europäischen Parlaments von 2001 bildet wahrscheinlich die ausführlichste Analyse der Möglichkeiten und Grenzen des Echelon-Systems. Er führt aus, daß es »keinen Zweifel mehr daran gibt«, daß ein globales Abhörsystem existiert und »daß die NSA mit anderen Diensten zusammenarbeitet«.

Andere Länder verfügen ebenfalls über elektronische Spionage-kapazitäten, ohne sich indes mit den Abhörleistungen der Vereinigten Staaten messen zu können. Frankreich zum Beispiel. Dessen Netz wurde in den letzten zehn Jahren durch den ausländischen Nach-richtendienst – die Direction générale de la sécurité extérieure (DGSE) – aufgebaut. Es umfaßt Aufklärungsstationen für Satelliten und andere Quellen auf eigenem Boden, ebenso wie in den Vereinig-ten Arabischen Emiraten, in Kourou (Französisch Guayana) sowie auf der französischen Insel Mayotte (Komoren) im Indischen Ozean. Die zwei letzteren Basen sollen zusammen mit dem ausländischen Nachrichtendienst Deutschlands, dem BND, betrieben werden.

Andere Staaten der Europäischen Union scheinen ebenfalls Kapazitäten für die elektronische Nachrichtenbeschaffung zu besit-zen, wenngleich in bescheidenerem Ausmaß. So verfügt Deutsch-land offenbar über eine Basis in der Volksrepublik China, in Taiwan und – in Zusammenarbeit mit Frankreich – in Französisch Guayana.

Dem Beispiel solcher Staaten folgend beschloß der Schweizer Bundesrat deshalb, ab 1997 ebenfalls ein Projekt zur Aufklärung von Satellitenkommunikationen voranzutreiben: Onyx (ehemals SATOS-3). Es umfaßt den Empfang internationaler ziviler und militärischer Kommunikationen, die über Satelliten abgewickelt werden. Aller-dings darf es nur für Abhöraktionen außerhalb der Landesgrenzen verwendet werden.

Onyx nahm seinen Dienst im April 2000 auf. Operationell betrieben wird es seit 2004 an den Standorten Zimmerwald, Heimen-schwand und Leuk. Seit 2006 läuft die Anlage im Vollbetrieb. Das System bietet seinem Hauptbenutzer, dem Strategischen Nachrich-tendienst des Schweizer Militärdepartementes VBS, zahlreiche Mög-lichkeiten der Informationsbeschaffung. In kleinerem Umfang dient es auch dem Eidgenössischen Justiz- und Polizeidepartement. Es ermöglicht den Empfang von Daten wie Telefonanrufen, Fax, Telex, E-Mail und Informatikdaten – und ergänzt damit die Aufklä-rung von Kurzwellensignalen, die während langer Zeit die einzige von den schweizerischen Behörden verwendete Form der elektro-nischen Nachrichtenbeschaffung darstellte.

Nur: Wenn ein solches System auf rechtlicher und politischer Ebene nicht in einen strikten Rahmen eingebunden ist, kann es auch bedeutsame Risiken für die Grundrechte zeitigen – namentlich für das Recht auf Schutz der Privatsphäre und die Einhaltung des Fernmeldegeheimnisses. Die Realisierung des Onyx-Projekts wirft somit eine ganze Reihe von Fragen auf: Wer wird abgehört? Zu welchem Zweck? In welchen Bereichen? Wer vergibt die Aufträge und gemäß welchen Verfahren? Wer kontrolliert die Aufklärungsresultate? Wer archiviert sie? Wer hat Zugang zu den Dokumenten? Wer nutzt sie? Was geschieht mit Zufallsfunden? Handelt es sich bei der Satellitenaufklärung um eine ausschließlich nationale Tätigkeit, oder ist die Schweiz an einem internationalen Aufklärungsverbund beteiligt?

Betrieben wird Onyx von der Abteilung Elektronische Kriegführung (EKF), einer Abteilung der Untergruppe Führungsunterstützung des Generalstabs. Erfaßt wird die Satellitenkommunikation via Parabolantennen mit einem Durchmesser von vier bis achtzehn Metern – rund um die Uhr. Je nach Auftrag können zwischen fünf und mehrere hundert Schlüsselwörter eingegeben werden. Je präziser die Schlüsselwörter, desto zutreffender die erhaltenen Informationen. Triviale Ausdrücke wie »Terrorismus«, »Bombe« oder »Anthrax« scheinen eher ungeeignet, da sie als solche in einer Kommunikation zwischen zwei Kommunikationsteilnehmern wohl kaum auftauchen.

Generell sind die von Onyx im Ausland vorgenommenen Lauschaktionen höchst problematisch zu werten. Sie beziehen sich schließlich auf Kommunikationsteilnehmer, die sich auf dem Hoheitsgebiet eines anderen Staates befinden. Und das Abhören eines Kommunikationsteilnehmers auf einem fremden Hoheitsgebiet stellt – ohne Zustimmung des betroffenen Landes – einen Widerspruch zu dessen territorialer Souveränität dar. Sämtliche Länder, die Nachrichtendienste unterhalten, sind mit derselben Situation konfrontiert.

Zudem haben in den letzten Jahren mehrere offizielle Berichte und gewisse Medien dargetan, daß das Onyx-System Teil eines multinationalen Abhörnetzes sei. Diese Hypothese wurde beispielsweise durch den Bericht der Französischen Nationalversammlung vom Oktober 2000 vorgebracht. In diesem Dokument wird darauf hingewiesen, daß das Echelon-Netz in seinem System die Schweiz einschließe, die auf ihrem Hoheitsgebiet Empfangsstationen einzurichten gedenke. Der Bericht zitiert auch einen Abgeordneten, dem zufolge Echelon ein weltweites »Spinnennetz« mit Standorten in der Schweiz gewoben habe.

Mutmaßungen um eine mögliche Beteiligung von Onyx am Echelon-Netz erhielten im Jahr 2000 weitere Nahrung, als die Swisscom ihre Satellitenstationen dem amerikanischen Betreiber Verestar verkaufte. Die Verestar ist eine Tochtergesellschaft eines der bedeutsamsten Betreiber von Rundfunkdienstleistungen in Nordamerika. Zu ihrer Kundschaft zählt auch das US-Pentagon. Für kritische Beobachter ein klarer Anhaltspunkt für eine Zusammenarbeit zwischen den Vereinigten Staaten und der Schweiz – ja sogar einer unmittelbaren Beteiligung von Onyx am Echelon-Netz.

Und der Schweizer Bundesrat? Der bestreitet derlei Zusammenhänge selbstverständlich kategorisch. Nur: Falls eine derartige Zusammenarbeit tatsächlich stattfände, würde sie selbstverständlich nicht offengelegt. So wollen es die ungeschriebenen Gesetze.

Kapitel 22

»Roswell-UFO kam aus dem Weltraum«

Mond-Astronaut Ed Mitchell bestätigt Alien-Crash

Er ist einer der zwölf Männer, die ihren Fuß auf unseren Trabanten gesetzt haben: Apollo-14-Astronaut Edgar Mitchell. Über dreißig Jahre nach seiner Mond-Mission verblüfft er nun mit einer kontroversen Behauptung: »In den USA lagert ein abgestürztes UFO!« Dies werde bis heute geheim gehalten – aus Angst vor einer Panik. Wie aber würde die Menschheit im Fall einer Kontaktaufnahme tatsächlich reagieren? Wären wir heute wirklich reif für eine offizielle Begegnung mit E.T.s? Namhafte Psychologie- professoren bezweifeln dies – und prophezeien für den Ernstfall gar ein militärisches Geheimhaltungs-Szenario.

Als erster Apollo-Astronaut spricht der Mann öffentlich aus, was viele für blanke Spekulation halten: Der geheimnisvolle Flugkörper, der 1947 in Roswell (Neu Mexico) nachgewiesenermaßen vom Himmel donnerte, so der NASA-Star Ed Mitchell, war ein außer- irdisches Raumschiff. »Daran gibt es für mich keinen Zweifel.«

Offizielle Aussagen der USA, daß es sich um einen Wetterballon oder ein anderes Spionagevehikel gehandelt habe, dienten laut Mitchell lediglich dazu, die Sache zu verschleiern. Zugang zu den Überresten habe bis heute nur eine kleine geheime Sondereinheit.

Der Apollo-14-Astronaut, der unter anderem einen Doktorgrad des Massachusetts Institute of Technology besitzt, beruft sich dabei auf zahlreiche First-Hand-Aussagen, die er von lokalen Augenzeugen erhalten haben will, aber auch aus Kreisen des Militärs und der Geheimdienste. Enthüllt hat Mitchell diese erstaunliche Tatsache vor knapp 600 Zuschauern am World Mystery Forum, das Anfang November 2005 im schweizerischen Interlaken stattfand.

Daß der Mann auch mit weit über 70 Jahren noch alle Tassen im Schrank hat, bewies er mit einem eindrücklichen Referat. Darin berichtete er über allerlei Details seiner Mond-Landung im Jahr 1971 – und blieb dabei, wie auch in den anschließenden Diskussionen, stets auf dem Boden der Tatsachen. So könne er zwar nicht ausschließen, daß der Mond in grauer Vorzeit von anderen Lebewesen als Landebasis benutzt worden sei. »Aber wir fanden keinerlei konkreten Beweise dafür.«

Mit scharfen Worten grenzte sich Mitchell auch von allerlei kursierenden Verschwörungsthesen ab. »Zur Frage, ob die Mondlandung eine Fälschung war, rate ich Ihnen nur eines: Verschwenden Sie nicht weiter Ihre Zeit damit. Konsultieren Sie im Internet *www.badastronomy.com.* Dort werden alle vermeintlichen Widersprüche zufriedenstellend erklärt.«

Um so mehr erstaunt es, daß der Ex-Astronaut in Bezug auf Roswell Klartext sprach: So sei er selber in der Absturzgegend aufgewachsen und habe viele der Augenzeugen persönlich gekannt. Ebenso wie das Militär- und Geheimdienstpersonal, das ihm entsprechende Informationen zugetragen habe. »Mir gegenüber waren die Militärs sehr offen. Immerhin war ich ja als Astronaut und Testpilot quasi einer von ihnen – und nicht irgendein abgedrehter esoterischer Spinner.«

Verletzt Ed Mitchell mit seinen Enthüllungen über das Roswell-UFO seine militärische Schweigepflicht? »Ganz und gar nicht«, betont er. »Als ich das Militär verließ, mußte ich ja auch meine Topsecret-Clearence abgeben. Und alle Informationen über den Absturz wurden mir ohne deren Hilfe zugetragen.« Damit hat der Astronaut erstmals auch in Europa öffentlich bestätigt, was er 1998 bereits in ähnlicher Form in den USA verlauten ließ. Damals deutete er gegenüber Journalisten an, daß er der Roswell-Sache anfänglich äußerst zynisch gegenübergestanden sei. »Ich war überhaupt nicht davon überzeugt, bis ich mit damals involvierten Militärs zu sprechen begann. Man hat mir dann geheime Berichte gezeigt. Sie dokumentierten, daß die Regierung darüber informiert war – doch sie entschied, der Öffentlichkeit nichts darüber zu erzählen.«

Abbildung 35
Astronaut Ed Mitchell am World Mystery Forum im schweizerischen Interlaken.
(Foto: Bruno Petroni)

Am 18. Februar 2004 doppelte Mitchell gegenüber der »St. Petersburg Times« überdies nach, daß die Leichen der abgestürzten Wesen bis heute von einigen wenigen Insidern untersucht würden. Allerdings hätte dieses Team nach dem Tod von Kennedy aufgehört, die US-Präsidenten darüber zu unterrichten.

Daß es keinen Grund gibt, Mitchells Enthüllungen a priori zu mißtrauen, dürfte nicht zuletzt sein öffentlicher Auftritt in der Schweiz bewiesen haben. Der Autor erlebte den Mond-Veteran bei dieser Gelegenheit als gebildeten, agilen und scharfsinnigen Denker. Ohne mit der Wimper zu zucken bestätigte der Ex-Astronaut: »Eine staatliche Geheimorganisation zur Geheimhaltung dieses Zwischenfalls arbeitet bis heute erfolgreich an der Vertuschung dieses wichtigsten Ereignisses in der Menschheitsgeschichte.«

Weiß er, wo die Trümmer des UFOs heute aufbewahrt werden? Nein, schüttelte Mitchell den Kopf. »Aber ich kenne Leute, die es wissen.« Einer von ihnen könnte der demokratische Kongreßabgeordnete William D. Delahunt aus Massachusetts sein. Auf Anfrage eines Bürgers ließ Delahunt sein Büro am 23. März 2005 zum Thema Roswell-Absturz offiziell ausrichten: »Nachdem ich die Sache unter die Lupe nahm, habe ich herausgefunden, daß die Überreste noch immer analysiert werden und für die Öffentlichkeit bis heute nicht zugänglich sind.«

Warum aber die ganze Geheimnistuerei? Ed Mitchell: »Weil wir damals überhaupt nicht gewußt hätten, wie wir mit der Technologie von Aliens umgehen sollten, die so hochentwickelt waren, daß sie ein Raumschiff zur Erde schicken konnten. Die Welt wäre 1947 in Panik geraten, falls sie erfahren hätte, daß wir von Außerirdischen besucht wurden.«

Und heute? Was geschähe, wenn wir die definitive Erkenntnis der Existenz einer extraterrestrischen Intelligenz auf dem Silbertablett serviert bekämen? Was würde passieren, wenn ein UFO offiziell vor dem Weißen Haus landen und ein waschechter E. T. aussteigen würde? Wie würde die Menschheit reagieren, wenn unsere größten Antennenschüsseln plötzlich ein E. T.-Signal auffingen, das klar als solches gekennzeichnet wäre? Oder einen außerirdischen Gegenstand ausbuddeln, der vor Jahrtausenden auf der Erde zurückgelassen wurde? Gäbe es heute immer noch Gründe, derlei Informationen geheim zu halten – aus Furcht vor den Konsequenzen? Oder haben wir mittlerweile dazugelernt?

VILLIAM D. DELAHUNT
TENTH DISTRICT, MASSACHUSETTS

2454 Rayburn House Office Building
Washington, DC 20515
(202) 225-3111
www.house.gov/delahunt

SOUTH SHORE
1-800-794-9911

1250 Hancock Street
Suite 802 N
Quincy

CAPE COD & ISLANDS
1-800-870-2626

146 Main Street
Hyannis

Congress of the United States
House of Representatives
Washington, DC 20515–2110

RCVD 3-24-05

COMMITTEE ON INTERNATIONAL RELATIONS
SUBCOMMITTEES ON:
OVERSIGHT AND INVESTIGATIONS
RANKING MEMBER
WESTERN HEMISPHERE

COMMITTEE ON THE JUDICIARY
SUBCOMMITTEES ON:
CRIME, TERRORISM AND HOMELAND SECURITY
COMMERCIAL AND ADMINISTRATIVE LAW

CO-CHAIR:
CONGRESSIONAL COAST GUARD CAUCUS
OLDER AMERICANS CAUCUS

March 23, 2005

Mr. Robert F. Brown
Unit A-G
94 Hopkins Lane
Orleans, MA 02653

Dear Mr. Brown,

Thank you for your letter inquiring about UFOs and the July 1947 incident that happened in Roswell New Mexico. After looking into this matter, I have found that the debris from that is still being analyzed and is not open to the public at this time. If you would like to learn more about both UFOs and Roswell, I suggest that you talk to the International UFO Museum and Research Center in Roswell New Mexico.

The International UFO Museum and Research Center has documents and photographs that are open to the public, as well as books that you can check out. In addition to being a museum, they are a working library and a research center. They are located at 114 North Main St. Roswell, New Mexico. You can also check out their website at http://iufomrc.com or you can call them at 505-625-9495.

Hopefully you find this information useful, please feel free to write our office with any questions or concerns that you may have. Thank you again for your letter.

Sincerely,

Kyli Miller

Kyli Miller

Abbildung 36
Schreiben des US-Kongressabgeordneten William D. Delahunt:
»Die Überreste des UFOs werden immer noch untersucht.«

Der Autor hat eine ganze Reihe von Psychologen mit derlei Fragen konfrontiert. Verhalten optimistisch äußerte sich etwa Dr. Bernd Kersten von der Universität Bern (Schweiz):»Meiner Ansicht nach wäre dies eine große Chance, daß die Menschheit sich tatsächlich als eine Menschheit versteht – und die immer erneuten Gegensätze (Xenophobie) vermutlich sehr abgeschwächt würden. Über diese Hoffnung könnte man natürlich ins Schwärmen kommen …«

Pessimistischer – und damit leider wohl auch realistischer – die Einschätzung von Professor Martin Schuster vom Institut für Psychologie der Universität Köln.»Generell sind Außerirdische ja nicht unwahrscheinlicher geworden, seit man immer mehr bewohnbare Planeten entdeckt«, schickt er voraus – und prophezeit im Kontaktfall ein ziemlich düsteres Szenario:»Wenn die Evolution auch dort durch ein ›Überleben des Stärksten‹ gelaufen ist, wird man mit Wesen rechnen müssen, die ihre eigenen Interessen ohne Kosten auf Verluste durchsetzen. Wenn sie denn hier landen, sind sie technologisch sehr überlegen und können den Menschen ihre Wünsche diktieren. Man kann nur hoffen, daß sie uns – wie vielleicht bisher – als ›Naturpark weniger bemittelter Wesen‹ in Ruhe lassen.«

Etwas Angst sei also durchaus angemessen, meint Schuster, »und das liegt – aus dem gleichen evolutionären Grund – auch in unseren angeborenen Verhaltensprogrammen gegenüber Fremden«.

Zusätzliche Probleme ortet er, wie viele seiner Kollegen übrigens auch, bei der Kommunikation. Schuster:»Eine gleichberechtigte Kommunikation kann sich wegen der unterschiedlichen Wissensstände kaum ergeben. Sollten sich die gelandeten Außerirdischen nach einer gewissen Zeit als im weiteren friedlich entpuppen, wird man sich nach anfänglicher Panik an sie gewöhnen. Das wird allerdings drastische Konsequenzen für unsere Selbstdefinition als ›homo sapiens‹ haben.«

Ähnliches befürchtet auch Peter Gottwald, emeritierter Professor für Psychologie an der Ossietzky-Universität Oldenburg. Und er malt die Konsequenzen ebenso düster aus:»Spekulieren kann man, ob ein solcher Kontakt eine bewußtseinsmäßige und kulturelle ›Mutation‹ hervorrufen oder beschleunigen könnte. Alles hängt wohl vom Grad der wahrgenommenen Differenz zu den ›Aliens‹ ab. Und die Geschichte der Kolonialisierung läßt vermuten, daß die Menschheit sich entweder selbst überschätzt – und dann eventuell bei einem eigenen Angriff zugrunde geht – oder daß sie die ›Anderen‹ überschätzt – und sich zu stark unterwirft.«

Daß wir für einen Kontakt reif sind, scheint Gottwald eher zu bezweifeln: »Das gegenwärtig herrschende ›mentale Bewußtsein‹ kann kaum schon als ›Reife‹ bezeichnet werden«, konstatiert er. Und schüttet zugleich – ohne es zu wissen – Wasser auf die Mühlen all jener, welche die USA bereits heute der Unterdrückung entsprechender Fakten verdächtigen. Der Psychologieprofessor: »Vermutlich würden die gegenwärtigen ›Machthaber‹ sich bei der neuen Übermacht andienen, um noch gründlicher über die Erde herrschen zu können. Daß sie auf ihre Macht verzichten, um solidarisch mit der ganzen Menschheit in den Kontakt einzutreten, ist wohl eine Illusion.«

Aussagen, welche die von Astronaut Ed Mitchell behauptete Geheimhaltung rund um den Roswell-Vorfall in neuem Licht erscheinen lassen. Dazu paßt, daß dem Autor 2005 über Umwege eine Audioaufnahme zugespielt wurde, auf der Mitchell während seines Aufenthalts in Europa eine weitere, inoffizielle Aussage zum Crash des außerirdischen Vehikels und den daraus geborgenen Insassen macht. Der Ex-Astronaut bat ausdrücklich darum, diese Zusatzinformation nicht zu publizieren. Wenn dies hier dennoch geschieht, dann in der Meinung, daß die tatsächlichen Hintergründe des Vorfalles endlich öffentlich aufgerollt gehören.

Hier der originale Wortlaut von Ed Mitchell: »Als ich all die Informationen über den Roswell-Crash zusammenhatte, kontaktierte ich vor einigen Jahren einen äußerst hohen Regierungsverantwortlichen, dessen Namen ich hier nicht enthüllen möchte. Ich erzählte ihm, was ich wußte. ›Tja, wenn das wahr ist, müßte ich eigentlich davon wissen‹, entgegnete er. ›Zwar bin ich in diesem Fall nicht darüber informiert, aber ich werde das für Sie herausfinden.‹

Als ich ihn wieder traf, bestätigte er mir, daß meine Informationen korrekt seien. Er wandte sich erneut an seine Leitung und fragte, warum man ihn nicht eher darüber informiert habe. Antwort: ›Frag uns nicht – lass' uns in Ruhe!‹«

Und dann ist da schließlich auch noch Gary McKinnon aus London. Ihm gelang, wovon jeder PC-Hacker träumt: Von 2001 bis 2002 drang der Brite etliche Male in geheime US-Netze ein, darunter auch die Computersysteme der NASA, des Pentagon, der US-Airforce sowie der US-Marine. Doch sein Treiben flog auf. »Der Mann wird des größten Militär-Computerhacks aller Zeiten beschuldigt«, bestätigte 2005 der Staatsanwalt im östlichen Virginia, Paul McNulty, unter Verweis auf die Anklageschrift. Im Fall einer Auslieferung an die USA drohen dem Hacker dort bis zu 70 Jahre Haft und zwei Millionen Dollar Buße.

Er habe das alles nur getan, um zu beweisen, daß die USA Beweise für außerirdisches Leben zurückhalten würden, betonte McKinnon am 21. Juni 2006 in einem Exklusivinterview mit dem PC-Magazin »Wired«. In der Tat sei er beim Surfen im internen Netzwerk denn auch auf geheime Satellitenbilder gestoßen, die offenbar UFOs zeigten. »Ich habe außerdem Zugang zu Excel-Tabellen gehabt. Eine trug den Titel ›Nichtirdische Offiziere‹. Sie enthielt die Namen und Dienstgrade von Personal der US-Airforce, das nirgendwo sonst registriert war …«

Kapitel 23

Der Spion, den es offiziell nicht gibt

Diana-Geheimakte brachte ihn in den Knast

*Seit er sich als CIA-Agent outete, ist er den USA
ein Dorn im Auge. »Ein Hochstapler!«, poltern die
Behörden. »Ein Top-Insider«, meinen andere – ob seiner
schier unglaublichen Enthüllungen. Der Autor besuchte
Oswald LeWinter – jenen mittlerweile 75 Jahre alten
Mann, der wegen umstrittener Geheimakten
über die Ermordung von Prinzessin Diana zwei Jahre
im Knast von Wien verbrachte und über die schmutzigen
Machtspiele hinter den Kulissen dieser Welt
erstaunlich gut Bescheid weiß.*

Wenn es um Oswald LeWinter geht, beginnt der frühere Antiterror-
Chef der CIA, Vince Cannistraro, zu toben. »Dieser Kerl ist ein
Chamäleon!«, flucht er. Und die »Washington Post« schob am 15.
Februar 2001 in einem längeren Artikel nach: »Er mag vielleicht kein
Spion sein, aber er ist mit Sicherheit einer der dreistesten Schwindler
auf diesem Planeten.«

Anders schätzt ihn Mohamed al Fayed ein, der Vater des 1997
ums Leben gekommenen Diana-Freunds Dodi: »Er ist ein Gang-
ster«, poltert er zwar ebenfalls. »Dennoch scheinen viele seiner
Enthüllungen zu stimmen«, wendet er ein. Jedenfalls sei es mehr als
verwunderlich, daß die USA ihn und seine Hintermänner in der Diana-
Affäre juristisch unbehelligt ließen – obwohl er laut der Wiener Justiz

US-Geheimdokumente gefälscht haben soll. »In Amerika gilt das als schwerwiegendes Verbrechen!«

Wer vermag Behörden und Geheimdienstexperten weltweit derart in Rage zu bringen? Wer ist dieser Mann, der von sich selbst behauptet, zwanzig Jahre im Dienste der CIA gestanden zu sein, zuletzt als Chef der ITAC (Intelligence Threat Analysis Center) der NATO – ehe er seine Geheimnisse auszuplaudern begann? Welche Identität verbirgt sich hinter jenem Phantom, das im Laufe der Zeit unter Pseudonymen wie »George Mearah« oder »Ibrahim Razin« international von sich reden machte?

»Keine leichte Frage«, wie selbst die kritischen »Washington Post«-Schreiber einräumen mußten. Der Autor wollte es genauer wissen und machte sich auf die Suche nach dem Phantom Oswald LeWinter, um seine Konturen auszuleuchten. Jenem gebürtigen österreichischen Juden, der in der ausländischen Presse seit Jahrzehnten immer wieder für kontroverse Schlagzeilen sorgt, wenn es um die Offenlegung mieser Machenschaften des US-Regimes geht. Dem Mann, den sich jeder gerissene Thrillerautor aus den Fingern saugen müßte, wenn es ihn nicht schon gäbe. »Dem größten Hochstapler unserer Zeit«, wie ihn seine Kritiker betiteln. »Dem mutigsten CIA-Insider«, wie ihn seine Anhänger feiern.

Der mittlerweile 75-jährige lebt heute in einem kleinen Vorwort bei Frankfurt. Vor einigen Jahren hat er sich dorthin zurückgezogen. Gebeutelt von seiner schweren Krankheit, gegen die er sich mittlerweile jeden Tag von Neuem auflehnen muß. »Diese Medizin hält mich am Leben«, seufzt er mit leichtem amerikanischen Akzent und deutet beiläufig auf einen kleinen Küchentisch voller Medikamente. Am Gehstock bittet er durch seine Wohnung. Jede Bewegung scheint ihm Schmerzen zu bereiten.

Am Boden: Bücher, Artikel und jede Menge Papiere. An den Wänden Erinnerungen an früher. Ein altes Foto, das ihn in jüngeren Jahren als hochdekorierten Militär zeigt. »Daneben das Generalspatent – und hier …« – LeWinter deutet stolz auf einen weiteren Bilderrahmen – »die zweithöchste US-Auszeichnung für Tapferkeit, 1953. Das war der Korea-Krieg.«

Dieser so gebrechlich wirkende Mann soll Ende der 90er-Jahre knapp zwei Jahre in einem Wiener Gefängnis verbracht haben, weil er Mohamed al Fayed für eine Millionensumme offenbar gefälschte US-Geheimdokumente über Dianas Tod unterjubeln wollte? Schwer zu glauben und dennoch wahr. »Doch davon später«, winkt LeWinter in aller Seelenruhe ab.

Das Gespräch dauert über vier Stunden. Wer mit LeWinter spricht, braucht Zeit. Und er muß zuhören wollen. Zu fesselnd seine Schilderungen, um sie zu unterbrechen. Zu gebildet der Mann, der ein gutes Dutzend Sprachen spricht, um ihn vorschnell als Schwindler abzutun. Auch wenn seine Lebensgeschichte wie eine Mischung aus einem John-le-Carré-Roman und Münchhausens Phantastereien anmutet.

Geboren wurde Oswald LeWinter als Sohn jüdischer Eltern 1931 in Wien. Nach Hitlers Einmarsch flüchteten Mutter und Vater, der Kleine blieb in der Obhut der Großmutter, die später nach Mauthausen deportiert wurde. Der Bub wurde in einer Kinderbaracke bei Dachau untergebracht. Als eines von tausend jüdischen Kindern wurde er 1939 von den Amerikanern in die USA gebracht, wo er aufwuchs.

Nach dem Abitur studierte Oswald LeWinter dort Literatur und Psychologie und zog dann als junger Leutnant in den Korea-Krieg. 1953 kehrte er aus der chinesischen Gefangenschaft zurück, abgemagert bis auf die Knochen. 1965 rekrutierte ihn die CIA. »Die boten mir dreimal soviel Geld, wie ich damals als Hochschullehrer verdiente«, meint er fast schon entschuldigend. »Da konnte ich schlecht nein sagen. Immerhin galt es, meine Familie zu ernähren. So begann ich meine Laufbahn bei der CIA als Textanalytiker.«

Bald ging es in gefährlichere Gefilde. Jahrzehntelang lang will Oswald LeWinter an etlichen dubiosen Aktionen in aller Welt beteiligt gewesen sein. 1971 wurde er für kurze Zeit verhaftet – in London. Auf sich trug er einen Badge der New Yorker Polizei und Papiere, die ihn als Diplomaten auswiesen, wie die »Washington Post« 2001 festhielt. Man ließ ihn wieder laufen.

In Vietnam besorgte LeWinter einheimischen Saboteuren am Ho-Tschi-Minh-Pfad Kalashnikov-Gewehre, deren Kauf er durch Drogenverkäufe aus dem Goldenen Dreieck finanzierte. »Wir verstauten das Heroin in den Körpern toter GIs, deren Leichen nicht mehr identifiziert werden konnten, und versahen diese mit fiktiven

Typhus-Warnungen. Die Leichen wurden dann in die USA ausgeflogen, in bestimmte italienische Bestattungsinstitute, wo die Drogen von unseren Vertrauten heimlich wieder entnommen wurden.«

Irgendwann sei diese Geschichte auch dem bekannten Enthüllungsautor David Yallop zu Ohren gekommen, erzählt er beiläufig. »Der hat dann später ein Buch darüber geschrieben mit dem Titel ›Unholy Alliance‹«, schmunzelt LeWinter und streicht dabei über seinen fülligen Bauch. »Er nennt mich darin Oscar Benjamin und beschreibt mich als dicken Buddha …«

1984 wurde LeWinter erneut verhaftet, diesmal auf deutschem Boden, und in die USA ausgeliefert. Eine Story, die sich ebenfalls nachweisen läßt. Vorwurf: ein Deal über hunderte Millionen US-Dollar, in dessen Rahmen er tonnenweise Chemikalien zur illegalen Herstellung von Amphetaminen in die USA schmuggeln wollte. »Die Presse überbot sich damals in unsinnigen Schlagzeilen«, erinnert er sich. »Ganz nach dem Motto: ›Amerikanischer General – Chef eines Drogenrings?‹ So ein Blödsinn. Das geschah alles im Rahmen meiner CIA-Tätigkeit. Aber das durfte offiziell natürlich niemand wissen.«

Zwei Jahre habe er darauf als Gefangener verbracht – in einem amerikanischen »Country-Club«, wie er verschmitzt anmerkt. Doch das Lächeln verfliegt: »Nach der Verbüßung meiner Strafe, so versprach mir mein CIA-Anwalt, würde ich offiziell reingewaschen. Ich habe gewartet und gewartet. Doch nichts dergleichen geschah. Das hat mich zornig gemacht – nach zwanzig Jahren loyalem Dienst!«

LeWinter ballte die Faust. »Ihr wollt Krieg?«, dachte ich mir. »Gut, ihr bekommt den Krieg! Ich war damals, müssen Sie verstehen, arrogant. Ich habe mich maßlos überschätzt. Ich habe gedacht, ich kann mit diesen Ärschen fertig werden. Mir war damals nicht bewußt, daß ich gegen eine ganze Regierung Krieg führen würde.«

Sagt es und macht eine kurze Pause. Dann zückt er ein vergilbtes Fotoalbum. Darin: Erinnerungen an früher. An seine vier Kinder. Und seine Frauen. Der soeben noch verbittert wirkende Mann lebt plötzlich wieder auf. »Wissen Sie, daß ich kürzlich wieder geheiratet habe?«, fragt er. Zum wievielten Mal denn? »Zum fünften Mal – die vierte Frau«, lächelt er verschmitzt. Und fast schon entschuldigend winkt er ab: »Irgendwie habe ich die Frauen offenbar fasziniert – auch wenn ich nie ein hübscher Mann war ...«

Themenwechsel. Zurück in die dunkle Zeit. In die späten 80er-Jahre, als ihn die CIA wie eine heiße Kartoffel fallen gelassen habe und ihm der Staat die Rente strich. »Tja, dann begann ich eben Journalisten anzurufen. Und Geheimnisse über politische Attentate der USA auszuplaudern. Etwa über die Hintergründe der Ermordung des schwedischen Ministerpräsidenten Olof Palme. Die Vereinigten Staaten veranlaßten Palmes Ermordung, um seine Pläne zu stoppen, Skandinavien in eine atomkraftfreie Zone zu verwandeln.«

Klar habe er sich für geheime Informationen öfters bezahlen lassen, räumt er ungefragt ein. »Aber ich brauchte ja auch Geld. Es gab Zeiten, da bin ich nachts herumgelaufen und habe Mülltonnen abgeklappert. Auf der Suche nach etwas Eßbarem.« LeWinters Tonfall ist plötzlich sehr leise. Nachdenklich schweigt er ein paar Sekunden und verzieht dann verächtlich den Mund. »Eine Konkurrenz für die Katzen ...«

Daß die US-Behörden über seine explosiven Enthüllungen alles andere als erfreut waren, versteht sich von selbst. »Also begann man, systematisch meinen Ruf zu ruinieren. Sehen Sie: Vor Jahren habe ich in der CIA-Akademie in Williamsburg unterrichtet. Wenn einer die CIA anklagt, so dozierte ich dort, ist es Blödsinn, ihn deswegen umzubringen. Das würde die Öffentlichkeit nur als Bestätigung ansehen, daß er die Wahrheit sagt. Besser ist es zu sagen: Wer ist das? Der war nie bei uns. Das ist ein pathologischer Lügner. Ein Hochstapler. Schließlich lassen sich viele Spuren im Nachhinein tilgen.« Genau so sei man dann auch mit ihm verfahren. »Es gab sogar so einen Trottel bei der ›Washington Post‹«, meint er in Anspielung auf den eingangs zitierten Zeitungsartikel. »Der versuchte ebenfalls, mich zur Schnecke zu machen. Aber der arbeitete ja ebenfalls für die CIA ...«

Oswald LeWinter schlug zurück. Rund neun Monate nach besagtem Zeitungsartikel veröffentlichte der Mann weltweit das allererste Enthüllungsbuch über den 11. September. Sein US-kritischer Bestseller »Desmantelar a América« erschien in Portugal gerademal zwei Monate nach dem WTC-Anschlag. Als erster formulierte er darin Zweifel an der offiziellen Version der Terroranschläge.

Abbildung 37
Oswald Le Winter: 2001 veröffentlichte er das weltweit erste Buch,
das die offizielle Version des WTC-Anschlags in Frage stellt.

Ein Verschwörungsszenario, wie es seither von Sachbuchautoren und Enthüllungsjournalisten rund um den Globus aufgegriffen und weitererchiert wurde. Mit verheerenden Ergebnissen für die US-Regierung. Wie kam der Mann unmittelbar nach den Anschlägen zu derlei brisanten Informationen, die sich in den letzten Jahren zusehends zu verdichten scheinen und Thema mehrerer Untersuchungen waren? Warum verfügt er – wie auch im Mordfall Diana – über Insiderwissen, wenn nicht aus geheimen Quellen?

»Als ich 1997 die Bilder von Dianas Autounfall in Paris am TV sah, hatte ich gleich ein seltsames Gefühl«, meint er und zuckt mit den Achseln. »Irgendetwas schien hier einfach nicht zu stimmen.« LeWinter griff zum Telefon und rief einen Freund beim französischen Geheimdienst an. Der bestätigte ihm seine Mordthese. Seither ist für LeWinter definitiv klar: »Die CIA hat Diana umgebracht – im Auftrag des britischen Geheimdienstes. Sie war eine Bedrohung für die Monarchie. Also mußte sie von der Bildfläche verschwinden. Eine Heirat mit einem Araber? Unvorstellbar!«

Daß sich die Amerikaner tatsächlich für die Prinzessin interessierten, zeigen die Recherchen von Dodis Vater Mohamed al Fayed. Demnach verfügen die US-Geheimdienste über 1000 Seiten Geheimakten in dieser Sache. Deren Herausgabe aber wird bis heute offiziell verweigert – wegen der Möglichkeit »außergewöhnlich schweren Schadens« für die nationale Sicherheit.

Derlei Papiere, so räumt LeWinter ohne mit der Wimper zu zucken ein, habe er Ende April 1998 unter falschem Namen an Al Fayed verkaufen wollen. Wenige Monate nach Dianas Tod. »Schließlich hatte Al Fayed öffentlich 15 Millionen Dollar für konkrete Hinweise geboten. Ich wollte das Geld meiner Familie zukommen lassen. Leider war ich damals ziemlich blauäugig und nicht mehr auf dem Höhepunkt meiner Kräfte. Ich habe Fehler gemacht, für die ich büßen sollte.«

In der Tat: Als der heimliche Aktendeal mit Fayeds Sicherheitschef John Macnamara in einem Wiener Hotel über die Bühne gehen sollte, klickten plötzlich die Handschellen. Grund: Der mißtrauische Macnamara hatte FBI, CIA und die österreichischen Behörden heimlich über das Treffen informiert. LeWinter wurde an Ort und Stelle verhaftet. »Nach meiner Festnahme wurde ich auf österreichischem Boden von US-Agenten verhört und mit Elektroschock-Stäben traktiert. Eine bodenlose Schweinerei. Sehen Sie …« Ungefragt zieht der alte Mann sein T-Shirt auf Brusthöhe und deutet auf Narben und verbrannte Hautstellen.

»Schließlich knallte man mir die fraglichen Dokumente auf den Tisch. Sie waren mir am Tag zuvor von meinem Mittelsmann übergeben worden. Ich hatte sie vor meiner Verhaftung ungeöffnet im Hotelzimmer liegen.« Erst später sei ihm klar geworden, daß die Dokumente professionell gefälscht worden sein mußten. »Man hat mir gesagt, daß sie Al Fayed – ob seiner Aufsässigkeit gegenüber den amerikanischen Behörden – lächerlich machen sollten. Später wurde mir klar, daß man vielmehr mich damit aus dem Verkehr ziehen wollte.«

Dichtung oder Wahrheit? Die Hintergründe bleiben verworren, der Knastaufenthalt Realität. Rund zwei Jahre saß LeWinter hinter Gittern. »Al Fayed hat in der Folge die ganze US-Regierung eingeklagt. Jedes einzelne Departement. Nur um zu erfahren, wer dieser LeWinter ist …«

Abenteuerliche Geschichten ohne Ende, explosive Aussagen, seltsame Andeutungen – und manchmal auch Schweigen: Wer LeWinters Erzählungen nachgeht, findet sich schnell in einem schier unübersichtlichen Informationssumpf, in dem sich vieles nur schwer überprüfen läßt. Dennoch: Auch über den Diana-Fall existieren mittlerweile etliche Sachbücher, die seine Mord-These aufgreifen und untermauern. Und aus offiziellen Quellen sickern seither immer mehr Ungereimtheiten ans Tageslicht. Wie schon im Fall der 9/11-Thematik. Reiner Zufall?

Und dann ist da noch eine gänzlich andere Seite, die man dem Mann ob seiner wilden Abenteuerstories kaum zubilligen mag – obwohl sie sich von allem wohl am leichtesten dokumentieren läßt. Seit Jahrzehnten veröffentlicht Oswald LeWinter in literarischen Zeitschriften nämlich englischsprachige Gedichte. Erst kürzlich ist sein neustes Buch »Ages of Chaos and Fury – Selected Poems, 1949–2005« (Ravenna Press 2005) erschienen. Ein weiteres (»More Atoms of Memory«) soll folgen. Und seine Dichtung hat es durchaus in sich, wie etwa eine ausführliche Rezension in der kanadischen Literaturzeitschrift »The Modern Review« (Dezember 2005) zeigt, wo seinen literarischen Kunstwerken hohe Anerkennung gezollt wird.

Abgesehen von seiner umstrittenen Geheimdienstrolle scheinen denn auch viele seiner Lebensstationen selbst für seine ärgsten

Kritiker gesichert, wie die »Washington Post« in ihrem berüchtigten Enthüllungsbericht 2001 einräumen mußte: »Als New Yorker College-Student und aufstrebender Poet in den 50er-Jahren freundete er sich mit dem berühmten US-Schriftsteller Saul Bellow an – gemäß jemandem, der ihn früher gut kannte, aber nicht genannt werden möchte.«

In den 50ern, so die Journalisten weiter, sei LeWinter nach Kalifornien übersiedelt, wo er seinen Hochschulabschluß an der Universität in Berkeley absolvierte. »Er arbeitete an einer Doktorarbeit, gab ein Buch mit dem Titel ›Shakespeare in Europe‹ heraus, wofür er durchaus Anerkennung erfuhr und auch verschiedene Literaturpreise gewann ...« Ebenso werden ihm enge Kontakte zum bekannten tschechischen Ex-CIA-Spion Karl Koecher bescheinigt.

Koecher seinerseits räumt offiziell ein, LeWinter am Tag seiner Verhaftung in Wien im Hotel-Frühstücksraum noch getroffen zu haben. In einem längeren Brief, der in der »Central Europe Review« vom 2. August 1999 wiedergegeben ist, schreibt er: »Ich sagte LeWinter, daß ich abreisen würde. Aber er bat mich, mich noch kurz zu ihm und einen Mann neben ihm zu gesellen. Er stellte mir diesen als ›Pat‹ vor, einen alten CIA-Freund. Wir sprachen rund zwanzig Minuten miteinander, wobei dieser ›Pat‹ auf mich den Eindruck eines ›echten‹ CIA-Insiders machte. Darüber hinaus wußte dieser Mann überraschend viel über mich ...«

Wer die internationalen Bibliotheken nach Oswald LeWinter durchforstet, stößt zudem auf weitere Spuren, die sich ebenfalls nicht in Abrede stellen lassen. So finden sich im Archiv der Library of Congress etwa Tonband-Aufzeichnungen von Gedicht-Lesungen LeWinters in der Universität von Berkeley (24. Oktober 1960). Weiter auch eine deutsche Dissertation aus seiner Feder zum Thema »Liebe und Selbst-Liebe« (Universität Tübingen, 1989). Den Doktortitel trägt er also zu Recht.

Konsequenz: Der Mann ist definitiv vielschichtiger, als mancher Kritiker glauben mag. Vorsicht scheint dennoch angebracht. Schließlich betiteln ihn manche gar als »Meister der Desinformation«, wie etwa die österreichische Journalistin Alexandra Bader, nachdem sie ihn vor einigen Jahren an seinem damaligen Wohnort im portugiesischen Lissabon besucht hatte.

204   Der Spion, den es offiziell nicht gibt

8 2 -11- 2012

Dieses Verzeichnis ist von den Sicherheitsbehörden
in dreifacher, vom Gericht in zwelfacher Ausferti-
gung anzulegen.

Aktenzeichen _22 d Vr 3938/98_

175

(Standblatt)nummer: **S2634/98**

35

Verzeichnis der in Verwahrung genommenen
Beweisgegenstände (Standblatt)

Strafsache   Zl.: 1 557 674/1-II/00/20

gegen   Oswald LEWINTER

wegen   §§ 107, 223 und 146 ff STGB;

Erleger: REPUBLIK ÖSTERREICH
               Bundesministerium für Inneres
               Gen. Dion. f. d. öff. Sicherh.
               KRIMINALPOLIZEILICHER DIENST
               E D O K

Erlegt am:

Postzahl	Gegenstand	Ort der Aufbewahrung	Inhalt und ON der Verfügung über den Gegenstand, Tag und Art der Durchführung dieser Verfügung (Empfangsbestätigungen, allfällige Bemerkungen)
1	Kuvert Air-Mail U.S. Gov.		
2	Kuvert U.S.Gov. Messenger Envelope	mit	
3	4 Schriftstücke (2 verschlüsselt)		
4	100 St. 100 US Dollar Banknoten (10.000,-- US Dollar insgesamt)		
5	1 Scheckbuch blau mit div. Zetteln		
6	1 American Express lautend auf George MEARAH 3783 462832 61023		
7	1 American Express Corpor. ausg. auf Ibrahim RAZIN 3783 462832 610515		

%

Lager Nr. 89. (Standblatt.)
Amtsdruckerei der Bundespolizeidirektion Wien.

April 1987

Abbildung 38a

Der Spion, den es offiziell nicht gibt

8 2 -11- 2012

Postzahl	Gegenstand	Ort der Aufbewahrung	Inhalt und ON der Verfügung über den Gegenstand, Tag und Art der Durchführung dieser Verfügung (Empfangsbestätigungen, allfällige Bemerkungen)
8	1 American Express lautend auf Oswald LEWINTER 3783 462832 61007		
9	1 VISA lautend auf Oswald LEWINTER 4046 9100 1109 8959		
10	1 VISA Bank of America lautend auf Oswald LEWINTER 4217 6612 03298054		
11	1 Master Card lautend auf Dr. Oswald LEWINTER 5472 065600390703		
12	div. Club- und Geschäftskarten		
13	1 Mobiltelefon USA		
14	1 IPA Ausweis ausgestellt auf Chief Insp. George MEARAH		
15	diverse schriftliche Aufzeichnungen und Zeitungsartikel in Kuvert		
16	diverse schriftliche Aufzeichnungen und Zettel in Kuvert		
17	1 schwarze Mappe mit Visitenkarten		
18	1 halbe Banknote 5 US Dollar		
19	1 weinroter Pilotenkoffer mit 3 Kodakfilmen Inhalt		

am   - 7. MAI 1998

Abbildung 38b

*Offizielles Verzeichnis der in Wien
in Verwahrung genommenen Beweisgegenstände.
Darunter befinden sich auch Kreditkarten Le Winters
auf die Namen »George Mearah« und »Ibrahim Razin«
sowie ein falscher Interpol-Ausweis.*

Bader: »Immerhin war er es, der die amerikanische Autorin Barbara Honegger erfolgreich desinformiert hat. Sie gehörte zu Reagans Wahlkampfteam, begann aber dann, die ›Oktober-Überraschung‹ zu recherchieren. Bekanntlich wurde die Freilassung der Geiseln in der Teheraner US-Botschaft von Reagan-Leuten als Deal mit den Mullahs verzögert. Damit Reagan Carter nachfolgen konnte, der bei manchen schmutzigeren CIA-Operationen Skrupel hatte. Mr. Spy (LeWinter) sorgte mit unter Informationen gemischten Desinformationen dafür, daß die gesamte Rekonstruktion Honeggers unglaubwürdig wirkte. Ein einziger falscher Name genügte dafür.«

Wie heiß die Sache damals wirklich war, dokumentiert auch ein mehrseitiger Report in der TAZ vom 15. Juli 1989. Unter dem Titel »Mit Chomeinis Geiseln an die Macht – Wie Ronald Reagan die Wahlen gewann« wird die Affäre darin detailliert aufgerollt: »Die Gruppe hatte den bezeichnenden Namen ›October Surprise‹ (Oktober-Überraschung). Sie sollte verhindern, so Ibrahim Razin, ein ehemaliger hoher CIA-Funktionär, daß ›Carter die Geiseln freibekommt und die Wahlen gewinnt‹.«

Ibrahim Razin war – und ist Oswald LeWinter! Und – als ob man es nicht schon ahnen würde – setzt der Mann auf Nachfrage gleich noch eins drauf: Auch Bin Laden habe er heimlich getroffen, versichert er. Noch dazu 2003. Man mag es ihm glauben. Oder auch nicht. Dichtung und Wahrheit liegen bei ihm nun mal eng nebeneinander. Im wörtlichsten Sinn. Doch das muß – wie sein Beispiel zeigt – nicht zwingend ein Widerspruch sein.

Tatsache bleibt, daß Oswald LeWinter auch in Jürgen Roths Enthüllungsbuch »Die Mitternachtsregierung« (1990) auftaucht – als »Mr. Alias«. Und selbst der ehemalige deutsche Bundesminister Andreas von Bülow setzt auf seine Aussagen, wie aus seinem Buch »Im Namen des Staates« (2000) hervorgeht. »Bülow besuchte mich seinerzeit im Gefängnis von Wien«, erinnert sich LeWinter. »Über meinen Namen war er bei Recherchen zu einer brisanten Affäre gestoßen, über die ich hier nicht sprechen möchte. Jedenfalls konnte ich ihm seine diesbezüglichen Informationen bestätigen. Bülow sagte mir damals ins Gesicht: ›Als Geheimdienstexperte weiß ich, daß Sie echt sind.‹«

Seine Reisepässe – »Ich habe mehrere davon« – mochte Oswald

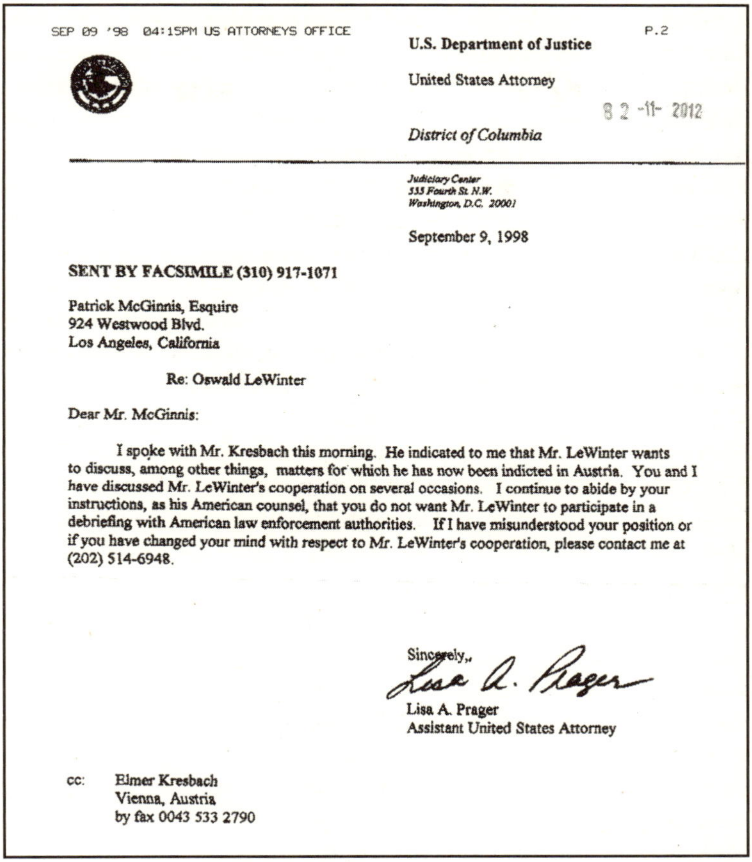

Der Spion, den es offiziell nicht gibt
207

SEP 09 '98 04:15PM US ATTORNEYS OFFICE   P.2

U.S. Department of Justice

United States Attorney

District of Columbia

Ø 2 -11- 2012

Judiciary Center
555 Fourth St. N.W.
Washington, D.C. 20001

September 9, 1998

SENT BY FACSIMILE (310) 917-1071

Patrick McGinnis, Esquire
924 Westwood Blvd.
Los Angeles, California

Re: Oswald LeWinter

Dear Mr. McGinnis:

I spoke with Mr. Kresbach this morning. He indicated to me that Mr. LeWinter wants to discuss, among other things, matters for which he has now been indicted in Austria. You and I have discussed Mr. LeWinter's cooperation on several occasions. I continue to abide by your instructions, as his American counsel, that you do not want Mr. LeWinter to participate in a debriefing with American law enforcement authorities. If I have misunderstood your position or if you have changed your mind with respect to Mr. LeWinter's cooperation, please contact me at (202) 514-6948.

Sincerely,

Lisa A. Prager
Assistant United States Attorney

cc: Elmer Kresbach
       Vienna, Austria
       by fax 0043 533 2790

Abbildung 39
Dokument des US-Justizdepartementes
in Sachen Oswald LeWinter (1998).

LeWinter an dieser Stelle trotz Nachfrage nicht abgebildet sehen. Ebenso wenig Bilder aus seiner CIA-Zeit. Dafür erlaubte er einen längeren Blick in sein persönliches Archiv, aus dem er zwei Dokumente zur exklusiven Veröffentlichung zur Verfügung stellte.

Es ist mehr als wahrscheinlich, daß der Mann in den letzten Jahrzehnten mehr Geheimnisse ausplaudert hat, als manchen lieb ist. Ebenfalls wahrscheinlich ist, daß er dabei auch manche falsche

Fährte legte – aus welchen Motiven auch immer. Sicher ist jedenfalls, daß er nicht zuletzt in der Diana-Affäre definitiv mehr zu wissen scheint, als er offiziell zugibt. Über Lady Di hat Oswald LeWinter denn auch einen Roman in Arbeit, für den er derzeit noch einen deutschen Verleger sucht. Darin soll auch die Rede von einem geheimnisvollen Brief sein, den er im Wiener Gefängnis erhalten haben will. Geschrieben habe ihn ein Paparazzo, der als erster am Unfallort war und mittlerweile tot sein soll. »Aber er lebt noch …«, meint LeWinter geheimnisvoll.

Sollte auch nur ein kleiner Teil seiner Enthüllungen der Wahrheit entsprechen, wären Behörden und Regierungsstellen tatsächlich gut beraten, den Mann öffentlich als Hochstapler zu desavouieren.

Kapitel 24

Verschlüsselte Botschaft auf CIA-Skulptur

Dan Brown auf Spurensuche in den USA

Nach über 40 Millionen verkauften Büchern eroberte Dan Browns »Sakrileg« nun auch die Leinwand. Gespannt fiebern Fans in aller Welt bereits seinem nächsten Roman entgegen, der demnächst erscheinen soll. Dieses Kapitel enthüllt, worum es darin gehen könnte – und warum die Spurensuche bei den US-Freimaurern beginnt und bei einer mysteriösen Skulptur endet, die auf dem CIA-Gelände in Virginia thront. Eine Skulptur, die – wen wundert's – eine komplizierte verschlüsselte Botschaft birgt.

Das gab's noch nie: Allein im deutschsprachigen Amazon-Ranking liegt Dan Browns nächstes Buch »Solomon Key« bereits auf den vordersten Verkaufsrängen – obwohl es noch gar nicht erschienen ist. Möglich machten den virtuellen »Bestseller« Tausende von Vorbestellungen deutscher Fans. Viele von ihnen können es kaum erwarten, den neusten Thriller des Weltbestsellerautors in die Hände zu kriegen. Denn Dan Browns Bücher machen neugierig und seine Heimlichtuerei süchtig – nach mehr »verbotenen« Informationen.

Der Mann ist ein Schlitzohr. Also versteckte er in seinem »Da Vinci Code« alias »Sakrileg« eine verschlüsselte Botschaft an seine treusten Leser – wie schon bei seinen früheren Werken. Quasi ein Minitrailer auf sein nächstes Buch. Verborgen hat er ihn auf der englischsprachigen Cover-Rückseite.

Einige der Buchstaben dort sind in etwas anderer Schrift gesetzt. Aneinandergereiht ergeben sie den rätselhaften Satz »Is There No Help for the Widow's Son? – Gibt es keine Hilfe mehr für den Sohn der Witwe?« Nicht minder geheimnisvoll der offizielle Titel des heiß ersehnten Brown-Sequels, das der Verlag mittlerweile offiziell bestätigt hat: »The Solomon Key – Der salomonische Schlüssel«.

Seit der Ankündigung nimmt der weltweite Rummel immer groteskere Züge an: Wohl zum ersten Mal in der Geschichte eines Romans füttern gewiefte US-Verleger ihr Publikum derzeit mit jeder Menge neuer Bücher – über ein Buch, das es noch gar nicht gibt. Bereits seit einiger Zeit lieferbar ist etwa »Secrets of the Widow's Son« von David A. Shugarts. Ebenso wie »Unlocking the Solomon Key« von Simon Cox. Weitere Titel auf dem US-Markt: »The Solomon Key and Beyond: Unauthorized Dan Brown Update« von W. Frederick Zimmerman, »The Key to Solomon's Key: Secrets of Magic and Masonry« von Lon Milo DuQuette, »Cracking the Freemason's Code. The Truth About Solomon's Key« von Robert Cooper, »Turning the Solomon Key« von Robert Lomas oder »The Guide to Dan Brown's the Solomon Key« von Greg Taylor.

Allesamt versuchen die Autoren herauszufinden, worüber Brown zurzeit recherchiert und schreibt – um seine Rätsel zu knacken, noch ehe sie überhaupt gedruckt sind. Eine zusätzliche Bürde für den Bestseller-Autor, auf dessen Schultern nach weltweit über vierzig Millionen verkauften »Sakrileg«-Exemplaren ein schier unglaublicher Erwartungsdruck liegt. An der Tatsache, daß sich derart viele Spurenjäger an seine neuste Fährte geheftet haben, ist der Amerikaner allerdings nicht ganz unschuldig. Schließlich war er es selbst, der Journalisten den entscheidenden Hinweis gab: »Der neue Roman beschäftigt sich mit der geheimen Geschichte der amerikanischen Bundeshauptstadt«, verriet er. Also mit Washington.

Und was haben die findigen Detektive in diesem Zusammenhang an historisch verbürgten Kuriositäten nun ans Tageslicht gezerrt? Zumindest jede Menge spannender Puzzleteilchen. So gilt etwa die Frage »Is there no help for the widow's son?« als klassischer »Hilferuf« unter Freimaurern. Gleichzeitig ist sie Titel einer jahrzehntelang unveröffentlichten Rede, die Dr. Reed C. Durham Jr. am 20. April 1974 vor der »Mormon History Association Convention«

gehalten hat. Darin listet Durham zahlreiche Indizien für die These auf, daß Joseph Smith – umstrittener Begründer der Mormonen-Religion (1805 bis 1844) – vom Freimaurertum massiv beeinflußt war. Nicht umsonst sei Smith später gar selber Mitglied einer Loge in Nauvoo (Illinois) geworden, nachdem bereits sein Vater aktiver Logenbruder war. Insofern fänden sich viele freimaurerische Einflüsse in dem von ihm begründeten Mormonentum – ebenso wie im Baustil gewisser Mormonen-Tempel.

Für Durhams Glaubensgenossen waren derlei Enthüllungen ein Schlag ins Gesicht. Immerhin lagen sie mit den Freimauern schon lange im Clinch, weil sie diese der Ermordung ihres Propheten verdächtigten – speziell im US-Bundesstaat Utah, wo die Mormonen bis heute ihren Hauptsitz haben. Bis vor wenigen Jahrzehnten noch untersagten dort beide Parteien ihren Mitgliedern jeweils die Zugehörigkeit zur anderen Gruppierung. Erst Mitte der 80er-Jahre wurden die Verbote gelockert.

Als »Sohn einer Witwe« gilt in biblischen Kreisen zudem auch der mysteriöse Hiram Abiff. Laut dem Alten Testament soll er den berühmten Tempel Salomons erbaut haben – in dem neben allerlei Schätzen auch die sagenumwobene Bundeslade verstaut worden sei.

Weiter sollen die Freimaurer in ihren Kreisen eine »eigene« ausgeschmückte Legende über Hiram Abiff pflegen, den sie bis heute als eigentlichen »Chefarchitekten« vergöttern, wie Durham in seiner Rede zu bedenken gab.

Dieser Freimaurer-Überlieferung zufolge soll »ihr« Hiram Abiff ermordet worden sein – und den ominösen Hilferuf-Satz ausgestoßen haben, ehe er sein Leben aushauchte. Ebenso wie Mormonen-Gründer Joseph Smith – zumindest laut Durhams kontroverser Rede –, als er 1844 vom Mob bedrängt zu Tode kam.

Eine Legende übrigens, die sich auch in ihrem Ursprung in vielen Punkten verdächtig genau mit den Erzählungen von Joseph Smiths »Initiation« deckt. Sowohl er als auch die Freimaurer beriefen sich dabei auf den biblischen Propheten Henoch, ein geheimes Versteck mit Goldplatten samt mysteriösen Gravierungen und anderen ziemlich identischen »Offenbarungen«.

Zu viel für konservative Mormonen! Kein Wunder, daß sich Durham bei seiner Gemeinde für seinen ketzerischen Vortrag später kleinlaut entschuldigen mußte. Seine Ausführungen wären wohl nie an die Öffentlichkeit gelangt, hätte einer der Zuhörer damals nicht ein Tonband mitlaufen lassen ...

Abbildung 40
Gründersiegel der USA. Im Zentrum prangt die Freimaurer-Pyramide.

Reichlich verworrener Stoff also für Browns Romanhelden Robert Langdon, der sich im kommenden Buch noch mit vielen anderen kuriosen Informationen konfrontiert sehen dürfte. Wußten Sie etwa, daß mindestens acht Unterzeichner der amerikanischen Unabhängigkeitserklärung Freimaurer waren? Und dreizehn der bisherigen amerikanischen Präsidenten ebenfalls? Und: Warum prangt auf der Rückseite des großen Siegels der Vereinigten Staaten (1782) eine Freimaurer-Pyramide samt dem »allwissenden Auge« und der Unterschrift: »Novus ordo seclorum« (»Neue Ordnung der Zeitalter«) – ebenso wie auf der offiziellen US-Dollar-Note? Zufall?

Und wie steht es mit dem Straßennetz Washingtons? Birgt es tatsächlich die Struktur eines »teuflischen« oder freimaurerischen Pentagrammes, das vom Architekten einst bewußt auf dem Reißbrett entworfen worden sein soll? Auch Robert Langdon wird sich darüber wohl den Kopf zerbrechen. Ebenso wie über die Frage, warum das George-Washington-Monument als weißer Marmor-Obelisk im Ägypten-Look gestaltet wurde – und noch dazu exakt auf der Verbindungsgeraden zwischen dem Capitol und dem Lincoln Memorial thront. Zufall, daß der 1848 gelegte Grundstein offiziell durch eine Freimaurerloge finanziert wurde? Nein, denn George Washington war ebenfalls Freimaurer.

Brown ist dafür bekannt, die Erfolgsmuster seiner bisherigen Bücher zu kopieren. Fehlt also nur noch ein Schatz, dem Robert Langdon in Washington – analog zur letzten Spurensuche in Paris – nachspüren könnte. Womöglich der, den König Salomon einst in seinem Tempel verstecken ließ? Vielleicht gar die biblische Bundeslade samt ihren Moses-Tafeln? Zu trivial, möchte man meinen. Immerhin verblüffte der Autor seine Leser bereits im »Da Vinci Code« mit der originellen Feststellung, daß es sich beim legendären Heiligen Gral nicht um einen Becher gehandelt habe, sondern vielmehr um eine Frau – Maria Magdalena.

Gedanken, die sich auch David A. Shugarts in seinem Buch »Secrets of the Widow's Son« macht und dabei unter anderem die Alchemie erwähnt: »Man könnte beispielsweise vermuten, daß der vergrabene Schatz das Geheimnis sein könnte, wie man Metalle transferiert (also etwa aus Blei Gold herstellt). Oder Materie in Energie wandelt – und das bei Raumtemperatur …«

Nur: Wo könnte dieser »Wissensschatz« verborgen sein? Ein Ort scheint dafür besonders geeignet: das CIA-Hauptquartier in Langley (Virginia). Vor dessen Kantine prangt seit 1990 die sogenannte »Kryptos«-Skulptur des Künstlers James Sanborn. Ein Kupferkunstwerk – übersät mit rund 1.800 Daten und Zeichen und einer darin verschlüsselten Botschaft. (Transkript im Internet: *www. elonka.com/kryptos/transcript.html*)

Drei Viertel der äußerst kniffligen Botschaft konnten Geheimcode-Fanatiker in den letzten Jahren knacken. Der Rest harrt noch seiner Entzifferung, obwohl Experten und Hobby-Forscher aus allen Ländern fieberhaft daran arbeiten. Ein Monument, das Browns Herz höher schlagen lassen müßte, denn der Mann ist bekanntlich ein Kryptographie-Freak. Tatsächlich findet sich – erneut auf dem Umschlag der englischsprachigen »Sakrileg«-Ausgabe – ein Hinweis darauf. Und der könnte konkreter nicht sein. Beinhaltet er doch dieselben Koordinaten, wie sie auf »Kryptos« verschlüsselt wurden.

Allerdings entdeckt die Zahlen nur, wer das Buch mit einem Spiegel absucht. Außerdem sind, ebenfalls auf der Cover-Rückseite, innerhalb einer stilisierten »Träne«, winzig klein die Wort »only WW knows« (»nur WW weiß es«) zu erkennen. Und die stammen ebenfalls aus den bereits übersetzten »Kryptos«-Texten.

Was weiß »WW«? Und wer ist »WW«? Niemand anderer als der ehemalige CIA-Direktor William Webster, wie Künstler Sanborn inzwischen öffentlich eingeräumt hat! Nach Einweihung des Monumentes hatte er ihm die gesamte Lösung des Rätsel im Couvert in die Hand gedrückt. Spekulationen sind also erlaubt. Um so mehr, als sich die Texte zwei und drei der mittlerweile übersetzten »Kryptos«-Botschaften im Hinblick auf den möglichen Inhalt von Browns »Salomonischen Schlüssel« besonders spannend lesen:

Text zwei: »Es war vollkommen unsichtbar. Wie ist das möglich? Sie haben das magnetische Feld der Erde benutzt. Die Informationen wurden gesammelt und unterirdisch an einen unbekannten Ort übermittelt. Weiß Langley davon? Sie sollten: Es ist vergraben und irgendwo da draußen. Wer kennt den exakten Ort? Nur WW. Das war seine letzte Mitteilung: 38° 57' 6,5" N. 77° 8' 44" W. Ebene 2.«

Text drei: »Langsam, verzweifelt langsam, wurden die Geröllreste aus dem Gang fortgeschafft, die das untere Ende der Tür versperrten. Mit zitternden Händen machte ich eine kleine Öffnung in der linken oberen Ecke. Dann erweiterte ich das Loch, führte eine Kerze hindurch und spähte hinein. Die heiße Luft, die aus der Kammer entströmte, ließ meine Kerze flackern, aber bald tauchten Einzelheiten im Innern der Kammern aus dem Nebel auf. Können Sie etwas sehen?«

Verschlüsselte Botschaft auf CIA-Skulptur

Ägypten-Fans haben es bereits gemerkt: Beim dritten dechiffrierten »Kryptos«-Rätsel handelt es sich um leicht gekürzte Passagen aus Howard Carters Bericht über die Grabentdeckung Tutenchamuns (1922) – was die Sachlage nur noch verworrener macht. Kommt dazu, daß das eigentliche Mysterium nach der kompletten Entzifferung des Monuments erst beginnt: Was wollte uns der Künstler mit seinen Botschaften überhaupt sagen? Warum bezeichnet er Koordinaten, die in unmittelbarer Nähe des Monuments liegen – also immer noch auf CIA-Gelände –, und nicht die Position des Kunstwerkes selbst? Und warum ein Gelände, das Außenstehende nicht betreten dürfen?

Ist Dan Brown womöglich als zweiter nach dem ehemaligen CIA-Direktor ins Geheimnis der »Kryptos«-Skulptur eingeweiht? Oder weiß er gar mehr als der Künstler selbst? Und warum weichen die Koordinaten auf seinem Buchcover minimal von der offiziellen »Kryptos«-Version ab? (»37°« statt »38°«). Browns trockener Kommentar: »Mit Absicht!«

Sicher ist: Irgendein »Sakrileg« rund um die amerikanischen Gründerväter wird Romanheld Robert Langdon im neuen Buch in jedem Fall enthüllen. Möglicherweise sogar etwas Technologisches, das sich im Hinblick auf die CIA-Connection auch militärisch ausschlachten ließe. Den konkretesten Hinweis auf sein neuestes Buch nämlich scheint Dan Brown hinter vorgehaltener Hand gegenüber dem Autor Warren Getler fallen gelassen zu haben.

Laut Getler unterhielten sich die beiden im Frühjahr 2003 unter anderem über einen gewissen Albert Pike. Brown soll das Gespräch höflich, aber bestimmt abgeblockt haben, ehe es richtig begonnen hatte. Grund: »Ich denke nicht, daß ich mit Ihnen weiter darüber sprechen sollte. Immerhin wird sich mein nächstes Buch mit Albert Pike beschäftigen!«

Wer ist dieser ominöse Mr. Pike? Dieser Frage ging auch der Autor Greg Taylor nach, der kürzlich ebenfalls ein Buch über den »Solomon Key« veröffentlicht hat. »Es geht darin natürlich um die Freimaurerei«, verrät er, »ihren Zusammenhang mit den Gründervätern Amerikas und der rätselhaften Architektur und Landschaftsgestaltung der Hauptstadt Washington.« In erster Linie konzentriere er sich dabei aber auf einen Aspekt. Nämlich auf eines der seltsamsten

Abbildung 41
»Washington Monument«.
Der Grundstein dazu wurde von den Freimaurern gestiftet.

Bauwerke Washingtons, »ebenso wie auf das Leben eines mysteriösen Mannes, der mit dessen Gründung eng verbunden ist ...«

Konkret: Taylor geht es um das geheimnisvoll anmutende »House of the Temple« – eines der wichtigsten Freimaurerhauptquartiere. Demjenigen der sogenannten »Südlichen Jurisdiktion des Schottischen Ritus«. Dort liegt auch der Körper jenes »mysteriösen Mannes« begraben. Greg Taylor: »Ägyptische Ikonographie umrahmt den Eingang, und die pyramidale Konstruktion, die das Gebäude überspannt, erinnert verdächtig an die abgeschnittene Pyramide, die sich auf dem großen Siegel der Vereinigten Staaten wiederfindet ...«

Der mysteriöse Leichnam gehört natürlich niemand anderem als Albert Pike (1809 bis 1891). Dem Mann also, der offenbar auch Dan Brown beim Schreiben keine Ruhe mehr läßt. Als »Freimaurer-Großmeister« soll Pike zu den Gründervätern des berüchtigten Ku Klux Klan gehört haben. Ebenso verdächtigte man ihn des Satanismus. Er diente als General, beherrschte sechzehn Sprachen, schrieb Gedichte, war Philosoph und arbeitete später unter anderem als Richter des Obersten Gerichtshofs von Arkansas und als Zeitungsherausgeber.

Dazu der deutsche Illuminaten-Spezialist Andreas von Rétyi: »Auf Fotografien, die Pike in seinen späten Jahren zeigen, erscheint der schwer übergewichtige Mann mit seinem wallenden, schlohweißen Haar wie der Allmächtige selbst – oder der Leibhaftige gar? Unter den buschigen Augenbrauen dringt der Blick des Wissenden hervor, kritisch, zynisch, triumphierend. Dieser Mann ist jemand, der sein Werk für die Zukunft bereits vollbracht hat und sich dessen auch vollends bewußt ist.«

Spekuliert wird bis heute vor allem über einen Brief, den Machtmensch Pike am 15. August 1871 an den italienischen Illuminaten Giuseppe Mazzini geschrieben haben soll. Angeblich sei das Schreiben um 1925 zeitweilig in der Bibliothek des British Museum in London einsehbar gewesen, wie unter Bezug auf Cardinal Caro y Rodriquez von Santiago (Chile) – Autor des Buches »The Mystery of Freemasonry Unveiled« (1971) – gerne kolportiert wird.

Im Brief sei von einem teuflischen Plan die Rede:

- Der Erste Weltkrieg solle inszeniert werden, um das zaristische Russland unter die unmittelbare Kontrolle der bayerischen Illuminaten zu bringen. Russland solle dann als »Buhmann« benutzt werden, um die Ziele der bayerischen Illuminaten weltweit zu fördern.

- Der Zweite Weltkrieg solle über die Manipulation der zwischen den deutschen Nationalisten und den politischen Zionisten herrschenden Meinungsverschiedenheiten inszeniert werden. Daraus sollten sich eine Ausdehnung des russischen Einflußbereiches und die Gründung eines Staates Israel in Palästina ergeben.

- Der Dritte Weltkrieg solle sich dem Plan zufolge aus den Meinungsverschiedenheiten ergeben, die die Illuminati zwischen den Zionisten und den Arabern hervorrufen würden. Geplant sei eine weltweite Ausdehnung des Konflikts.

Abbildung 42
»Kryptos«-Skulptur auf dem CIA-Gelände. Vieles deutet darauf hin, daß sie Dan Brown ins Zentrum seines neuen Buchs stellt.

Politisches Dynamit – sollte es einen solchen Brief tatsächlich geben. Allerdings existieren bis heute keine konkreten Belege dafür. Beim Britischen Museum jedenfalls streitet man energisch ab, je ein derartiges Dokument besessen zu haben. Im Minimum also eine astreine Verschwörungsstory – wie geschaffen für Romanautor Dan Brown, der es mit der Wahrheit nicht immer so genau nehmen muß, wie man sich das journalistisch vielleicht wünschen würde.

Wetten, daß der Erfolgsautor Pikes »Brief« aufgreift? Und ihn am Ende irgendwie mit dem »Kryptos«-Monument in Verbindung bringt? Möglich wäre es. Wie so vieles bei Dan Brown.

Kapitel 25

»Wer das Erdöl kontrolliert, hat die Macht ...«

Wirtschaftsanalyst prophezeit düstere Zukunft

*»Mit der Öl-Waffe zur Weltmacht«: So lautet
der Titel eines seiner Bücher. Mit Besorgnis
verfolgt William Engdahl die aktuelle politische
und wirtschaftliche Entwicklung – namentlich in den USA.
Sein Fazit: Immer wenn sich die Bush-Administration
in Krisenregionen einmischt oder militärisch engagiert,
geht es auch um die strategische Kontrolle der
Erdölbestände. Ein Gespräch mit dem kritischen
Wirtschaftsexperten, der zwischen den Ölfeldern von Texas
aufwuchs und heute in Frankfurt lebt.*

Herr Engdahl, in Ihrem Buch zitieren Sie den Belgier Michel Collon
mit den Worten: »Wenn Sie die Welt beherrschen wollen, müssen
Sie die Kontrolle über das Öl ausüben. Und zwar über alles. Und
überall.« Wie muß man das verstehen?

*Engdahl: Wenn wir auf das letzte Jahrhundert zurückblicken, dann
zieht sich das Thema Öl wie ein Faden durch all die politischen
Ereignisse. Egal, wohin man blickt: Es ging und geht bis heute
immer wieder um die Entwicklung und Beherrschung von Groß-
quellen weltweit.*

Erdöl ist seit Ende des Ersten Weltkriegs die Hauptenergiequelle unserer modernen Wirtschaft. Wir sind abhängig davon. Insofern ist die Konsequenz klar: Die Macht liegt bei dem, der die Ölquellen kontrolliert.

Stimmt es, daß viele für Bush wichtige Leute wie etwa Vizepräsident Dick Cheney aus dem Ölgeschäft kommen?

Engdahl: Ja, absolut. Die Machtübergabe von Bill Clinton an die Bush-Familie war eine gezielte Entscheidung der höchsten Ebene der amerikanischen Machtelite, also des sogenannten Establishments. Ziel war es, sich vermehrt um die Kontrolle von Erdöl und Energie in der ganzen Welt zu kümmern.

Kein Wunder auch, daß Dick Cheney Vizepräsident wurde. Schließlich war er zuvor Chef von Halliburton, dem größten Energieversorgungs- und Ölförderkonzern der Welt. Einem Konzern, der übrigens über bessere Informationen in Bezug auf die weltweiten Erdölvorkommen verfügt als die CIA. Auch George Bush selber und Außenministerin Condoleezza Rice kommen ursprünglich aus dem Öl-Metier. Auf meiner Internet-Website www.engdahl. oilgeopolitics.net habe ich eine Rede von Cheney veröffentlicht, die er im September 1999 noch vor seiner Wahl zum Vizepräsidenten für das Londoner Institute of Petroleum hielt – einer Art elitären Insider-Gruppe. Darin betonte Cheney, daß wir in den nächsten zwanzig Jahren neue Erdölquellen bräuchten. Im Umfang der Hälfte der gegenwärtigen weltweiten Erdölproduktion!

Heute produzieren wir etwa 82 bis 84 Millionen Barrel pro Tag. Cheney aber betonte, man brauche künftig zusätzlich rund fünfzig Millionen Barrel pro Tag oder noch mehr – nicht zuletzt auch im Hinblick auf das massive Wirtschaftswachstum in China oder Indien. Gleichzeitig gab er bereits damals zu bedenken, daß die riesigen Ölfelder in Alaska oder der Nordsee ihren Zenith längst überschritten haben.

Zum Verständnis: Den Ertrag eines Erdölfelds muß man sich wie eine Glockenkurve vorstellen. Da gibt es ein Plateau, eine Ertragsspitze, die teilweise zwanzig bis dreißig Jahre lang Bestand hat. Dann gehts runter. Am Anfang ganz langsam, dann immer schneller.

Bis die Quelle schließlich versiegt. Das ist meiner Meinung nach denn auch einer der Hauptgründe, warum Englands Premier Blair alles riskierte, um Bush bei seinem Irak-Feldzug zu unterstützen – weil er wußte, daß die Erdölvorkommen in der Nordsee in absehbarer Zeit aufgebraucht sind. Sie hatten ihren Spitzenwert im Jahr 2000 erreicht. Müßig zu erwähnen, daß einer von Blairs engsten Beratern Lord Brown ist, der Chef von British Petrolium (BP).

Also drohen den Vereinigten Staaten in absehbarer Zeit ebenfalls Engpässe?

Engdahl: Und wie! Die amerikanische Ölproduktion hat ihren Höhepunkt bereits um 1970 erreicht. Seitdem geht es mengenmäßig Schritt für Schritt nach unten. Amerika ist längst nicht mehr selbständig in Bezug auf seine Erdölversorgung. Seine Importabhängigkeit wächst ständig.

Geht es bei Bushs Feldzügen also ausschließlich ums Erdöl? Oder ist die sinkende Ertragslage nur mit ein Grund für die militärischen Aktionen?

Engdahl: Es ist mit Sicherheit der Hauptgrund. Schließlich liegen die größten Reserven an »Cheap Oil«, also an billig und einfach zu produzierendem Öl, im Nahen Osten. Dies erwähnte Cheney natürlich ebenfalls in seiner Rede von 1999. Ein weiteres Problem, so betonte er damals, sei, daß die Ölindustrie in den Nahostländern im Gegensatz zum Westen in staatlichen Händen liege ...

Quintessenz: In allen Krisenregionen, in denen sich die Bush-Administration einmischt oder militärisch engagiert, gehts immer auch um Energie. Lassen Sie mich in diesem Zusammenhang den früheren amerikanischen Außenminister Henry Kissinger zitieren: »Wer das Öl kontrolliert, der kontrolliert ein Land. Wer die Nahrungsmittel kontrolliert, der kontrolliert das Volk.«

Die amerikanische Machtelite versucht heute beides zu kontrollieren – Öl und Nahrungsmittel. Letzteres durch Kontrolle von genetisch modifiziertem Saatgut.

Werden die Ölpreise weltweit weiterhin steigen? Oder gibt es endlich Licht am Horizont?

Engdahl: Leider sehe ich für uns Normalverbraucher kein Licht am Horizont. Bereits vor einigen Jahren habe ich das in meiner Funktion als strategischer Wirtschaftsberater einem meiner Klienten in einem Brief prognostiziert. Ich schrieb ihm damals: Der Erdölpreis steigt eher in Richtung 60 Dollar pro Faß als in Richtung 30 Dollar pro Faß. Auch wenn damals noch viele Großbanken nach der Irak-Invasion anders dachten.

Wie es in Zukunft weitergeht, ist schwer zu sagen. Auf alle Fälle wird der Preis mittelfristig tendenziell weiter steigen. Im Fall eines Angriffs auf den Iran sogar bis zu 150 Dollar!

Vor allem Saudi-Arabien sollte man in diesem Zusammenhang auf keinen Fall vergessen. Dort befinden sich bekanntlich die weltweit größten Erdölfelder. Seit 1949 wird gefördert. Über die exakte Menge schweigt sich der Staat aus. Experten sind allerdings der Meinung, daß die Spitze auch dort bereits vor einigen Jahren erreicht wurde. Aus politisch-taktischen Gründen wird der Rückgang aber geheim gehalten.

Sie erwähnen in Ihrem Buch mit Bezug auf die Ölpolitik auch die Bilderberger. Wie stark ist der Einfluß der Bilderberger heute noch?

Engdahl: Die Bilderberger wurden 1954 gegründet – von leitenden Amerikanern, in Zusammenarbeit mit englischen Spitzen. Es war ein angloamerikanischer Versuch, ein Gremium aufzubauen, um die Kontrolle über das Wirtschaftswachstum und die politischen Entwicklungen im Europa der Nachkriegszeit zu erlangen.

Bis heute findet jährlich ein geheimes Treffen statt – ohne Presse. Die Bedeutung dieser Treffen hat sich mittlerweile wohl ein wenig gewandelt.

Auf inoffiziellen Teilnehmerlisten findet man ja längst auch Namen ausgewählter europäischer Spitzenpolitiker, Wirtschaftsgrößen oder Top-Bankiers. Manche gehen sogar so weit, hinter den Bilderbergern eine internationale Loge zu vermuten …

Engdahl: Persönlich sehe ich diese Treffen nicht gar so mysteriös, wie sie manchen scheinen mögen. Allerdings kenne ich mich auch nicht so aus, was derlei Geheimbünde betrifft. Schon denkbar, daß

Abbildung 43
William Engdahl.
Seit Jahren geht er den wirtschaftlichen Hintergründen
der militärischen US-Aktivitäten auf den Grund.

die meisten eingeladenen Teilnehmer tatsächlich irgendeiner Loge angehören. Viel wichtiger scheint mir aber die Frage, welchen Effekt derlei Treffen auf die aktuelle Weltlage haben.

Jedenfalls kündigten viele europäische Länder ob der steigenden Preise nach Hurrikan »Katrina« überraschend an, ihre Erdölnotreserven zu öffnen.

Engdahl: »Katrina« zeigte eindrücklich, wie knapp die amerikanische Erdölmenge mittlerweile geworden ist. Und offenbarte einmal mehr, warum die Bush-Regierung im Irak ist. Es geht hier nicht um Massenvernichtungswaffen oder Terrorismus. Es geht um die strategische Kontrolle von Erdöl. Besonders interessant: Öl wird seit langem weltweit in Dollar bezahlt. Die allererste Ausnahme bildete im Jahr 2000 Saddam Hussein. Im Rahmen des UNO-Programms »Oil for food« schloß er damals eine Vereinbarung mit der französischen Regierung ab. So tauschte er sein Öl fortan in französische Euros ein, über die französische Bank BNP Parisbas, und kaufte damit Lebensmittel ein.

Bezeichnenderweise bestand einer der ersten Schritte der Bush-Regierung nach der Eroberung des Irak im März 2003 darin, den Verkauf des irakischen Öls wieder auf Dollar-Basis abzuwickeln. Ein enger Freund von mir – er arbeitet als Bankier in London – erzählte mir damals, daß er und seine Kollegen in Amerika nach der Eroberung Bagdads tief durchgeatmet hätten. Tenor: »Gott sei Dank haben wir keine Bedrohung mehr für den Dollar ...«

Wenn man über derartige wirtschaftliche Insiderkenntnisse verfügt wie Sie: Wie geht man dann mit der ganzen Problematik um? Sind Sie im Laufe der Jahre abgeklärter geworden? Oder beschäftigt Sie das auch persönlich?

Engdahl: Leute, die mich gut kennen, wissen, daß ich wohl so ziemlich das Gegenteil von kaltblütig bin. Natürlich gibt auch mir die ganze Problematik nach rund dreißigjähriger Beschäftigung und Recherche immer noch zu denken. Sogar mehr denn je. Allerdings schöpfe ich daraus auch Motivation: Wenn ich unsere komplizierte und grausame Welt dem »normalen« Menschen besser erklären kann als die Massenmedien – aus denen er seine Informationen gewöhnlich beziehen muß –, dann habe ich etwas erreicht in meinem Leben.

Dieser Tage erscheint unter dem Titel »Saat der Zerstörung« ein weiteres Enthüllungsbuch von Ihnen, das sich mit der weltweiten Agrarpolitik, dem sogenannten »Agro-Business« und den Auswüchsen der Patentierung und Lizenzierung genveränderter Lebensmittel beschäftigt ...

Engdahl: Grundsätzlich geht es darin um die Frage, weshalb die US-Regierung bereits zur Zeit von Ronald Reagan oder Bush Senior genmanipuliertes Saatgut zur Chefsache der Regierung erklärte. Eigentlich wäre das doch eine privatwirtschaftliche Angelegenheit, oder? Daß diese Entwicklung mit enormer Kraft von Washington vorangetrieben wird, ebenso wie durch die Blair-Regierung in England, hat mich mehr als neugierig gemacht.

Anfänglich habe ich unterschätzt, wie wichtig das ist. Heute kann ich sagen, daß es in strategischer Sicht mindestens ebenso brisant ist wie der Kampf ums Öl. Denn es geht um die Kontrolle unseres täglichen Lebens. Ich erinnere noch einmal an Kissinger: »Wer das Erdöl kontrolliert, kontrolliert ein Land. Wer die Nahrungsmittel kontrolliert, der kontrolliert das Volk.«

Eines der ersten Gesetze, das die US-Regierung 2004 im Irak erließ, spricht in diesem Zusammenhang Bände. Konkret geht es darum, daß dort genmanipuliertes und patentiertes Saatgut angebaut werden muß, gefördert von der amerikanischen Regierung.

Eine Frage zum Abschluß: Womit heizen Sie persönlich?

Engdahl: Wir leben hier in einem ganz normalen Wohnhaus. Ehrlich gesagt, weiß ich das gar nicht genau ...

Epilog

Es war zum Verrücktwerden! Der Mann mit dem Schlapphut stöhnte leise auf. Sein Rücken schmerzte. Seine Kehle war trocken. Und die staubige Luft kroch immer tiefer in seine Nasenflügel.

Einmal mehr wühlte er sich seit Stunden durch die schier unendliche Papierflut freigegebener US-Akten. Zwei Jahre lang suchte er nun schon nach dem Dokument. Alle paar Wochen pilgerte er im Auftrag seiner Hintermänner deswegen ins Nationalarchiv, wo er Aktenstück um Aktenstück sichtete – um es dann gegebenenfalls unbemerkt verschwinden zu lassen. Eine ganze Menge Papier hatte sich so auf dem Pult seines Chefs bereits angehäuft – doch das eine Dokument schien unauffindbar. Es war wie verhext.

Wieder hielt er eine Aktenkladde in den Händen. Die wievielte das wohl schon war? Der Unbekannte hielt einen kurzen Moment inne, überlegte und begann dann zu rechnen, während seine Fingerspitzen fast schon mechanisch durch die Papiere glitten. Die zwanzigste? Die dreißigste? Noch ehe er zu einem Ergebnis kam, stutzte er. Hatte er richtig gesehen? Hastig blätterte er ein paar Seiten zurück, und noch ein paar – bis ihm der fette Titel unter dem durchgestrichenen »Top Secret«-Stempel in die Augen stach.

Endlich!

Ein unglaubliches Glücksgefühl machte sich in ihm breit. Der Mann spürte seinen Herzschlag. Hitze und Adrenalin pulsierten durch seinen Körper. Endlich hielt er es in Händen. Seine Augen glänzten vor Erregung, als er das Dokument zu lesen begann. Hastig überflog er Zeile um Zeile, Abschnitt um Abschnitt. Doch schon bald wich seine Freude schier ungläubigem Staunen. Je mehr er las, desto mehr weiteten sich seine Augen. Für einen kurzen Moment vergaß er alles, was ihm wichtig war. Er blickte auf – und starrte wie benommen ins Leere. Seine Gedanken kreisten wild durcheinander.

»Mein Gott«, flüsterte der Mann schließlich und schüttelte erneut ungläubig den Kopf, während er wieder zu lesen begann. Mit bleicher Miene nahm er zur Kenntnis, was jeder Bürger hätte einsehen können – aber offenbar niemandem bislang ins Auge gestochen war. Zeitungsschlagzeilen schossen ihm durch den Kopf, die bei Bekanntwerden darüber verfaßt worden wären. Er dachte an den Präsidenten. An die damit verbundene Staatskrise. Und an ... Nicht auszudenken!

Einer blitzartigen Eingebung folgend zerknüllte der Mann mit dem Schlapphut das Originalpapier, vergrub es tief in seiner Manteltasche – und machte sich wie von der Tarantel gestochen aus dem Staub. In der festen Überzeugung, das Geheimnis damit ein für allemal bewahrt zu haben.

Er ahnte nicht, wie sehr er sich irren sollte.

NEUGIERIG GEWORDEN?

Wollen Sie noch mehr über die Geheimnisse dieser Welt erfahren? Alle Beiträge in diesem Buch stammen aus der Zeitschrift MYSTERIES, wo sie zwischen 2004 und 2006 exklusiv publiziert wurden. Weitere Informationen und sämtliche Inhaltsverzeichnisse finden Sie auf unserer Homepage **www.mysteries-magazin.com**

Ob kontroverse Phänomene, geheime Forschungsprojekte oder rätselhafte Hochkulturen: MYSTERIES enthüllt alle zwei Monate, was andere nicht einmal ahnen. Sichern auch Sie sich jetzt am Kiosk unsere neueste Ausgabe, solange der Vorrat reicht – oder gleich ein Jahresabo, um kein Heft mehr zu verpassen.

Luc Bürgin

MYSTERIES • Postfach • CH 4002 Basel • www.mysteries-magazin.com

Anhang

Zwischenbericht
des Europäischen Parlaments
über US-Folterflüge
vom 15. Juni 2006

EUROPÄISCHES PARLAMENT

2004 *2009*

Plenarsitzungsdokument

ENDGÜLTIG
A6-0213/2006

15.6.2006

ZWISCHENBERICHT

über die behauptete Nutzung europäischer Staaten durch die CIA für die Beförderung und das rechtswidrige Festhalten von Gefangenen (2006/2027(INI))

Nichtständiger Ausschuss zur behaupteten Nutzung europäischer Staaten durch die CIA für die Beförderung und das rechtswidrige Festhalten von Gefangenen

Berichterstatter: Giovanni Claudio Fava

RR\620169DE.doc

PE372.179v03-00

PR_INI

INHALT

Seite

ENTWURF EINER ENTSCHLIESSUNG DES EUROPÄISCHEN PARLAMENTS 3

BEGRÜNDUNG..16

MINDERHEITENANSICHT..25

VERFAHREN..26

PE372.179v03-00

RR\620169DE.doc

DE

ENTWURF EINER ENTSCHLIESSUNG DES EUROPÄISCHEN PARLAMENTS

zur behaupteten Nutzung europäischer Staaten durch die CIA für die Beförderung und das rechtswidrige Festhalten von Gefangenen (2006/2027(INI))

Das Europäische Parlament,

— unter Hinweis auf seine Entschließung vom 15. Dezember 2005 zu der vermuteten Heranziehung europäischer Staaten für die Beförderung und die unrechtmäßige Inhaftierung von Gefangenen durch die CIA[1],

— unter Hinweis auf seinen Beschluss vom 18. Januar 2006 über die Einsetzung eines nichtständigen Ausschusses zur behaupteten Nutzung europäischer Staaten durch die CIA für die Beförderung und das rechtswidrige Festhalten von Gefangenen[2],

— gestützt auf Artikel 175 seiner Geschäftsordnung,

— in Kenntnis des Zwischenberichts des Nichtständigen Ausschusses zur behaupteten Nutzung europäischer Staaten durch die CIA für die Beförderung und das rechtswidrige Festhalten von Gefangenen (A6-0213/2006),

A. in der Erwägung, dass das Hauptziel der Tätigkeit des Nichtständigen Ausschusses darin besteht, festzustellen, ob im Rahmen der bekannt gewordenen Fakten die Handlungen der Europäischen Union (EU) und ihrer Mitgliedstaaten die in Artikel 6 des Vertrags über die Europäische Union (EUV) genannten Gründungsprinzipien respektieren und insbesondere den Schutz der Grundrechte sicherstellen, wie sie u.a in der vom Europarat am 4. November 1950 angenommenen Konvention zum Schutz der Menschenrechte und Grundfreiheiten (nachstehend „EMRK") definiert sind,

B. in der Erwägung, dass die Charta der Grundrechte der Europäischen Union[3], die vom Europäischen Parlament, vom Rat und von der Kommission anlässlich der Tagung des Europäischen Rates vom 7. Dezember 2000 in Nizza proklamiert und in Teil II des Vertrags über eine Verfassung für Europa aufgenommen wurde, einer der Bezugstexte nicht nur für den Gerichtshof der Europäischen Gemeinschaften, sondern auch für die Verfassungsgerichte und sonstigen Gerichte in den Mitgliedstaaten ist,

C. in der Erwägung, dass der Kampf gegen den Terrorismus nicht gewonnen werden kann, indem genau die Prinzipien geopfert werden, die der Terrorismus zu zerstören versucht, und dass insbesondere der Schutz der Grundrechte nie aufs Spiel gesetzt werden darf, sowie in der Erwägung, dass der Terrorismus mit legalen Mitteln bekämpft und vernichtet werden muss, während Völkerrecht und innerstaatliches Recht eingehalten werden und sowohl die Regierungen als auch die Öffentlichkeit verantwortungsbewusst handeln,

D. in der Erwägung, dass der Grundsatz der Unantastbarkeit der Würde des Menschen in der

---

[1] *Angenommene Texte* dieses Datums, P6_TA(2005)0529
[2] *Angenommene Texte* dieses Datums, P6_TA(2006)0012
[3] ABl. C 364 vom 18.12.2000, S. 1

RR\620169DE.doc   PE372.179v03-00

DE

Präambel der Charta der Grundrechte verankert ist und die Voraussetzung für alle weiteren Grundrechte ist, insbesondere das Recht auf Leben (Artikel 2), das Verbot der Folter und unmenschlicher oder erniedrigender Strafe oder Behandlung (Artikel 4), den Schutz bei Abschiebung, Ausweisung und Auslieferung (Artikel 19) sowie das Recht auf einen wirksamen Rechtsbehelf und ein unparteiisches Gericht (Artikel 47), und dass dieser Grundsatz selbst aus Sicherheitserfordernissen weder in Friedens- noch in Kriegszeiten eingeschränkt werden darf,

E. in der Erwägung, dass die Mitgliedstaaten der Europäischen Union gemäß den internationalen Menschenrechtsnormen, wie sie in der Allgemeinen Erklärung der Menschenrechte der Vereinten Nationen, dem Internationalen Pakt über bürgerliche und politische Rechte und den darauf Bezug nehmenden Instrumenten verankert sind, und insbesondere gemäß der EMRK verpflichtet sind, dafür zu sorgen, dass für alle ihrer Gerichtsbarkeit unterstehenden Personen die internationalen Grundrechte gelten, darunter auch das Verbot von Überstellungen dorthin, wo die Gefahr der Folter oder sonstiger grausamer, unmenschlicher oder erniedrigender Behandlung oder Strafe besteht,

F. in der Erwägung, dass die europäischen und internationalen Menschenrechtsgesetze das gewaltsam verursachte Verschwinden von Personen außerhalb jeglichen Rechtsverfahrens untersagen, darunter auch die Inhaftierung an geheimen Orten, bei der Personen in Isolationshaft gehalten und weder die Familie noch die Öffentlichkeit über ihr Schicksal oder ihren Aufenthaltsort informiert werden,

G. in der Erwägung, dass die Mitgliedstaaten für die angezeigten Tatbestände nicht nur aufgrund der Bestimmungen der EMRK, sondern auch als Vertragspartner folgender Abkommen zur Verantwortung gezogen werden können:

- der UN-Konvention gegen Folter und andere grausame, unmenschliche oder erniedrigende Behandlung oder Strafe, die von der Generalversammlung der Vereinten Nationen am 10. Dezember 1984 angenommen wurde,

- des Internationalen Pakts über bürgerliche und politische Rechte, der von der Generalversammlung der Vereinten Nationen am 16. Dezember 1966 angenommen wurde,

- des Abkommens von Chicago vom 7. Dezember 1944 über die internationale Zivilluftfahrt, insbesondere dessen Artikel 3, 4 und 6,

H. in der Erwägung, dass eine möglichst enge Zusammenarbeit zwischen der europäischen und der amerikanischen Regierung sowie allen Regierungen weltweit, die sich für die gleiche Sache einsetzen, notwendig ist, um den Terrorismus zu bekämpfen,

I. in der Erwägung, dass eine möglichst enge Abstimmung und Zusammenarbeit zwischen dem Nichtständigen Ausschuss und dem Europarat, dem Hohen Kommissar der Vereinten Nationen für Menschenrechte sowie den Behörden der Mitgliedstaaten und insbesondere den nationalen Parlamenten erforderlich ist,

J. in der Erwägung, dass bei dieser Abstimmung und Zusammenarbeit die bereits ergriffenen Maßnahmen und durchgeführten Untersuchungen berücksichtigt werden sollten, insbesondere:

– die Abschlussberichte des schwedischen Bürgerbeauftragten[4], des Konstitutionellen Ausschusses des schwedischen Parlaments[5] und noch zu erwartende Berichte des Anti-Folter-Ausschusses der VN[6], die sich u. a. auf die rechtswidrige Entführung und Überstellung an Ägypten von Mohammed Al Zery und Ahmed Agiza beziehen,

– die Informationsmemoranda von 22. November 2005 und 22. Januar 2006 über „Angebliche Geheimgefängnisse in Mitgliedstaaten des Europarates" von Senator Dick Marty, Vorsitzender und Berichterstatter des Ausschusses für Recht und Menschenrechte der Parlamentarischen Versammlung des Europarates,

– die laufenden Ermittlungsverfahren in mehreren Mitgliedstaaten, insbesondere die in Italien im Rahmen der Untersuchung des stellvertretenden Staatsanwalts von Mailand[7] gezogenen Schlussfolgerungen zu der rechtswidrigen Entführung des ägyptischen Staatsangehörigen Abu Omar und die in Deutschland noch laufende Untersuchung der angeblichen Entführung und Inhaftierung des deutschen Bürgers Khaled El-Masri durch die Staatsanwaltschaft München,

– die in mehreren Mitgliedstaaten und Beitrittsländern laufenden oder bereits abgeschlossenen parlamentarischen Untersuchungen,

– die von den Behörden mehrerer Mitgliedstaaten, insbesondere Deutschlands, des Vereinigten Königreichs, Spaniens und Irlands, abgegebenen Erklärungen zu den in ihren Hoheitsgebieten festgestellten Landungen von Zivilflugzeugen, die von der Central Intelligence Agency (CIA) genutzt wurden,

K. in der Erwägung, dass unter diesem Gesichtspunkt auch dem Zwischenbericht des Generalsekretärs des Europarates[8], der im Rahmen der Anfrage gemäß Artikel 52 der EMRK ausgearbeitet wurde, besondere Bedeutung beizumessen ist, ebenso den Erklärungen des Generalsekretärs anlässlich der Pressekonferenz vom 12. April 2006, die sich an die von den Mitgliedstaaten des Europarates, darunter den Mitgliedstaaten der Europäischen Union, übermittelten detaillierten Antworten anschließen[9], sowie in der Erwägung, dass der Generalsekretär erklärt hat, dass offensichtlich Überführungsflüge stattfanden und dass kaum einer der Mitgliedstaaten über die notwendigen rechtlichen

---

[4] Bürgerbeauftragter des Parlaments, „A review of the enforcement by the Security Police of a Government decision to expel two Egyptian citizens", Referenz Nr. 2169-2004 (22. Mai 2005)
[5] Swedish Parliament, 'The Swedish Government's handling of matters relating to expulsion to Egypt', Scrutiny report 2005/06-KU2 - http://www.riksdagen.se/templates/R_PageExtended____7639.aspx
[6] Beschluss des Anti-Folter-Ausschusses, Mitteilung Nr. 233/2003, Herr Ahmed Hussein Kamil Agiza/Schweden (20. Mai 2005), http://www.unhchr.ch/tbs/doc.nsf/MasterFrameView/ 3ef42bcd48fe9d9bc1257020005533ca?Opendocument
[7] Gericht von Mailand, Sezione Giudice per le indagini preliminari, Aktennummern 10838/05 R.G.N.R und 1966/05 R.G.GIP
[8] Bericht des Generalsekretärs gemäß Artikel 52 der Europäischen Menschenrechtskonvention über die Frage der geheimen Inhaftierung von Terrorverdächtigen und deren Transport durch ausländische Dienste oder auf deren Veranlassung
https://wcd.coe.int/ViewDoc.jsp?Ref=SG/Inf%282006%295&Sector=secPrivateOffice&Language=lanEnglish& Ver=original&BackColorInternet=9999CC&BackColorIntranet=FFBB55&BackColorLogged=FFAC75
[9] http://www.coe.int/T/E/Com/Files/Events/2006-cia/annexes.asp

RR\620169DE.doc

PE372.179v03-00

DE

Anhang 239

Bestimmungen verfüge, um Personen wirksam vor Menschenrechtsverletzungen zu schützen, die von Agenten befreundeter ausländischer Sicherheitsdienste, die auf ihrem Hoheitsgebiet operierten, verübt würden, sowie dass er eine Antwort erhalten habe, in der offiziell eingeräumt wurde, dass Personen mittels Verfahren an ausländische Agenten überstellt wurden, die nicht mit den in der EMRK und anderen Rechtsinstrumenten des Europarates geforderten Normen und Schutzmaßnahmen in Einklang stehen[10],

L. in der Erwägung, dass in dieser ersten Phase der Tätigkeit des Nichtständigen Ausschusses ein kohärentes Informationsdossier zusammengestellt werden konnte, resultierend insbesondere aus:

– den Anhörungen vom 13. und 23. Februar, 6., 13., 21. und 23. März, 20. und 25. April sowie 2. Mai 2006 mit Anwälten, Journalisten, Vertretern von Nichtregierungsorganisa tionen (NRO), mutmaßlichen Opfern außerordentlicher Überstellungen, Vertretern der Behörden der Mitgliedstaaten und Vertretern der europäischen Institutionen,

– den schriftlichen Beiträgen der eingeladenen Redner sowie den offiziellen und sonstigen Dokumenten, zu denen der Nichtständige Ausschuss bisher Zugang hatte,

– den Erklärungen von Vertretern der Regierung der Vereinigten Staaten zu der ihrerseits eingeräumten Auslieferungspraxis,

M. in der Erwägung, dass es dem Nichtständigen Ausschuss ungeachtet der Tatsache, dass er nicht über irgendwelche quasi-gerichtlichen Untersuchungsbefugnisse verfügt und dass die einzelstaatlichen Behörden die mutmaßliche Tätigkeit der Nachrichtendienste geheim halten, gelungen ist, glaubhaft zu machen, dass auf europäischem Hoheitsgebiet rechtswidrige Verfahren stattgefunden haben, die die Bürger und Bewohner Europas betreffen, womit es nun an den europäischen Regierungen ist, nachzuweisen, ob sie ihre Menschenrechtsverpflichtungen gemäß Artikel 6 EUV und der EMRK eigentlich erfüllt haben,

N. in der Erwägung, dass die bisherige Tätigkeit des Nichtständigen Ausschusses die Berechtigung seines Beschlusses vom 18. Januar 2006 über dessen Gründung stärkt, gleichzeitig jedoch die Notwendigkeit offenbart, weitere Überprüfungen vorzunehmen und ergänzende Informationen zu sammeln, weshalb die Fortführung seiner Tätigkeit notwendig ist, damit er das ihm übertragene Mandat uneingeschränkt erfüllen kann,

O. in der Erwägung, dass sein Beschluss vom 18. Januar 2006 in Ziffer 3 vorsieht, dass der Nichtständige Ausschuss ihm einen Zwischenbericht mit detaillierten Vorschlägen darüber vorlegen muss, wie er seine Arbeit fortsetzen wird,

P. in der Erwägung, dass in dieser Entschließung „europäische Länder" verstanden werden sollten als Mitgliedstaaten sowie Beitritts-, Bewerber- und assoziierte Länder, wie in dem am 18. Januar 2006 beschlossenen Mandat des Nichtständigen Ausschusses vermerkt,

---

[10] Notizen für die Pressekonferenz von Terry Davis, Generalsekretär des Europarates, Mittwoch, 12. April 2006; http://www.coe.int/T/E/Com/Files/PA-Sessions/April-2006/20060412_Speaking-notes_sg.asp

PE372.179v03-00   RR\620169DE.doc

DE

Q. in der Erwägung, dass sich die vorliegende Entschließung auf drei verschiedene Vorgehensweisen bezieht, die von den Vereinigten Staaten anscheinend praktiziert werden:

- außerordentliche Überstellungen, bei denen Personen für Verhöre an andere Regierungen überstellt werden,

- geheime Inhaftierungen, bei denen Personen an Standorte überführt werden, die der Kontrolle der Vereinigten Staaten unterstehen, und

- Inhaftierungen auf Antrag, wobei Personen auf Anweisung der Vereinigten Staaten in den Gewahrsam eines Drittlandes zur Inhaftierung überführt werden; auch wenn kein Nachweis existiert, dass ein europäisches Land eine Person auf Geheiß der Vereinigten Staaten festhält, ist es sehr wohl möglich, dass Personen auf ihrem Weg zu einer derartigen Inhaftierung durch europäische Länder transportiert wurden,

Vom Nichtständigen Ausschuss bisher gesammelte Informationen

1. unterstützt die Schlussfolgerungen des Generalsekretärs des Europarates im Anschluss an die Anfrage gemäß Artikel 52 der EMRK;

2. nimmt in diesem Zusammenhang auch Kenntnis von der Stellungnahme Nr. 363/2005 der Europäischen Kommission für Demokratie durch das Recht (so genannte Venedig-Kommission)[11] für die Parlamentarische Versammlung des Europarates, darunter insbesondere den nachstehenden Fakten:

- ein Mitgliedstaat des Europarates, der aktiv oder passiv bei der Anordnung oder Durchführung geheimer Inhaftierungen mitarbeitet, kann im Sinne der EMRK zur Verantwortung gezogen werden,

- ein Mitgliedstaat des Europarates kann auch zur Verantwortung gezogen werden, wenn seine Agenten (Polizei, Sicherheitskräfte usw.) in Überschreitung ihrer Befugnisse mit ausländischen Behörden zusammenarbeiten oder eine Festnahme oder geheime Inhaftierung, die der Regierung nicht zur Kenntnis gebracht wurde, nicht verhindern;

3. bedauert, dass die für die Tätigkeit der Geheimdienste geltenden Bestimmungen in mehreren Mitgliedstaaten inadäquat zu sein scheinen, was die Einführung wirksamerer Kontrollen erfordert, insbesondere betreffend die Tätigkeit ausländischer Geheimdienste in ihrem Hoheitsgebiet, und vertritt die Auffassung, dass auf Ebene der Europäischen Union Regeln für eine Zusammenarbeit festgelegt werden sollten;

4. bedauert, dass die Organisation des Nordatlantikvertrags (NATO) dem Nichtständigen Ausschuss den Zugang zum vollständigen Text des NATO-Ratsbeschlusses vom 4. Oktober 2001 zur Umsetzung von Artikel 5 des Washingtoner Vertrags verweigert hat; fordert die NATO dringend auf, Zugang zum vollständigen Text des Beschlusses zu

---

[11] http://www.venice.coe.int/docs/2006/CDL-AD%282006%29009-e.asp#_Toc130704767

RR\620169DE.doc

PE372.179v03-00

DE

gewähren, um Klarheit zu schaffen;

5. versteht die Bedeutung einer engen Zusammenarbeit zwischen den Nachrichtendiensten der Mitgliedstaaten und denen ihrer Verbündeten, betont allerdings, dass eine derartige Zusammenarbeit nicht mit einem Verzicht auf Souveränität über das europäische Hoheitsgebiet und den europäischen Luftraum verwechselt werden darf;

Rechtswidrige Verhaftungen, Abschiebungen, Festnahmen, Entführungen, außerordentliche Überstellungen und geheime Inhaftierungen durch die CIA, sonstige US-Agenturen oder -Dienste oder andere Sicherheitsdienste von Drittländern

6. ist besorgt, dass laut den in den Mitgliedstaaten, im Europarat und im Nichtständigen Ausschuss bereits bekannten Informationen die grundlegenden Menschenrechte seit dem 11. September 2001 im Rahmen der unerlässlichen Bekämpfung des Terrorismus bereits mehrmals Gegenstand gravierender und unzulässiger Verstöße waren, die insbesondere die EMRK, die UN-Konvention gegen Folter, die Grundrechtecharta der Europäischen Union und den Internationalen Pakt über bürgerliche und politische Rechte betrafen;

7. sieht sich auf der Grundlage des dem Nichtständigen Ausschuss vorgelegten Beweismaterials zu der Annahme veranlasst, dass die CIA oder andere US-Geheimdienste in einer Reihe von Fällen unmittelbar für die rechtswidrige Festnahme, Abschiebung, Entführung und Inhaftierung von Terrorverdächtigen im Hoheitsgebiet der Mitgliedstaaten, der Beitritts- und Bewerberländer sowie die außerordentliche Überstellung u. a. von europäischen Staatsangehörigen oder in Europa ansässigen Personen verantwortlich waren; weist darauf hin, dass solche Maßnahmen nicht mit den anerkannten völkerrechtlichen Normen in Einklang und den grundlegenden Prinzipien der Menschenrechtsgesetze entgegen stehen;

8. bedauert, dass die gegenseitigen Vereinbarungen zwischen den USA und europäischen Ländern dem Nichtständigen Ausschuss nicht zur Verfügung gestellt wurden;

9. verurteilt das Verfahren der außerordentlichen Überstellungen, die sicherstellen sollen, dass Verdächtige nicht einem Gerichtsverfahren unterzogen werden, sondern in Drittländer verbracht werden, um - auch unter Anwendung von Folter - verhört und in Einrichtungen inhaftiert zu werden, die von den Vereinigten Staaten oder örtlichen Behörden kontrolliert werden; hält, auch entsprechend den Schlussfolgerungen von Manfred Nowak, UN-Sonderberichterstatter zum Thema Folter, die Verfahren einiger Regierungen für unannehmbar, die darin bestehen, ihre Verantwortlichkeiten zu begrenzen, indem sie diplomatische Zusicherungen von Ländern verlangen, bei denen gewichtige Gründe zu der Annahme existieren, dass Folterungen praktiziert werden; betrachtet darüber hinaus die außerordentliche Überstellung von Personen an Orte, an denen Folter üblich ist, als Verstoß gegen das grundsätzliche Abschiebungsverbot gemäß Artikel 3 der Anti-Folter-Konvention der Vereinten Nationen;

10. betrachtet diplomatische Zusicherungen, soweit sie eine Ausnahme von der Regel verlangen, als stillschweigendes Eingeständnis der Existenz von Folterungen in Drittländern, was also den Verantwortlichkeiten der EU entgegensteht, wie sie in den vom Rat am 9. April 2001 beschlossenen „Leitlinien für die Politik der EU gegenüber

Drittländern betreffend Folter und andere grausame, unmenschliche oder erniedrigende Behandlung oder Strafe" dargelegt wurden;

11. ist beunruhigt über die Aussage des kanadischen Staatsbürgers Maher Arar gegenüber dem Nichtständigen Ausschuss, der von den US-Behörden festgenommen, von der CIA über einen europäischen Flughafen überführt und zwölf Monate in Syrien inhaftiert wurde, wo er Folterungen ausgesetzt war;

12. ist tief besorgt, dass alle Arbeiten des Nichtständigen Ausschusses bisher darauf hinzudeuten scheinen, dass der europäische Luftraum und Flughäfen in Europa von CIA-Scheinfirmen genutzt wurden, um die rechtlichen Auflagen für staatliche Flugzeuge gemäß dem Abkommen von Chicago zu umgehen, wodurch Terrorverdächtige rechtswidrig in den Gewahrsam der CIA oder des US-Militärs oder in andere Länder (darunter Ägypten, Jordanien, Syrien und Afghanistan) überführt wurden, die, wie die Regierung der Vereinigten Staaten im Übrigen selbst zugibt, bei Verhören häufig auf Folter zurückgreifen[12];

13. begrüßt die Reaktion des US-Kongresses, der das McCain-Amendment verabschiedet hat, das einen besseren Schutz angeblicher Terroristen vor rechtswidriger Behandlung durch staatliche Stellen sicherstellen soll;

Mögliche aktive oder passive Verwicklung von Mitgliedstaaten sowie Beitritts- und Bewerberländern in Festnahmen, rechtswidrige Verhaftungen, Abschiebungen, Entführungen, Ausweisungen, außerordentliche Überstellungen und Inhaftierungen an geheimen Orten

14. hält es auf der Grundlage der bisherigen Zeugenaussagen und Unterlagen für unwahrscheinlich, dass einige europäische Regierungen nicht Kenntnis von den Aktivitäten im Zusammenhang mit den außerordentlichen Überstellungen hatten, die in ihrem Hoheitsgebiet vor sich gingen; hält es insbesondere für vollkommen unwahrscheinlich, dass viele Hundert Flüge durch den Luftraum mehrerer Mitgliedstaaten und eine ähnliche Zahl von Bewegungen auf europäischen Flughäfen stattgefunden haben könnten, ohne dass die Sicherheits- oder Nachrichtendienste davon Kenntnis hatten und ohne dass hochrangige Vertreter dieser Dienste zumindest zur Verbindung zwischen diesen Flügen und der Praxis der außerordentlichen Überstellungen befragt wurden; stellt fest, dass diese Annahme durch die Tatsache gestützt wird, dass führende Politiker der US-Regierung immer behauptet haben, vorgegangen zu sein, ohne die nationale Souveränität europäischer Länder verletzt zu haben;

15. hält es in Anbetracht der Ergebnisse der Ermittlungsverfahren, der Zeugenaussagen und der geprüften Unterlagen für ebenso unwahrscheinlich, dass die am 17. Februar 2003 in Mailand durch CIA-Agenten erfolgte Entführung des ägyptischen Staatsangehörigen Abu Omar, der anschließend nach Aviano und dann nach Ramstein verbracht wurde, ohne vorherige Information der italienischen Behörden oder Sicherheitsdienste organisiert und durchgeführt wurde;

---

[12] Siehe Länderberichte des US-Außenministeriums über Menschenrechtspraxis (2003)

RR\620169DE.doc   PE372.179v03-00

DE

16. verurteilt die Entführung des deutschen Staatsangehörigen Khaled El-Masri durch die CIA, der von Januar bis Mai 2004 in Afghanistan gefangen gehalten und dabei in erniedrigender und unmenschlicher Weise behandelt wurde; stellt zudem fest, dass der Verdacht bisher nicht entkräftet worden ist, dass Khaled El-Masri zuvor, vom 31. Dezember 2003 bis zum 23. Januar 2004, in der Ehemaligen Jugoslawischen Republik Mazedonien rechtswidrig gefangen gehalten und von dort aus am 23./24. Januar 2004 nach Afghanistan verbracht wurde; bewertet in diesem Zusammenhang die von der Seite der Ehemaligen Jugoslawischen Republik Mazedonien nach eigener Darlegung unternommenen Maßnahmen zur Aufklärung des Falles als unzureichend;

17. begrüßt die parlamentarische Untersuchung im Deutschen Bundestag und erwartet die abschließenden Ergebnisse seines Untersuchungsausschusses;

18. unterstreicht die Notwendigkeit von mehr demokratischen und gerichtlichen Kontrollen der Maßnahmen der EU zur Terrorismusbekämpfung; vertritt die Auffassung, dass die Arbeitsgruppe des Rates für die Terrorismusbekämpfung sich in ihren Sitzungen systematisch mit dem Schutz der Menschenrechte befassen und einen jährlichen Bericht über dieses Thema veröffentlichen sollte;

19. fordert die künftige Agentur für Grundrechte auf, Fällen, die die Auslieferung von angeblichen Terrorverdächtigen von Mitgliedstaaten an Drittländer betreffen, besondere Aufmerksamkeit zu widmen;

20. bedauert die Tatsache, dass der schwedische Staat am 18. Dezember 2001 auf dem Flughafen Brömma die Kontrolle der Strafverfolgung abtrat, als der Beschluss der Regierung ausgeführt wurde, zwei ägyptische Staatsbürger, Mohammed Al Zery und Ahmed Agiza, auszuweisen, und es US-Agenten gestattet wurde, Hoheitsgewalt auf schwedischem Hoheitsgebiet auszuüben, was dem Bürgerbeauftragten des schwedischen Parlaments zufolge nicht mit schwedischem Recht vereinbar ist;

21. bedauert die Tatsache, dass die Ausweisung der ägyptischen Staatsangehörigen Mohammed Al Zery und Ahmed Agiza durch Schweden im Dezember 2001 sich ausschließlich auf diplomatische Zusicherungen der ägyptischen Regierung stützte, die keinen wirksamen Schutz vor Folter bedeuteten;

22. fordert dringend, dass die Untersuchungen fortgesetzt werden, um die Rolle von US-Soldaten, die der Stabilisierungstruppe (SFOR) unter Führung der NATO angehörten, bei der Entführung und Überstellung von sechs Staatsangehörigen oder Bewohnern algerischer Herkunft aus Bosnien nach Guantánamo Bay zu klären, obwohl ein bindender Interimsbeschluss der Menschenrechtskammer für Bosnien-Herzegowina existierte und der bosnische Oberste Gerichtshof beschlossen hatte, die Verdächtigen freizulassen, wie vom UN-Sonderberichterstatter zum Thema Folter, Manfred Nowak, bezeugt wurde, der seinerzeit Mitglied der Menschenrechtskammer für Bosnien-Herzegowina war; fordert, dass die mögliche Rolle der bosnischen Regierung in diesem Fall eingehender untersucht wird; betont, dass mehr Informationen über die mögliche Beteiligung der NATO und der Internationalen Polizeieinsatztruppe der Vereinten Nationen in diesem Zusammenhang erforderlich sind;

23. fordert dringend, dass die Untersuchungen fortgesetzt werden, um die angebliche Existenz

einer geheimen Haftanstalt im Kosovo und die mögliche Beteiligung der Kosovo-
Friedenstruppe (KFOR) an der rechtswidrigen Inhaftierung von Terrorverdächtigen zu
klären;

24. schlägt vor, den NATO-Generalsekretär zu einer Anhörung des Nichtständigen
Ausschusses einzuladen, um u. a. die mögliche Beteiligung von SFOR- und
KFOR-Truppen an der rechtswidrigen Festnahme, Übergabe und Inhaftierung von
Terrorverdächtigen zu klären;

25. weist die Mitgliedstaaten darauf hin, dass die Staaten gemäß der Rechtsprechung des
Europäischen Gerichtshofs für Menschenrechte in Bezug auf Menschenrechte positive
substanzielle und verfahrensmäßige Verpflichtungen haben und legislative Maßnahmen
ergreifen müssen, um zu verhindern, dass auf ihrem Hoheitsgebiet die Menschenrechte
verletzt werden, ebenso wie sie angebliche Verletzungen untersuchen und die
Verantwortlichen bestrafen müssen, falls solche Verletzungen stattfanden; fügt hinzu,
dass sie wegen Verstoßes gegen die EMRK zur Rechenschaft gezogen werden können,
wenn sie diese positiven Verpflichtungen nicht erfüllt haben; unterstreicht folglich, dass
die Mitgliedstaaten verpflichtet sind, Nachforschungen anzustellen, um festzustellen,
ob ihre Hoheitsgebiete und ihre Lufträume für die Verübung von Menschenrechtsverl
etzungen durch sie selbst oder durch Drittländer mit ihrer notwendigen direkten oder
indirekten Zusammenarbeit genutzt wurden, ebenso wie sie alle erforderlichen legislativen
Maßnahmen ergreifen müssen, um zu verhindern, dass sich solche Verletzungen
wiederholen;

Einsatz von Folter

26. betont, dass das Verbot der Folter oder der grausamen, unmenschlichen und
erniedrigenden Behandlung, wie sie in Artikel 1 der UN-Konvention gegen Folter
definiert ist, absolut und ohne Ausnahme gilt, gleichgültig, ob ein Kriegszustand oder
Kriegsgefahren, interne politische Instabilität oder irgendein sonstiger Ausnahmezustand
gegeben sind; weist darauf hin, dass Fälle von Isolationshaft, Entführung oder
außerordentlicher Überstellung Verletzungen der Grundrechte gemäß dem Völkerrecht,
insbesondere von Artikel 3 und Artikel 5 der EMRK, darstellen, vor allem da diese Akte
mit Folter oder unmenschlicher und erniedrigender Behandlung gleichzusetzen sind;

27. weist darauf hin, dass durch Folter oder grausame, unmenschliche und erniedrigende
Behandlung erpresste Informationen oder Geständnisse keinesfalls als gültige Beweise
betrachtet werden können, wie es auch die UN-Konvention gegen Folter vorsieht, und
auch in keiner anderen Weise genutzt werden dürfen; bekräftigt die allgemeine Skepsis
bezüglich der Verlässlichkeit von durch Folter erlangten Geständnissen und ihres Beitrags
zur Verhütung und Bekämpfung des Terrorismus, was u. a. vom ehemaligen britischen
Botschafter in Usbekistan, Craig Murray, bei einer Anhörung vor dem Nichtständigen
Ausschuss bezeugt wurde;

28. fordert die Mitgliedstaaten sowie die Beitritts- und Bewerberländer dringend auf, Artikel
3 der UN-Konvention gegen Folter strikt einzuhalten, insbesondere das grundsätzliche
Abschiebungsverbot, wonach „ein Vertragsstaat eine Person nicht in einen anderen Staat
ausweisen, abschieben oder an diesen ausliefern darf, wenn stichhaltige Gründe für die

RR\620169DE.doc PE372.179v03-00

Anhang 245

Annahme bestehen, dass sie dort Gefahr liefe, gefoltert zu werden"; ersucht darüber hinaus die Vereinigten Staaten, ihre Auslegung des grundsätzlichen Abschiebungsverbots gemäß Artikel 3 der Konvention zu überprüfen;

29. fordert die Mitgliedstaaten auf, diplomatischen Zusicherungen gegen Folter gemäß der Empfehlung des UN-Sonderberichterstatters zum Thema Folter, Manfred Nowak, keinesfalls Glauben zu schenken;

30. fordert den Rat auf, einen gemeinsamen Standpunkt dagegen zu beschließen, dass die Mitgliedstaaten sich auf diplomatische Zusicherungen von Drittländern verlassen, wenn gewichtige Gründe zu der Annahme existieren, dass Personen Gefahr liefen, Folter oder Misshandlung ausgesetzt zu werden;

Nutzung des europäischen Luftraums und europäischer Flughäfen durch die CIA

31. ist der Ansicht, dass das Abkommen von Chicago bei vielen der Flüge, die die CIA mit eigenen oder gecharterten Flugzeugen unter Nutzung des Luftraums und der Flughäfen von Mitgliedstaaten durchführte, wiederholt verletzt wurde, da die Verpflichtung, dazu die in Artikel 3 dieses Abkommens für staatliche Flüge vorgeschriebene Genehmigung einzuholen, nicht erfüllt wurde;

32. bedauert die Tatsache, dass kein Mitgliedstaat oder Beitritts- oder Bewerberland Verfahren beschlossen hat, um zu überprüfen, ob zivile Flugzeuge nicht zu Zwecken eingesetzt werden, die mit den international anerkannten Menschenrechtsnormen unvereinbar sind;

33. erachtet die europäischen Rechtsvorschriften über den einheitlichen europäischen Luftraum, die Nutzung, Kontrolle und Verwaltung der nationalen Lufträume und die Nutzung der Flughäfen der Mitgliedstaaten und europäischer Transportmaschinen als völlig unzureichend; unterstreicht die Notwendigkeit, neue nationale, europäische und internationale Normen festzulegen; ersucht die Kommission, umgehend die Rechtsvorschriften zu verbessern, indem sie eine Richtlinie vorschlägt, die auf die Harmonisierung der einzelstaatlichen Rechtsvorschriften für die Kontrolle der nicht kommerziellen Zivilluftfahrt abzielt;

34. fordert die Kommission auf, Empfehlungen für die Mitgliedstaaten im Hinblick auf die Verbesserung der Normen für die Kontrolle der Aktivitäten privat gecharterter Flugzeuge, die Flughäfen und Luftraum der EU nutzen, vorzulegen;

35. vertritt die Auffassung, dass eine Klarstellung bezüglich des tatsächlichen Inhalts des Abkommens erfolgen muss, das am 22. Januar 2003 in Athen unterzeichnet wurde und in dem auf eine gestiegene Nutzung europäischer Transiteinrichtungen zur Unterstützung der Rückführung krimineller/ nicht einreiseberechtigter Personen verwiesen wird;

36. vertritt die Auffassung, dass festgestellt werden muss, wie der Luftraum, zivile und militärische Flughäfen sowie NATO- und US-Stützpunkte tatsächlich von den Geheimdiensten der Vereinigten Staaten genutzt werden;

PE372.179v03-00

RR\620169DE.doc

DE

37. ist der Ansicht, dass überprüft werden muss, ob irgendwelche Beweise für Geheimgefängnisse in einigen europäischen Ländern existieren, wie in mehreren Untersuchungen von Journalisten und maßgeblichen NRO behauptet wurde;

Bisherige Reisen des Nichtständigen Ausschusses in offizieller Mission

38. ist der Ansicht, dass die beiden bisherigen Reisen in offizieller Mission in die Ehemalige Jugoslawische Republik Mazedonien und die Vereinigten Staaten eine wesentliche Informationsquelle für die Tätigkeit des Nichtständigen Ausschusses darstellen und es gestatteten, unmittelbar Kenntnis von den Darstellungen der politischen Stellen sowie der Zivilgesellschaft in den beiden Ländern zu nehmen;

39. verurteilt die illegale Inhaftierung des deutschen Bürgers Khaled El-Masri während mehr als vier Monaten im Jahr 2004 in Afghanistan; bedauert die Zurückhaltung der Behörden der Ehemaligen Jugoslawischen Republik Mazedonien hinsichtlich einer Bestätigung des Aufenthalts und der wahrscheinlichen Inhaftierung von El-Masri in Skopje vor seiner Überstellung nach Afghanistan durch CIA-Agenten;

40. bedauert, dass die US-Regierung die Anti-Folter-Konvention sehr restriktiv auslegt, was insbesondere für das Verbot jeglicher Überstellungen gilt, die dazu führen könnten, dass ausgelieferte Häftlinge Folterungen oder erniedrigender, grausamer und unmenschlicher Behandlung unterzogen werden;

Künftige Tätigkeit des Nichtständigen Ausschusses

41. erachtet es als notwendig, dass der Nichtständige Ausschuss seine Tätigkeit fortsetzt und die betreffenden Vorfälle weiter prüft, um festzustellen, ob einer oder mehrere Mitgliedstaaten gegen Artikel 6 des Vertrags über die Europäische Union verstoßen haben; betont ferner, dass es zweckmäßig wäre, die Nachforschungen auf Vorgänge und Länder auszuweiten, die in der vorliegenden Entschließung nicht ausdrücklich erwähnt werden;

42. beschließt folglich, dass der Nichtständige Ausschuss seine Tätigkeit für die verbleibende Zeit des bestehenden Mandats von 12 Monaten unbeschadet der Bestimmungen von Artikel 175 seiner Geschäftsordnung über eine etwaige Verlängerung fortsetzen wird;

43. vertritt die Auffassung, dass vorbereitende legislative Maßnahmen auf Ebene der Europäischen Union und des Europarates möglichst rasch eingeleitet werden sollten, um einen angemessenen Rechtsschutz für die Personen sicherzustellen, die der Gerichtsbarkeit der Mitgliedstaaten unterstehen, und sowohl auf nationaler als auch auf europäischer Ebene eine wirksame parlamentarische Kontrolle der Nachrichtendienste sicherzustellen; erachtet daher die Einrichtung und Inbetriebnahme der Agentur der Europäischen Union für Grundrechte als wesentlich;

44. bedauert die bisher festgestellten eindeutigen konzeptionellen Unterschiede zwischen dem amerikanischen und dem europäischen Rechtsmodell bezüglich der Themen, die Gegenstand der Tätigkeit des Nichtständigen Ausschusses sind; hält es für dringend

RR\620169DE.doc

DE

notwendig, ein unmissverständliches Verbot außerordentlicher Überstellungen im Völkerrecht zu verankern und diesbezüglich einen gemeinsamen Standpunkt der europäischen Institutionen festzulegen, die das Thema gegenüber den betroffenen Drittstaaten zur Sprache bringen müssen;

45. ist der Ansicht, dass der Nichtständige Ausschuss nach Abschluss seiner Tätigkeit auch die zu beachtenden Grundsätze empfehlen sollte, insbesondere:

    – betreffend die Notwendigkeit interner EU-Kontrollvereinbarungen, um zu gewährleisten, dass die Mitgliedstaaten ihre Menschenrechtsverpflichtungen erfüllen, was die neuen Bestimmungen über den Informationsaustausch zwischen Nachrichtendiensten angeht,

    – im Rahmen der Abkommen mit Drittländern und internationalen Organisationen, die die Terrorismusbekämpfung betreffen;

    – im Rahmen der Abkommen mit Drittländern im Zusammenhang mit der Europäischen Nachbarschaftspolitik, bei denen die Achtung der Menschenrechte immer das wichtigste ihnen zugrunde liegende Prinzip sein sollte;

46. fordert sein Präsidium auf, die erforderlichen Maßnahmen zu ergreifen, damit der Nichtständige Ausschuss in Anbetracht der sehr spezifischen Art seiner Aufgaben uneingeschränkt das ihm übertragene Mandat erfüllen kann, indem ihm bis zum Abschluss seiner Tätigkeit alle angemessenen Abweichungen von den internen Bestimmungen des Parlaments zugestanden werden, insbesondere betreffend:

    – die Zahl von zu den Anhörungen des Nichtständigen Ausschusses eingeladenen Sachverständigen, deren Kosten erstattet werden können,

    – die zulässige Zahl von Reisen und daran teilnehmenden Abgeordneten im Kontext der offiziellen Delegationen des Nichtständigen Ausschusses,

    – die Abfassung ausführlicher Protokolle der Anhörungen des Nichtständigen Ausschusses in allen Amtssprachen der EU;

47. begrüßt die einschlägige Tätigkeit des Europarates, insbesondere des Berichterstatters seines Ausschusses für Recht und Menschenrechte, sowie die zwischen dem Europarat und dem Nichtständigen Ausschuss begründete Zusammenarbeit;

48. appelliert an den Rat sowie an jedes seiner Mitglieder und insbesondere seinen Vorsitz, die Tätigkeit des Nichtständigen Ausschusses uneingeschränkt und bedingungslos zu unterstützen, gemäß dem Grundsatz einer loyalen Zusammenarbeit, wie er in den Verträgen und durch die Urteile des Gerichtshofs der Europäischen Gemeinschaften verankert ist;

49. fordert die Mitgliedstaaten auf, sich entschiedener für die Schließung des Gefangenenlagers in Guantánamo Bay einzusetzen und eine aktive Rolle bei der Suche nach einer Lösung für Häftlinge zu übernehmen, gegen die keine Verfahren eingeleitet werden und die nicht in ihr Herkunfts- oder Aufenthaltsland zurückkehren können, weil

sie inzwischen staatenlos sind oder mit Folter oder sonstiger grausamer, unmenschlicher und erniedrigender Behandlung rechnen müssen;

50. fordert die Mitgliedstaaten dringend auf, allen Europäern und allen vormals in der EU ansässigen Personen, die derzeit in Guantánamo inhaftiert sind, sämtliche notwendige Unterstützung und Hilfe, insbesondere Rechtsbeistand zu leisten;

51. ermutigt den Ausschuss des Europarates zur Verhütung von Folter, darauf hinzuarbeiten, dass gewährleistet wird, dass alle Mitgliedstaaten des Europarates ihre Verpflichtung[13] erfüllen, den Ausschuss zur Verhütung von Folter über jegliches Haftzentrum in ihrem Hoheitsgebiet zu informieren und Zugang zu derartigen Zentren zu gewähren;

52. fordert die Kommission auf, den Nichtständigen Ausschuss weiterhin bei allen Maßnahmen zu unterstützen, zu denen er sich veranlasst sieht;

53. weist darauf hin, wie wichtig es ist, uneingeschränkt mit den Parlamenten der Mitgliedstaaten, der Beitrittsländer, der Bewerberländer und der assoziierten Länder, darunter insbesondere denjenigen, die ebenfalls in dieser Angelegenheit tätig geworden sind, zusammenzuarbeiten;

54. beauftragt seinen Präsidenten, diese Entschließung dem Rat, der Kommission, den Regierungen und Parlamenten der Mitgliedstaaten und der Beitrittsländer, der Bewerberländer und der assoziierten Länder, dem Europarat und der Regierung sowie den beiden Kammern des Kongresses der Vereinigten Staaten von Amerika zu übermitteln.

---

[13] Europäisches Übereinkommen zur Verhütung von Folter und unmenschlicher oder erniedrigender Behandlung oder Strafe, Ref.: CPT/Inf/C (2002) 1 [EN] (Teil 1) - Straßburg, 26.XI.1987, Art. 8.

RR\620169DE.doc

PE372.179v03-00

DE

Anhang

BEGRÜNDUNG

Der mit diesem Dokument vorgelegte vorläufige Bericht zielt darauf ab, eine erste vorläufige Bewertung der bisherigen Arbeit unseres Ausschusses zu liefern. Gleichzeitig sind wir verpflichtet, gemäß unserem Mandat um die Genehmigung für die Fortsetzung unserer Arbeit bis Ablauf der vorgesehenen 12-Monatsfrist zu ersuchen, was Ihr Berichterstatter als unbedingt notwendig erachtet.

In dieser ersten Tätigkeitsphase, in der wir in hohem Maße von der ausgezeichneten Arbeit von Dick Marty im Europarat sowie von dessen Generalsekretär Terry Davis profitierten, konzentrierten wir uns vorrangig auf die Erfahrungen mehrerer wahrscheinlicher Opfer außerordentlicher Überstellungen (Abu Omar, Khaled El-Masri, Maher Arar, Mohammed Al Zery, Ahmed Agiza und „sechs Algerier" - fünf davon bosnischer Staatsangehörigkeit -, die in Bosnien verhaftet und nach Guantánamo verbracht wurden). Im Verlauf unserer Anhörungen hörten wir ihre Zeugenaussagen (oder für diejenigen, die sich noch in Haft befinden, die ihrer Anwälte), die oft durch die Ergebnisse der in vielen Ländern laufenden Untersuchungen untermauert wurden. Nach einer Rekonstruktion der Vorfälle und des Kontexts, in dem sie stattfanden, gelangten wir zu dem Schluss, dass **nach dem 11. September ein erheblicher Abbau der Instrumente zum Schutz und zur Garantie der Menschenrechte** zu verzeichnen war. Damit einher gingen auch Verstöße gegen einige grundlegende Texte des Völkerrechts, nicht zuletzt die Anti-Folter-Konvention der Vereinten Nationen, gegen die nicht nur hinsichtlich des uneingeschränkten Folterverbots verstoßen wurde, sondern auch hinsichtlich des ausdrücklichen Verbots, Häftlinge in Länder auszuliefern, in denen die Gefahr besteht, dass sie gefoltert oder einer erniedrigenden oder unmenschlichen Behandlung ausgesetzt werden.

Ein Großteil unserer Tätigkeit konzentrierte sich auf die Sammlung von Informationen und Unterlagen, Fakten und sonstigen Daten bezüglich des Verfahrens der außerordentlichen Überstellungen (eine ad hoc für den Krieg gegen den Terror genutzte außergerichtliche Regelung), des Einsatzes von Folter und der Hypothese, dass die CIA Geheimgefängnisse auch in europäischen Ländern genutzt hat. In allen Fällen stellten NRO für Menschenrechtsfragen, insbesondere Vertreter von Amnesty International und Human Rights Watch (mit denen wir sowohl in Brüssel als auch in Washington zusammentrafen) wertvolle und präzise Informationen zur Verfügung. Dank ihrer Mitarbeit sowie weiterer wichtiger Treffen (z.B. mit Armando Spataro, Mailänder Staatsanwalt, Craig Murray, ehemaliger britischer Botschafter, Michelle Picard, Vorsitzende der Menschenrechtskammer für Bosnien-Herzegowina, und Manfred Novak, UN-Sonderberichterstatter zum Thema Folter) konnten wir feststellen, dass die Fragen, auf die sich unser Mandat bezieht und die wir weiter untersuchen müssen, berechtigt sind.

Was insbesondere die „außerordentlichen Überstellungen" angeht, so bestätigten viele der Quellen, die wir (auch vertraulich) konsultierten, dass dieses Verfahren aller Wahrscheinlichkeit nach genutzt wurde, um den Terrorismus zu bekämpfen, und dass davon ausgegangen werden kann, dass dies unter stillschweigender oder ausdrücklicher Mitarbeit mehrerer europäischer Regierungen geschah. In der nächsten Phase unserer Tätigkeit müssen wir, wie in unserem Mandat vorgesehen, eingehender die Rolle und die potenziellen Verantwortlichkeiten der Mitgliedstaaten sowie der assoziierten und der Bewerberländer

PE372.179v03-00

RR\620169DE.doc

DE

prüfen.

Der Ausschuss unternahm zwei Dienstreisen: zum einen in die Ehemalige Jugoslawische Republik Mazedonien und zum anderen in die Vereinigten Staaten.

Die Reise nach Skopje diente dazu, den Fall von El-Masri eingehender zu untersuchen, des deutschen Staatsbürgers, der am 31. Dezember 2003 an der Grenze zu Serbien festgehalten und mutmaßlich 23 Tage lang in Skopje inhaftiert wurde, bevor er schließlich nach Afghanistan verbracht wurde, wo er fast fünf Monate im Gefängnis blieb, bevor er freigelassen und nach Deutschland zurückgebracht wurde. Da die El-Masri-Affäre eingehendere Aufmerksamkeit verdient (unter anderem schlagen wir vor, Anhörungen mit dem deutschen Außenminister, dem Verantwortlichen der deutschen Sicherheitsdienste und der Staatsanwaltschaft München, die den Fall untersucht, zu organisieren), ermöglichte die Reise nach Skopje es uns auch, die offizielle Version über die Zeit El-Masris in der Hauptstadt der Ehemaligen Jugoslawischen Republik Mazedonien seitens der Behörden des Landes zu erhalten, wobei die einschlägigen Auskünfte nach Auffassung des Berichterstatters nur sehr widerwillig erteilt wurden.

Die Reise nach Washington, die wegen Quantität und Qualität der organisierten Treffen wertvoll war, erlaubte es dem Ausschuss unter anderem, die Auffassungen des Außenministeriums und einiger Mitglieder des Kongresses über die ihn angehenden Themen zu erfahren. Der Eindruck, den wir gewannen, insbesondere nach Befragung von John Bellinger, leitender Rechtsberater des Außenministeriums, war, dass die Bush-Regierung offen geltend macht, sie habe „Handlungsfreiheit" in ihrem Kampf gegen Al Qaida, auch in Bezug auf das geltende Völkerrecht und mehrere internationale Abkommen. Der Berichterstatter lehnt diese Position im Lichte der vorrangigen Pflicht ab, die Achtung der Menschenrechte und der Menschenwürde sicherzustellen, Werte, die in Friedens- und Kriegszeiten und somit auch im Kontext der Terrorismusbekämpfung garantiert werden müssen.

Bestätigt wurden diese Impressionen bei den Treffen mit demokratischen Mitgliedern des Kongresses wie Ed Markey (Autor einer Gesetzesvorlage zum Verbot von Überstellungen) und republikanischen Mitgliedern wie Arlen Specter (Vorsitzender des Justizausschusses des Senats), die sämtlich ernsthafte Sorge über die Konsequenzen der Maßnahmen der Bush-Regierung in Bezug auf die Menschenrechte äußerten.

Besondere Aufmerksamkeit wurde zu Recht auch dem Thema der in Europa registrierten Flüge von Flugzeugen gewidmet, die von Unternehmen mit direkten oder indirekten Verbindungen zur CIA durchgeführt wurden. Durch den Vergleich der Daten von Eurocontrol mit denjenigen des US-Luftfahrtbundesamts und solchen aus anderen verfügbaren Quellen (NRO, Journalisten, Opfer) konnte unser Ausschuss zwischen Ende 2001 und Ende 2005 mehr als 1000 Zwischenlandungen in Europa rekonstruieren, die mutmaßlich von der CIA durchgeführt wurden. Es ist sicherlich möglich, dass einige dieser Flüge für die Überstellung von Häftlingen genutzt wurden.

Eine der ersten Einschätzungen, die vorgenommen werden kann, lautet, dass viele Mitgliedstaaten das Abkommen von Chicago nach Auffassung des Berichterstatters offensichtlich äußerst liberal auslegten.

RR\620169DE.doc

PE372.179v03-00

DE

Das implizite wesentliche Ziel aller Phasen der Ausschusstätigkeit - sowohl gegenwärtiger als auch künftiger - bleibt es, zu verhindern, dass die nach dem 11. September festgestellten gewichtigen Verletzungen der Grundrechte sich im Kontext der Bekämpfung des internationalen Terrorismus wiederholen könnten.

Der Berichterstatter hat diesbezüglich vier Arbeitsdokumente verfasst:

- eine chronologische Liste der wichtigsten Ereignisse in den vergangenen achtzehn Monaten von den ersten Presseverlautbarungen über außerordentliche Überstellungen bis heute[14],
- eine kurze Rekonstruktion von Fällen wahrscheinlicher außerordentlicher Überstellungen, die vom Ausschuss untersucht wurden[15],
- eine Übersicht über die von der CIA in Europa durchgeführten Flüge, wobei auf 32 Flugzeuge verwiesen wird, die entweder im Besitz von US-Nachrichtendiensten waren oder - entweder direkt oder durch „Scheinfirmen" - von ihnen genutzt wurden (ein umfassendes Dossier über alle von der CIA genutzten Flugzeuge wird folgen)[16],
- ein Protokoll der gegenüber dem Ausschuss abgegebenen Erklärungen von Craig Murray, ehemaliger britischer Botschafter in Usbekistan (dem Dokumente beigefügt sind, in denen Herr Murray den Einsatz von Folter anprangert, deren direkter Zeuge er in Usbekistan war)[17].

---

[14] PE 374.338
[15] PE 374.339
[16] PE 374.340
[17] PE 374.341

13.6.2006

MINDERHEITENANSICHT

gemäß Artikel 48 Absatz 3 der Geschäftsordnung

Jas Gawronski

Die Mehrheit der Ausschussmitglieder stimmte für die Aufnahme von Punkten in diesen Bericht, die nicht ausführlich diskutiert wurden und bei denen es sich um Behauptungen und Verallgemeinerungen ohne sie untermauerndes Beweismaterial handelt. Die Mehrheit lehnte all unsere Änderungsanträge ab, mit denen das Wort „angeblich" in allen Fällen eingefügt werden sollte, in denen kein Beweis für die jeweilige Behauptung existiert. Darüber hinaus werden im Bericht wichtige Informationen ignoriert, die der Ausschuss erhalten hat, so die Erklärung von Jonathan Sifton, Anti-Terrorforscher bei Human Rights Watch, dass „wir Verdachtsmomente, aber keine Beweise haben".

Die Minderheit des Ausschusses ist überzeugt, dass:

- die Tätigkeit des Ausschusses keine neuen wichtigen Fakten offenbart hat und nicht die alarmierende Schlussfolgerung rechtfertigt, dass es eine Großzahl von Fällen „außerordentlicher Überstellungen" gab,
- die „Überstellungen" nicht Teil einer systematischen und bewussten Verletzung der europäischen, internationalen und Menschenrechtsgesetze waren, zum ausdrücklichen Zweck der Folter entweder in der Europäischen Union oder in Drittländern,
- Herr Solana und Herr de Vries mit der Feststellung Recht haben, dass bisher kein schlüssiges Beweismaterial für die angeblichen Verstöße gegen europäisches und internationales Recht durch EU-Mitgliedstaaten existiert,
- aus den oben genannten Gründen die Tätigkeit des Ausschusses nur fortgesetzt werden sollte, solange Fortschritte bei der Feststellung von Fakten erzielt werden, die über berechtigte Zweifel erhaben sind.

RR\620169DE.doc

PE372.179v03-00

DE

Anhang

VERFAHREN

Titel	Die behauptete Nutzung europäischer Staaten durch die CIA für die Beförderung und das rechtswidrige Festhalten von Gefangenen
Verfahrensnummer	2006/2027(INI)
Federführender Ausschuss Datum der Bekanntgabe der Genehmigung im Plenum	TDIP 18.1.2006
Mitberatende(r) Ausschuss/Ausschüsse Datum der Bekanntgabe im Plenum	
Berichterstatter(in/innen) Datum der Benennung	Giovanni Claudio Fava 26.1.2006
Ersetzte(r) Berichterstatter(in/innen)	
Prüfung im Ausschuss	4.5.2006 30.5.2006 12.6.2006
Datum der Annahme	12.6.2006
Ergebnis der Schlussabstimmung	+ 25 - 14 0 7
Zum Zeitpunkt der Schlussabstimmung anwesende Mitglieder	Alexander Alvaro, Monika Beňová, Frieda Brepoels, Kathalijne Maria Buitenweg, Giusto Catania, Philip Claeys, Carlos Coelho, Simon Coveney, Giorgos Dimitrakopoulos, Camiel Eurlings, Giovanni Claudio Fava, Patrick Gaubert, Jas Gawronski, Toomas Hendrik Ilves, Sylvia-Yvonne Kaufmann, Ewa Klamt, Magda Kósáné Kovács, Wolfgang Kreissl-Dörfler, Stavros Lambrinidis, Sarah Ludford, Cecilia Malmström, Elena Valenciano Martínez-Orozco, Miroslav Mikolášik, Claude Moraes, Cem Özdemir, Józef Pinior, Mirosław Mariusz Piotrowski, Hubert Pirker, Bogusław Rogalski, Martine Roure, Eoin Ryan, José Ignacio Salafranca Sánchez-Neyra, György Schöpflin, Inger Segelström, Hannes Swoboda, Konrad Szymański, Charles Tannock, Jan Marinus Wiersma, Anders Wijkman
Zum Zeitpunkt der Schlussabstimmung anwesende(r) Stellvertreter(in/innen)	Elmar Brok, Roger Helmer, Erna Hennicot-Schoepges, Jeanine Hennis-Plasschaert, Sajjad Karim, Henrik Lax, Josef Zieleniec
Zum Zeitpunkt der Schlussabstimmung anwesende(r) Stellv. (Art. 178 Abs. 2)	
Datum der Einreichung	15.6.2006
Anmerkungen (Angaben nur in einer Sprache verfügbar)	

Der Fahrplan zur Neuen Weltordnung

Unsere Weltgeschichte ist nicht das Ergebnis von Zufällen, sondern vielmehr von präziser Planung. Vor mehr als einem halben Jahrhundert formierte sich im Geheimen eine machtvolle Gruppe, um die Geschicke dieses Planeten in die Hand zu nehmen und die Welt im Interesse der Superreichen zu lenken. Zahlreiche entscheidende Ereignisse in Politik und Wirtschaft gehen auf subtile Manipulation zurück. Ziel: *Globale* Kontrolle als *totale* Kontrolle.

1954 versammelten sich die »Hohepriester der Macht und Globalisierung« unter strengster Geheimhaltung erstmals im niederländischen Hotel de Bilderberg. Seitdem treffen sich die »Bilderberger« einmal im Jahr in den vornehmsten Hotels der Welt. Was dort hinter verschlossenen Türen beraten wird, bleibt unter Verschluß. Doch was die Bilderberger entscheiden, geht uns alle an – denn sie legen *unser aller Zukunft* fest. Sie zählen zu den zentralen Organen einer weltweit agierenden Schattenregierung.

• Wurde US-Präsident Bill Clinton in Deutschland gewählt?
• Wie und warum »schuf« Bilderberg die Ölkrise? • Entschieden die Bilderberger über den Fall der Berliner Mauer?
• Stürzten die »Hohepriester« Gerhard Schröder? • Wurden die beiden Bilderberger Alfred Herrhausen und Olof Palme ermordet, weil sie sich gegen Bilderberg stellten? •
Welche Zukunftspläne haben die Bilderberger für die Welt?

»Alles, was wir benötigen, ist die eine, richtig große Krise, und die Nationen werden die Neue Weltordnung akzeptieren.«
Bilderberger David Rockefeller
am 23.09.1994 vor dem US Business Council

gebunden
320 Seiten
zahlreiche Abbildungen
ISBN 3-938516-35-6
19.90 €

KOPP VERLAG
Pfeiferstraße 52
D - 72108 Rottenburg
Telefon (0 72 31) 14 70 - 235
Telefax (0 74 72) 98 06 - 11
info@kopp-verlag.de
www.kopp-verlag.de

Das geheime Machtkartell des Weltbankensystems

»*Gebt mir die Kontrolle über die Währung einer Nation, dann ist es für mich gleichgültig, wer die Gesetze macht.*«
Mayer Amschel Rothschild

Wie soll ein Bankier die Macht über die Währung einer Nation bekommen, werden Sie sich jetzt fragen. Im Jahre 1913 geschah in den USA das Unglaubliche. Einem Bankenkartell, bestehend aus den weltweit führenden Bankhäusern Morgan, Rockefeller, Rothschild, Warburg und Kuhn-Loeb, gelang es in einem konspirativ vorbereiteten Handstreich, das amerikanische Parlament zu überlisten und das *Federal Reserve System* (Fed) ins Leben zu rufen – eine amerikanische Zentralbank. Doch diese Bank ist weder staatlich (federal) noch hat sie wirkliche Reserven. Ihr offizieller Zweck ist es, für die Stabilität des Dollars zu sorgen. Doch seit der Gründung des Fed hat der Dollar über 95 Prozent seines Wertes verloren! Sitzen dort also nur Versager, oder hat das Fed im Verborgenen vielleicht eine ganz andere Aufgabe und einen ganz anderen Sinn?

G. Edward Griffin enthüllt in diesem Buch die wahren Hintergründe über die Entstehung des Federal Reserve Systems und den eigentlichen Sinn und Zweck dieser Notenbank.

»*Was jeder wissen muß über die Macht der Zentralbank. Ein packendes Abenteuer in der geheimen Welt des internationalen Bankenkartells.*«
Prof. Mark Thornton, Auburn University

gebunden
672 Seiten
zahlreiche Abbildungen
ISBN 3-938516-28-3
29.90 €

KOPP VERLAG
Pfeiferstraße 52
D - 72108 Rottenburg
Telefon (0 72 31) 14 70 - 235
Telefax (0 74 72) 98 06 - 11
info@kopp-verlag.de
www.kopp-verlag.de

Bücher, die Ihnen die Augen öffnen

In unserem kostenlosen Gesamtverzeichnis
finden Sie Klassiker, Standardwerke,
preisgünstige Taschenbücher, Sonderausgaben
und aktuelle Neuerscheinungen
rund um die Themengebiete, auf die sich der
KOPP VERLAG spezialisiert hat:

- Verbotene Archäologie
- Fernwahrnehmung
- Kirche auf dem Prüfstand
- Verschwörungstheorien
- Geheimbünde
- Neue Wissenschaften
- Medizin und Selbsthilfe
- Persönliches Wachstum
- Phänomene
- Remote Viewing
- Prophezeiungen
- Zeitgeschichte
- Finanzwelt
- Freie Energie
- Geomantie
- Esoterik
- Ausgewählte Videofilme und anderes mehr

Ihr kostenloses Gesamtverzeichnis aller
lieferbaren Titel liegt schon für Sie
bereit. Einfach anfordern bei:

KOPP VERLAG

Pfeiferstraße 52
D - 72108 Rottenburg
Telefon   (0 72 31) 14 70 235
Telefax   (0 74 72) 98 06 11
info@kopp-verlag.de
www.kopp-verlag.de